Johann Georg Schelhorn

Anleitung für Bibliothekare und Archivare

Johann Georg Schelhorn

Anleitung für Bibliothekare und Archivare

ISBN/EAN: 9783744701310

Hergestellt in Europa, USA, Kanada, Australien, Japan

Cover: Foto ©ninafisch / pixelio.de

Weitere Bücher finden Sie auf **www.hansebooks.com**

Anleitung
für
Bibliothekare
und
Archivare,
von
J. G. Schelhorn,
Prediger und Stadtbibliothekar in Memmingen,
auch Mitgliede des Königl. Großbritannischen
Instituts der historischen Wissenschaften
in Göttingen.

Ulm, 1788.
Auf Kosten der Stettinischen Buchhandlung.

Dem
Durchlauchtigsten
regierenden Herzog,
und
Herrn von Würtemberg ꝛc.
Karl Eugen,
Seines Volkes Vater und Beglücker,
Dem Lieblinge der Musen,
Der Wissenschaften und Künste
Kenner und Beschützer,

in tiefster Ehrfurcht und Unterthänigkeit
gewiedmet
von
Johann Georg Schelhorn.

Durchlauchtigſter Herzog,

Gnädigſter Herzog und Herr!

Das gelehrte Publikum wird mich der ſchwächeſten Einfalt, oder der kühnſten Verwegenheit beſchuldigen, daß ich es wage, meine Schrift, einen bloſſen, vielleicht ganz mislungenen Verſuch, einem Fürſten zuzueignen, der ſelbſt der geübteſte Forſcher und Kenner der Sachen, die darinnen behandelt werden, iſt, und der die darinnen begangenen Fehler leicht, mit einem Blicke, entdecken wird.

Wenn Eure Herzogliche Durchlaucht nur die eigne tiefe Einſicht und Kenntniß der hier behandelten Materien bey der Aufnahme meiner Unternehmung vorwalten laſſen, denn hat das gelehrte Publikum Recht bey ſeinem beſtrafenden Urtheile, und ich begehe durch dieſe unterthänigſte Zuſchrift die tollkühnſte Thorheit. Allein, ich habe es erfahren, und das ſichert mich gegen öffentlichen Tadel, und mindert meine Furcht, daß Karl Eugen,

Eugen, unserer Zeiten Zierde, ausgezeichnet unter unsern Herrschern durch ächte Christenthumsliebe und warmen Eifer für deſſen Beförderung, durch Kenntniß der Gelehrſamkeit und Künſte, wie durch Würde und Macht, auch Niedrigen, und in Kenntniſſen Schwachen, großmüthigſt herablaſſend Seine Huld gönnet. Mir iſt dieſe Erfahrung, ſo lange ich denken und fühlen kann, unvergeßlich, und bleibt ſtets mir das gröſte irdiſche Glück, ſo wie der immer zu Gott flehende feurige Wunſch nie wird aus meiner Seele können vertilget werden, daß Eure Herzogliche Durchlaucht bis auf die ſpäteſten Zeiten Ihrer Länder Beglücker, der Gelehrſamkeit Beförderer, der Gelehrten Erden-Gott, im Genuß des erhabenſten Wohlſtands bleiben!

Eurer Herzoglichen Durchlaucht

unterthänigſter
Johann Georg Schelhorn,
Prediger und Stadtbibliothekar in der Reichsſtadt Memmingen.

Vorrede.

Vielleicht hat nie ein Autor so streng von seinem eigenen Buche geurtheilet, als ich bey der Ueberſicht der erſten Hälfte dieſer Schrift, die ich dem Publikum vorzulegen wage, von derſelben denke. Ich ſehe ſie für einen bloßen Verſuch an, der ganz unvollkommen iſt. Und das ſage ich öffentlich, nicht im Complimententon, ſondern mit vollem Ernſte. Allein, ich glaube doch, daß ſie nutzbar ſeyn könne, und für manche Leſer ſogar neue Belehrungen enthalte. Das darf ich doch auch ſagen. Sonſt möchte mein erſtes freyes Bekenntniß mir den Vorwurf zuziehen, daß ich geflissentlich eine ganz unnüße Waare meinen Herrn Verleger feil bieten lasse.

Im Fortarbeiten habe ich mehr als einmal gefühlet, daß ich die zwey ersten Kapitel zu sehr ausgedehnet habe, und daß Verschiedenes davon in andere Kapitel hätte können gesparet werden. Allein, ich konnte die Sache nicht mehr ändern. Manche wichtige Schriften habe ich anzuzeigen vergessen, die doch gewiß für den Mann, für den ich schreibe, ungemein brauchbar sind. Nicht darum ist ihre Anzeige weggelassen, weil ich sie gar nicht kenne. Denn hier darf ich mich, ohne zu prahlen, einer sehr reichhaltigen Bekanntschaft rühmen. Die Ursache ist, weil ich, wenn ich alles hätte sagen wollen, was ich sagen könnte, mehr als zween Theile für mein Buch hätte bestimmen müssen.

Auch allgemein bekannte Werke hätte ich immer plündern, und ausschreiben

Vorrede.

schreiben müssen. Denn zuletzt habe ich fast durchgehends dem einmal billig vest gesetzten Vorsatz, von keiner Schrift zu sprechen, die ich nicht gerade vor mir hatte, treu zu bleiben, mich beflissen. Ich bin hierinnen in meinem Eigensinn so weit gegangen, daß ich, kaum ein Paar ausgenommen, kein Buch empfohlen, oder auch nur angeführt habe, das ich nicht selbst besitze, und also aus langem und täglichem Gebrauche genau kenne.

Die Zeit hat mich genöthiget, mitten im fünften Kapitel abzubrechen, und also noch wichtige Bemerkungen für den Bibliothekar, auf den zweyten Theil aufzubehalten; der noch ausser der Fortsetzung des gedachten Kapitels, drey andere, zur Einleitung für Bücheraufseher, liefern wird.

Noch muß ich von den Seltenheiten der ersten Drucker von gewissen Werken, die in eine ansehnliche Bibliothek gehören, von Bibelsammlungen, von Titelbetrügereyen, von der Verschiedenheit einiger Bü=

cherausgaben, von Ordnung der Bibliotheken, von Verfertigung der Catalogen, und dergleichen mehr, sprechen. Und diese Materien werden fast die Hälfte des folgenden Theils ausmachen.

Einige schon ausgefertigte Artikel kann ich entweder besser berichtigen, oder doch mit nicht unbedeutenden Zusätzen erweitern, und das soll entweder in einer Vorrede zum zweyten Theile, oder am Ende desselben geschehen.

Ich habe nur die zwölf ersten gedruckten Bogen jezo in Händen. In denen bemerke ich freylich Druckfehler, zumal in Namen einiger Gelehrten.

Nicht dem Herrn Setzer, dessen Geschicklichkeit und Genauigkeit mir bekannt genug ist, rechne ich die Schuld an; sondern vielmehr der von mir eingeschickten Handschrift. Die leßte Seite des zweyten Theils soll der Verbesserung dieser Fehler gewidmet seyn.

Ich

Vorrede.

Ich bin in der Ausarbeitung des zweyten Theiles schon so weit gekommen, daß er ganz gewiß auf nächste Jubilatemesse erscheinen kann.

Memmingen,
1787. den 17. December.

Nihil totum fcribitur. Quis effundet hoc mare.

Einleitung.

Ich fühle die Schwierigkeit meines Unternehmens sehr wohl, und wenn ich mein Wort nicht schon gegeben hätte, eine Anleitung für Bibliothekare und Archivare zu schreiben; so würde ich alles, was ich dazu gesammelt habe, in seinem Chaos ungeordnet liegen lassen. Mein Wort aber kann ich nicht brechen. Es sey also ein Versuch gewagt. Ich hoffe doch, er werde nicht ganz mislingen, da ich wenigstens die brauchbarsten Hülfsmittel in meinen Händen habe, und mit warmem Eifer mich bestreben werde, sie sorgsam zu nützen.

Nun! dem Bibliothekar widme ich den ersten Abschnitt. Man muß mich recht verstehen. Ich bin nicht so unbescheiden, geübten und erfahrnen Bücheraufsehern Anweisung und Vorschriften geben zu wollen. Von denen selbst zu lernen, ist vielmehr meine Begierde und Freude. Aber Männern, die sich zu den zwar Mühevollen aber höchst angenehmen Geschäften, die das Amt eines Bibliothekars fordert, vorbereiten wollen, oder kaum zur Aufsicht über eine Büchersammlung gekommen, und also noch ungeübt sind, nuzbar seyn zu können, traue ich mir zu. Von Bibliotheken, ihrer Stiftung, Anordnung, Einrichtung, ihren Schicksalen und beträchtlichen litterarischen Reichthümern sind genug einzelne Schriften, und ganze Sammlungen vorhanden, die dem Bibliothekar wichtige Dienste leisten können. Ich werde auch an der rechten Stelle davon, wenigstens von den wichtigsten, eine Anzeige machen. Sie enthalten oft brauchbare Bemerkungen und Vorschriften für den Bücheraufseher, die ihn von den Kenntnissen, dem Fleiß, der Klugheit und den Vortheilen belehren, durch welche er geschickt gemacht wird, nuzbar, pflichtmäßig, und mit Ehren seines Berufes zu warten. Alleine keine Schrift kenne ich noch, die ganz alleine in der Absicht geschrieben wäre, die ich mir bey dieser Arbeit vorgesezt habe, als die erst in diesem Jahre zu Augsburg im Riegerischen Verlage publizirte Anleitung für angehende Bibliothekare, und Liebhaber von Büchern. 8. Ob sich gleich

der

Einleitung.

der Verfasser nicht genennet hat, so glaube ich doch denselben richtig errathen zu haben, wenn ich Paulin Erdt dafür halte, der auch erst in diesem Jahre an gleichem Orte, und aus gleichem Verlage mit Anzeige seines Namens Anfangsgründe zur gelehrten Geschichte, als eine Einleitung zur sämtlichen gelehrten Geschichte der Theologie mit Anmerkungen, 8. geliefert hat. Ich erinnere mich, in einer gelehrten Zeitung, wenn ich nicht irre, ist es die Nürnbergische, die sich durch Gründlichkeit und bescheidene Freymüthigkeit auszeichnet, eine Anzeige dieser Anleitung gelesen zu haben, die, mir deucht, ganz richtig, derselben einen sehr geringen Werth ansetzet. Das ist gewiß, diese Schrift darf andere nicht abschrecken, zu gleichem Zwecke zu arbeiten, und sie macht ein neues Buch über diese Materie nicht unnöthig und entbehrlich.

Ich will doch einige wenige Schriften anführen, die zwar nicht bloß den Zweck haben, den Bibliothekar zu bilden, und ihn von den Kenntnissen und Fähigkeiten, die ihm nothwendig sind, zu unterrichten, jedoch aber weniger zerstreut, und mit mehrerer Genauigkeit zu diesem Zwecke reden.

Sicher ist Richard Angerville, oder, wie er von seinem Geburtsorte heißt, und so gemeiniglich angeführt wird, Richard von Bury, der erste, der besonders vom Werthe der Bibliotheken und ihren Anordnungen geschrieben hat, wenigstens der älteste, dessen Schrift von dieser Materie bis auf unsere Zeiten aufbehalten ist. Er unterrichtet zugleich von den Kenntnissen und Fähigkeiten, die dem geschickten Büchersammler, und so dem Vorsteher der Büchersammlungen, eigen seyn müssen, und in Rücksicht auf die Zeit, in der er gelebt, und geschrieben hat, sind seine Bemerkungen beträchtlich genug. Er war Bischof zu Durham in Engelland, und kommt daher sehr oft in den Schriften der Gelehrten nur unter der Benennung Richardi Dunelmensis vor, welche Bemerkung nicht ganz unnöthig ist, um dem Irrthum, der aus einem Manne zween von einander verschiedene macht, zu begegnen. Unter K. Eduard dem Dritten war er Canzler und Schazmeister des Königreichs, und starb im Jahr 1345. Die Schrift, die ihm hier eine Stelle verschaft, hat die Aufschrift: Philobiblion. In Handschriften findet man hinzugesetzt: de conservatione librorum; in der ersten gedruckten Ausgabe aber: de querimoniis librorum omnibus litterarum amatoribus perutile. Nur drey einzelne gedruckte Ausgaben sind unbezweifelt, obgleich auch von erfahrnen Bücherkennern mehrere angegeben werden. Aber alle drey sind so selten, daß auch Cle-

Einleitung.

ment, beym emsigsten Nachforschen, keine derselben zu Gesichte kriegen konnte. Die erste kam zu Speyer 1483. 4. zum Vorschein, und ist von den Brüdern Johann und Conrad Hist, oder, wie sie sich gewöhnlicher nennen, Hüst, die auch Buchhändler waren, gedruckt. Beym Maittaire findet man nicht die geringste Spur davon, aber Orlandi hat sie angezeigt, doch mit Verfälschung des Namens ihres Verfassers, den er de Buyr nennet. Er hat also diese Ausgabe nicht selbst gesehen, in der der Name des Verfassers richtig angegeben ist. Die zweyte hat man dem gelehrten Buchdrucker zu Paris, Jodokus Badius von Assen, und wie aus dessen Vorrede erhellet, dem Buchhändler Johannes Parvus, als Verleger zu danken. Sie trat zu Paris 1500. 4. hervor. Sie ist nicht nach der Speytischen Ausgabe, sondern nach einer, und zwar, wie es scheint, nach der eigenhändigen Handschrift des Verfassers abgedruckt, die der Buchdrucker, und Verleger von dem Carmeliten Lorenz Burell, Beichtvater des Königes von Frankreich, und Bischofe zu Sisteron, erhalten hatten.

Das leztere sagt Badius in der Vorrede, die an den Burell gerichtet ist, deutlich. Das Erstere, nemlich, daß dieser Druck nach Richards eigenhändiger Handschrift gefertiget worden, schlieſse ich aus des Badius Ausdruck: accepimus —

lepi-

lepidum quoddam opusculum Philobiblion, ab authore scriptum, wenn scriptum hier nicht so viel, als genannt, bedeuten soll, das aber nicht wahrscheinlich ist. Die dritte hat Thomas Jamesius, der sich auf dem Titelblatt nur mit den Anfangsbuchstaben T. J. anzeigt, veranstaltet, und J. Barnesius 1599. 4. zu Orford gedruckt. Dieß ist wohl die beste Ausgabe, da, nach dem Zeugniß des Niceron, zu ihrer Berichtigung mehrere Handschriften verglichen worden, und sie mit einem Anhang, der von den Handschriften der Orfordischen Bibliothek Nachricht gibt, bereichert ist. (a) Man hat Ursache zu bedauren, daß diese Ausgabe, die einen vorzüglichen Werth hat, so selten ist, und daß sich die meisten Gelehrten nur mit der von Goldast und Mader in ihren bekannten Sammlungen veranstalteten begnügen müssen. Goldast hat die seinige nach des Badius Ausgabe geliefert, und des Maders ist davon ein bloßer Abdruck. Man weiß aber, wie flüchtig und fehlerhaft die centuria epistolarum philologicarum, die Goldast herausgegeben, selbst die zwepte Auflage, mit Conrings Vorrede nicht ausgenommen, gefertigt ist. Troz aller Fehler der Sprache und dem Verfasser vorgeworfnen Unordnung wäre dieses

---

(a) Memoires pour servir a l'histoire des hommes illustres dans la republique des lettres. Tom. XIX. p. 64.

dieses Philobiblion einer neuern Ausgabe nicht unwürdig, zumal in einer solchen Sammlung, wenn sie zu Stande käme, als J. C. Krüsike zur Fortsetzung der Maderischen und Schmidischen vorgeschlagen, und dazu einen reichen Vorrath angezeiget hat (b). Der Herausgeber müßte aber die gedruckten Ausgaben und die bekannten Handschriften von dieser kleinen Schrift nutzen, und sorgfältig vergleichen. Wenigstens würde ihm diejenige Handschrift, die ehemals in der Reimmannischen Bibliothek war (c), vortheilhafte Dienste leisten.

Der durch seinen brennenden Eifer, aber vergebliche Mühe, die Lutherische und Reformirte Kirchen zu vereinigen, bekannte Joh. Duräus hat 1651 zu London in Englischer Sprache die verbeßserte Schule und den verbesserten Bibliothekarius, denen noch andere Abhandlungen beygefügt sind, in 12. herausgegeben. Aus fremder Anzeige, die ich bald nennen werde, weiß ich, daß der verbeßserte

---

(b) Vindemiarum litterariarum specimen I. p. 13. f. f. dazu J. J. von Einem einige Zusätze geliefert hat in comment. I. de origine &c. Bibliothecae coenobii Bergensis propter Magdeburgum, p. 29. f.

(c) Catal. Bibl. Reimmanianae systematico-criticae, Tom. II. p. 796. wo nur wörtlich wiederholet wird, was schon p. 147. f. zu lesen ist.

ferte Bibliothekar zween Briefe sind, die von der Würde und dem Amte eines Bücherauffehers handeln. Das Büchelgen muß äusserst selten seyn, da ich beym strengsten Nachforschen in den reichhaltigsten Bücherverzeichnissen nicht auf die geringste Spur davon getroffen bin, auch keine lateinische Uebersetzung der beeden Briefe, die das gelehrte Lexicon anzuzeigen scheint, irgendwo vorgefunden habe.

In der Bremischen Bibliothek, wo mein Gewährsmann diese Briefe zu finden hoft, sucht man sie auch vergebens. Denn was darinnen von Duräus stehet, sind Akten, und ein Brief, die das verunglückte Vereinigungsgeschäfte betreffen. Ich würde also von dieser Schrift nicht sprechen, da so wenige derselben habhaft werden können, und auch ich keine eigene Kenntniß von ihrem Inhalte und Werth besitze, wenn nicht der Verfasser eines Briefes, der ist mein Gewährsmann, in welchem von diesem höchst seltenen Buche im gesammelten Briefwechsel der Gelehrten Hamburg 1751. 8. S. 65. f. f. gehandelt wird, bey der Anzeige desselben Gelegenheit genommen hätte, einige wichtige Bemerkungen, die hieher gehören, gründlich und körnigt vorzutragen, die ich zum Nachlesen und zur Beherzigung zu empfehlen Ursache habe.

Mait-

Einleitung.

Maittaire (d) redet zwar kurz von den Kenntnissen, deren ein Bibliothekar nicht mangeln kann, aber diese wenige Bemerkungen werden doch jedem, der sich geschickt machen will, einer Büchersammlung mit Ruhm vorzustehen, sehr nutzbar seyn. Doch alle diese Männer, die ich bishero genennet habe, die nemlich, die ich selbsten gelesen, haben nur allgemeine Erinnerungen von den dem Bibliothekar nothwendigen Kenntnissen und Fähigkeiten mitgetheilet. Keiner hat die Sache nach ihrem ganzen Umfange behandelt, das ohnehin bey der Kürze, die sie beobachten, nicht möglich war.

In denen vom Mader und Schmidt reichlich gesammelten Schriftstellern von Bibliotheken rc. trift man freylich auch Bemerkungen dieser Art an, alleine, wie ich meyne, zerstreuet, und unter andern Sachen. Wiewohl, ich sage dieß bloß aus dem Gedächtniß. Denn ich muß es meinen Lesern aufrichtig bekennen, daß ich diese Hauptwerke missen muß, ob ich wohl einen grossen Theil der darinn gesammelten Schriften, einzeln besitze. Ehedem habe ich sie in der Bibliothek meines unvergeßlichen Vaters eifrig genützt. Da aber nur der vierte Theil dieser gelehrten Verlassenschaft an mich gekommen; so sind diese schätzbare Sammlungen

---

(d) Annales typogr. Tom. II. P. I. praef. p. III.

lungen eines andern Erben Antheil geworden, und endlich durch Verkauf gar aus Memmingen gewandert.

Das Geschäfte eines Bibliothekars ist würklich wichtig, und fordert ausgebreitete Kenntnisse. Er muß die Sprachen verstehen, in welchen die Schriften geschrieben sind, die der ihm anvertraute Bücherschatz enthält, um von ihrem Werthe und Innhalte richtig urtheilen, sie an den gehörigen Ort stellen, und richtig in seine Verzeichnisse eintragen zu können. Freylich, es ist nicht möglich, daß er alle Sprachen kenne, in denen Bücher geschrieben sind, und es gibt nur einen Büttner, der in der Sprachenkunde am weitesten gekommen, und dem fast keine Sprache der Welt unbekannt geblieben ist. Zudem werden oft Männer zu Bibliothekaren bestellt, die bey den Hauptwissenschaften, denen sie sich vornemlich gewiedmet haben, gewisser Sprachen entbehren können, oder entbehren zu können, glauben. Z. B. der Rechtsgelehrte und Arzneykundige giebt sich selten mit den morgenländischen Sprachen ab, obgleich dem letztern nach dem Urtheile geübter und Einsichtsvoller Männer die Arabische Sprache, und beeden die Griechische fast unentbehrlich ist. Indessen muß der Bibliothekar ganz gewiß lateinisch und griechisch, französisch und italiänisch, und wegen der Bibelsammlungen auch Ebräisch, Chaldäisch däifch und Syrifch, auch wohl Arabifch verftehen. Der Reichthum und Innhalt der Bibliothek, über die er die Aufficht hat, beftimmt noch näher die ihm nothwendigen Sprachenkenntniſſe. Er wird der ungeſchickteſte und unbrauchbarſte Aufſeher ſeyn, wenn er in den Sprachen Fremdling iſt, in denen der wichtigſte und reicheſte Vorrath von Schriftſtellern unter ſeinen Händen ſtehet. Auf die, ſie zu verſtehen, muß er alſo gewiß ſeinen ernſteſten Fleiß wenden.

In manchen Wiſſenſchaften muß er genaue und gründliche Kenntniß beſitzen, und andere müſſen ihm doch nach ihrem Hauptinnbegrif bekannt ſeyn. Die Geſchichte nach allen ihren Claſſen, und Abtheilungen, und die damit verknüpfte Wiſſenſchaften, darf er nicht vernachläſſigen. Die Hiſtorie der Gelehrten, Geſchichte der Gelehrſamkeit, Wiſſenſchaften und Künſte, Critik, Uebung im Leſen alter Handſchriften und Drucke, Diplomatik, beſonders recht genau, praktiſche —? Wenn ihm dieſe Kenntniſſe fehlen, ſo leg er nur den Stab nieder, und trete die Regierung über die todten Gelehrten ab. Auch iſt es ihm nothwendig, daß er über die bildenden Künſte, und über ihre Produkte, vorzüglich über die Holzſchnitte und Kupferſtiche richtig urtheilen könne. Iſt er in der Geſchichte der Buchdruckerkunſt, und in der Bibliographie nicht genau bewandert,

ſo

so ist er in seinem Amte gewiß der elendeste Stümper. Nichts zu sagen von Numismatik, Alterthumskunde, und andern damit verschwisterten Wissenschaften. Kurz, der Bücheraufseher muß reiche Kenntnisse gründlich sich zu eigen machen, wenn er in seinem Fache geschickt, und zweckmäßig arbeiten, und in seinem Amte treu dienen will. Diese kurze Uebersicht dessen, was der taugliche Bücheraufseher wissen muß, ist zu meinem Zwecke genug.

Ich werde auch in der Folge nicht von allen diesen Wissenschaften besonders handeln. Denn ich schreibe keine allgemeine Encyklopädie der Gelehrsamkeit und Wissenschaften. Nur von denen Stücken werde ich besonders sprechen, die unmittelbar das Bibliothekariat angehen.

Erstes Kapitel.

Von den wichtigsten Büchern, die dem Bibliothekar vorzüglich nutzbar, oft unentbehrlich sind. Nur vorläufig.

Es ist keinem Zweifel ausgesetzet, daß der Gelehrte Bücher haben, lesen und nutzen muß, jeder die besten und gründlichsten, vornemlich in dem Fache der Wissenschaften, dem er sich vorzüglich wiedmet. So kann also auch dieselben der Bibliothekar gar nicht missen. Er hat noch einen ganz eigenen Beruf, sich mit einer gewissen Art von Büchern aufs vertrauteste bekannt zu machen, um Klugheit und Vortheile, seinem Geschäfte beförderlich, zu lernen, und den Werth der ihm anvertrauten Büchersammlung überhaupt, und auch nach ihren einzelnen Stücken; auch ihre Lücken, zu kennen. Von dieser besondern Art von Büchern rede ich hier, doch mit einiger Einschränkung und Auswahl, weil ich sonsten, wenn ich alles auch nur benennen wollte, einen Foliantten diesem Kapitel wiedmen müßte. Und doch
auch

auch bey dieser Auswahl kann ich Weitläuftigkeit nicht ganz vermeiden, ob ich mich gleich nur auf das Wichtigste und Nothwendigste einschränken werde.

In der Geschichte der Gelehrsamkeit, Wissenschaften und Künste überhaupt, und jeder insbesondere darf der Bibliothekar nicht Fremdling seyn. Das habe ich schon gesagt. Es gibt gewisse Hauptbücher, die ihn zur Geschichte der Gelehrsamkeit anführen können, und ihm ganz unentbehrlich sind. Ich zähle darunter Reimmanns Bibliotheca historiae literariae critica eaque generalis, welche, der zweyte Theil des Systematischkritischen Katalogs seiner Büchersammlung, und zu Hildesheim 1739. 8. herausgekommen ist. Man lernt daraus die brauchbarsten großen und kleinern Werke, die zu diesem Fache gehören, und insbesondere Schriften über einzelne Stücke der Geschichte der Gelehrsamkeit, und was mit derselben verbunden ist, kennen. Reimmann beurtheilt die angezeigten Bücher mit Freymüthigkeit, und meistentheils mit richtigem Grunde, zeigt die darinnen begangenen Fehler an, und verbessert sie; bemerkt bey vielen, in einer körnigten Kürze, ihren Zweck, Innhalt und Nutzen. Dies Buch kann als eine Isagoge zur Geschichte der Gelehrsamkeit angesehen werden: und wenn dabey der meisterhafte Catalogus Bibliothecae Bunavianae, besonders Tomi I. Voluminis I. Pars II. und das ganze zweyte Volumen dieses Toms, zu Rathe gezogen wird, so kann man zu einer bey nahe vollständigen Kenntniß der zu dieser Historie

gehöri-

Von den wichtigsten Büchern, ꝛc. 15

gehörigen Schriften, kommen. Nicht zu vergessen der Struvisch-Juglerischen Bibliotheca historiae literariae Jena 1754. gr. 8. und der von Magister Köcher heraus gegebenen, und mit einigen eigenen Zusätzen begleiteten Supplementen und Verbesserungen, deren erster Fascikel zu Jena 1785 in gleichem Format heraus gekommen ist. Der bekannte Morhofische Polyhistor, dessen mehrere Vollkommenheit die gelehrte Welt, Friken, Mollern und Schwaben zu danken hat, behält immer seinen längst entschiedenen großen Werth, und muß dem Bibliothekar nie von der Seite kommen, so wenig, als des verdienstvollen und arbeitsamen seligen Heumanns Conspektus, bey weitem die beste unter der Menge seiner Schriften. Mertens Hodogetischer Entwurf, was man auch an ihm ausgesetzt hat, ist zur kurzen Uebersicht des ganzen Gebietes der Gelehrten Geschichte ausnehmend brauchbar. Auch des seligen Reinhards Einleitung zu einer allgemeinen Geschichte der Gelehrsamkeit, I. Band, Erlangen, 1779. 4. deren weitere Fortsetzung der Tod des glücklich und nutzbar geschäftigen Mannes, gehindert hat, wird, so kurz gefaßt sie ist, gute Dienste leisten. Er hat auch die Geschichte der Künste kurz entworfen. Der besondern Geschichte jedes Theils der Gelehrsamkeit, Wissenschaften und Künste, kann der Bibliothekar nicht entbehren, zumal, wenn ihm daran gelegen, und es dem Zweck der Bibliothek, die ihm anvertraut ist, und den Kosten, die er darauf wenden kann und darf, gemäß ist, die Sammlung der Schriften in jeden, oder auch nur in gewissen Fächern, so

viel

viel als möglich vollständig zu machen, oder doch wenigstens davon die besten und wichtigsten Bücher anzuschaffen. Die kann er nun aus den sogenannten Bibliotheken und Geschichten einzeler Theile der Wissenschaften, aus Catalogen, die nach den Wissenschaften geordnet sind, aus Lehrbüchern besonderer Classen der Gelehrsamkeit, die gemeiniglich davon einen guten Vorrath anzeigen, und aus Journalen am besten kennen lernen. Ueber alles dies mich insbesondere auszubreiten, habe ich nicht Raum genug. Aber von gewissen einzeln Werken, die in den Kenntnissen der Bibliothekare einen ausgezeichneten Vorzug haben müssen, muß ich doch reden.

Die Geschichte der Buchdrucker- Holzschneider- und Kupferstecherkunst, und ihrer Produckte, setze ich zuerst. Was diese geliefert haben, zumal ihre erstern, seltenen, sonderbaren, kostbaren, schönen Produkte, gehören zu dem Vorrath einer ansehnlichen Bibliothek, und sind ihre beste Zierde. Der Aufseher braucht Bücher, diese, und ihr Alter, ihren Werth, Seltenheit und Meister kennen zu lernen. Und daran fehlts ihm nicht, ob gleich viele neue Entdeckungen und Schriften davon noch erwartet werden müssen. Ueber die Buchdruckerkunst und ihre ersten Produkte bis zum Ende des 15 Jahrhunderts kann man sich bey Juglern so ziemlich Raths erholen, der das ganze reiche letzte Capitel seiner schon genannten Bibliotheca historiae litterariae S. 20-76. f. f. dieser Materie gewiedmet hat, wozu der erste Sup-
plemen-

plementen-Band S. 322. sgg. Zusätze liefert. Hieraus, aber noch vollständiger aus dem Catalog der Bünauischen Bibliothek Tom. I. Volum. I. S. 667. bis S. 681. lernt der Bibliothekar die Schriften am besten kennen, die er diesfalls nutzen kann. Ueber einige der wichtigsten davon, die dem BücherAufseher unentbehrlich sind, muß ich doch sprechen, ob sie schon aus den ebengenannten Büchern, und sonsten, bekannt genug sind. Ich werde aber auch solche, wenn gleich nur wenig, anführen, von denen man daselbst keine Anzeige findet.

Bunemanni notitia scriptorum editorum atque ineditorum artem typographicam illustrantium, intermixtis passim observationibus litterariis, Hanoverae 1740. 4. Dieses Verzeichniß ist nach dem Alphabeth eingerichtet, geht aber nur bis zum Buchstaben M. Die Fortsetzung vom N an ist nie zum öffentlichen Vorschein gekommen. Weil die Schrift klein, und ein Programm ist, ist sie ziemlich selten geworden, wenigstens in unsern Gegenden nicht leicht zu finden. Sie ist sehr werth vom Bibliothekar und Bücherliebhaber aufgesucht, und benutzt zu werden. Die Anmerkungen zeigen die verschiedenen Ausgaben der erwehnten Schriften, und ihren Unterschied an, verbessern von andern begangene Fehler, entdecken sonst unbekannte Buchdrucker, bemerken, wem gewisse Verfasser den Ursprung der Kunst zuschreiben, zeichnen die Seltenheit einiger Schriften aus, geben bey vielen Nachricht, wo sie recensirt worden, machen einige wichtige und reiche Sammlungen von den Produkten der

Kunst aus ihrem ersten Jahrhundert bekannt, und fällen zuweilen ein Urtheil von dem Werthe einer Schrift.

Monumenta typographica, quae artis hujus praestantissimae originem, laudem et abusum posteris produnt, instaurata studio et labore Jo. Christiani Wolfii. Hamburgi 1748. 8. Zween dicke Bände. Ich weiß nichts zu dem hinzuzusetzen, was in der Struvisch Juglerischen Bibliotheck von dieser Sammlung S. 2077. ffg. gesagt wird, als, daß die voranstehende, nach dem Buchstaben geordnete Bibliotheca typographica vollständiger ist, als die Bünemannische Notitia, weil sie durchs ganze Alphabeth gehet, und daß unmittelbar auf dieselbe ein sehr genaues und brauchbares Verzeichniß der in der Sammlung enthaltenen Sachen, auch nach dem Alphabeth folgt. Weil hier viele Schriften gesammelt sind, die einzeln selten geworden, und die doch dem Bücherkenner wichtig und höchst brauchbar sind, so will ich hier das Verzeichniß der ganzen Sammlung hersetzen, das gewiß den Bibliothekar überzeugen wird, wie nöthig ihm zum Gebrauche bey seinem Geschäfte diese zween Octav-Bände sind.

In Parte I.

1) Bergellani (Jo. Arn.) Poëma de Calcographiae inventione. 2) Stephani (Henr.) artis typographicae querimonia et Epitaphia Typographorum doctorum. 3) Judicis (Matthaei) libellus de typographiae inventione, et de praelorum inspectione. 4) Besoldi (Christoph.) Dissertat. de in-

ventione

ventione Typographiae. 5) Scriverii (Pet.) Laurea Laurentii Cofteri, e belgico. 6) Anonymi (Faufti) Relatio MS. de Origine Typographiae è germanico. 7) Ex Naudaei (Gabr.) additamentis ad Hiftoriam Ludovici XI. Regis Galliarum è gallico. 8) Ex Boxhornii (Marci Zuerii) Theatro urbium Hollandiae. 9) Mallincrot (Bernh.) Differt. de ortu et progreffu artis typographicae. 10) Boxhornii Differt. de typographicae artis inventione. 11) Ex Ejusdem Hiftoria Vniverfali. 12) Rivini (Andr.) Hecatomba laudum ob inventam Chalcographiam. 13) Ejusdem Oratio de artis typographicae praeftantia. 14) Brehmen (G.) Expofitio inventionis artis typographicae cum carminibus latinis variorum è germanico. 15) Carmina Secularia de Typographia, cura G. Baumanni excufa. 16) Kleinwechters (Valent.) Actus Seculares II. in laudem typographiae. 17) Starckii (Sebaft. Gottfr.) Oratio de arte typographica, è germanico. 18) Rivini (Andr.) Controverfiae de artis typographicae inventione, è germanico. 19) Gveintzii (Chriftiani) Encomium artis typographicae, è germanico. 20) Infulani Menapii (Guilielmi) Statera Calcographiae.

In Parte II.

21) Schragii (Jo. Adami) Hiftoria Typographiae, è germanico. 22) Schmidii (Jo.) Conciones III. Euchariftricae, è germanico. 23) Boecleri (Jo. Henr.) Oratio de Typographiae divinitate. 24) Mentelii (Jac.) brevis Excurfus de loco, tempore et autore inventionis Typographiae, cum notis MSS.

MSS. (25.) Ejusdem Paraenesis de Typographiae origine, cum notis MSS. 26) Ejusdem Observationes MSS. de Typographis et Typographia. 27) Gutneri (Jo. Gabr.) Typographiae Chemnitienfis primae plagulae, è germanico. 28) Fritfchii (Ahasv.) Differt. de Abufibus Typographiae tollendis. 29) Storii (Jo.) Differt. de ortu Typographiae. 30) Vefteri (Chriftiani) nobiliffima ars typographica defcripta, è germanico. 31) Fritfchii (Ahasv.) Differtat. de Typographis. 32) Normanni (Laur.) Differt. de Typographia. 33) Licimandri Panegyricus in laudem artis typographicae, è germanico. 34) Molleri (Dan. Guilh.) Differt. de Typographia. 35) Schtœdteri (Ern. Chriftiani) Differt. de Typographia. 36) Thibouft, (C. Ludov.) Carmen latinum. 37) Tentzelii (Wilh. Ern.) Differt. de inventione Typographiae, e germanico. 38) Kraufii (Jo. Chriftoph.) Laudes Typographiae, è germanico. 39) Patris (Pauli) Differt. de Typis literarum. 40) Fekno (Pet, Pauli) Programma de typographia et pulvere pyrio. 41) Oudini (Cafim.) Differt. de primis artis Typographicae inventoribus. 42) Tolandi (Jo,) Conjectura de Typographiae inventione. 43) Natolini (Jo. Bapt.) Differt. de arte imprimendi, ex italico. 44) Catherinot (Nic.) Ars imprimendi, è gallico. 45) Bockenhofferi (Jo. Phil.) brevis relatio, è Danico. 46) Obfervationes de ortu et progreffu Typographiae, ex Anglico. 47) Bagfordi (Jo.) Exercitatio de inventione Typographiae, ex Anglico. 48) Loca felecta et carmina variorum. Bus

Zur Geschichte der Kunst selbst, sondere ich hier zur Anzeige nur die wichtigsten aus, die hinlänglich im Stand seyn können, den Streit über den Ursprung der Buchdruckerey zu heben, die Ursachen, warum bey demselben man bisher so gar nicht zur völligen Gewißheit gekommen, die vornemlich in den unbestimmten, und verwirrten Begriffen von der Sache, über die man streitet, zu suchen sind, einzusehen, und selbst davon richtig zu urtheilen. Ich habe aber bey dieser Anzeige noch eine andere Absicht. Ich werde vorzüglich solche nennen, die dem Bibliothekar zu einer anschaulichen Kenntniß, die ihm höchst nöthig ist, verhelfen. Durch genaue Beschreibung der Produkten der Kunst in ihrem ersten Jahrhundert; durch richtige Vorstellung der Schriftproben, deren Kenntniß unentbehrlich ist, der gewöhnlichen Abbreviaturen, der Papier- und Druckerzeichen, davon zwar nur die letztern zu einem sichern Urtheile von dem Orte des Druckes und von dem Drucker selbst, wenn diese nicht wörtlich angezeiget sind, leiten können. Der Bücher Aufseher, wenn er seine Sache gründlich verstehen will, kann solcher Schriften durchaus nicht entrathen. Einige derselben sind freylich selten, und die meisten theuer und kostbar. Sollte er sie also nicht selbst für sich erhalten können, so muß er sich der Gefälligkeit anderer bedienen, um zu ihrem ihm nothwendigen Gebrauch zu gelangen. Denn ich glaube, und ich werde wohl nicht irren, der Bibliothekar wird in wichtigen Stücken, die er doch wissen soll, unwissend bleiben, wenn er diese Bücher gar nicht nutzen kann.

Also: Origine è progreſſi della ſtampa o ſia del arte impreſſoria et notizie dell' opere ſtampate dall' Anno MCCCCVII. ſino all' anno MD. Bologna, 1722. 4. Der Carmelite Orlandi, der ſich nur bey der Zueignungsſchrift nennet, iſt Verfaſſer. Er ertheilet zuerſt eine allgemeine Beſchreibung der erſten Produkte der Buchdruckerkunſt, der Art der Buchſtaben, und anderer Charactere, durch welche ſie ſich auszeichnen, und welche der Bibliothekar wiſſen muß, um ein ihm vorkommendes Buch, als ein ſolches ſeltenes und ſchätzbares Buch zu kennen. Denn kommen die Nachrichten von den Buchdruckern, und die Anzeige der Werke, die ſie aus ihren Preſſen geliefert haben, nach den Druckorten, in chronologiſcher Ordnung, die zur Kenntniß des erſten Anfangs und Fortgangs der Kunſt an jedem Orte ungemein vortheilhaft ſind. Er rückt bey den meiſten die Unterſchriften, durch die die Drucker am Ende ſich kennbar gemacht haben, wörtlich ein; ſo wie die gewöhnlichen Verſe, die gemeiniglich auch hinten am Werke ſtehen. Auf dieſe Nachrichten folgen noch beſondere, die Buchdruckerkunſt betreffende, leſenswürdige Bemerkungen vom Papier, von den Charakteren der Buchſtaben, von den nothwendigen Arbeitern, Werkzeugen und Materien in der Druckerey, insbeſondere von der Preſſe; 94 Figuren von Zeichen der Buchdrucker aus dem 15, 16 und 7ten Jahrhunderte, mit der Anzeige, wer ſie gebraucht habe, und mit andern hieher gehörigen Bemerkungen, und endlich Anzeige von 162 dergleichen Zeichen und Sinnbildern, und deß, dem ſie zugehören. Sechs Regiſter,

Von den wichtigsten Büchern, ꝛc.

gister, davon die letztern sehr nutzbar sind; beschliessen den ersten Theil. Das erste enthält ein Verzeichniß der Schriftsteller, die von der Bücherdruckerkunst geschrieben haben, das aber sehr mager ist, und in unsern Zeiten, da wir nun reichere und vollständigere haben, entbehrt werden kann; das andere, eine chronologische, und das dritte eine alphabethische Anzeige der Städte, in denen von 1457 bis 1500 gedruckt worden; das vierte, ein Verzeichniß der Buchdrucker in alphabetischer Ordnung, nach dem Vornamen eingerichtet, nebst Anzeige ihres Zunamens, Vaterlandes, und der Städte, in denen sie gedruckt haben; das fünfte die Correktoren in Druckereyen an verschiedenen Orten im 15ten Jahrhunderte; und endlich das letzte, die besondern Namen (Sopranomi) mit welchen einige Schriftsteller, deren Werke im 16ten Jahrhundert im Druck erschienen sind, benennet worden. Der zweyte Theil liefert ein alphabethisches Verzeichniß der Männer, deren Schriften von 1457 bis 1500 sind gedruckt worden, nebst Anzeige der Schriften selbst, des Druckorts und Jahrs, des Formats, und einer freyen Nachricht, wenn diese Männer gelebt haben, und gestorben sind; wenige Zusätze zum ersten, und zu diesem zweyten Theil, und ein Namensverzeichniß der Schriftsteller nach den Materien. Diese Erzählung von dem Innhalte des Werkes des arbeitsamen Carmeliten Orlandi, der sich auch durch andere bedeutende Schriften berühmt gemacht hat, wird sattsam überzeugen, daß es dem Bibliothekar ausnehmend nutzbar seye.

B 4 Histoire

Erstes Kapitel.

Histoire de l'Origine et des premiers progrès de l'Imprimerie, à la Haye, 1740. gr. 4. Der Verfasser hat sich zwar nicht genannt; man weiß aber, daß es Prosper Marchand ist. Zuerst erzählt er die Erfindung der Kunst durch Gutenberg, Faust und Schöfer, und beschließt diese Erzählung mit einem Verzeichniß der von diesen Männern gedruckten Schriften, worunter freylich die vom Ersten zweifelhaft und ungewiß sind. Auch die Beschaffenheit dieser ersten Ausgaben, in Rücksicht auf die Art der Drucker, der Buchstaben, des Papiers, der weggelassenen Titel, u. s. w. beschreibt er. Denn kommt ein Verzeichniß der ersten Ausgaben aus jedem Orte, wo in den 36 letzten Jahren des 15ten Jahrhunderts Buchdruckereyen errichtet worden, das freylich, wie Meermann *) mit Recht erinnert, noch manche Fehler hat, ob es gleich besser ist, als andere Anzeigen dieser Art. Bunemann hat einige dieser Fehler angezeigt, und verbessert †) und in der Bibliotheque raisonnée findet man Zusätze zu diesem Verzeichnisse **). Marchand redet denn von der Menge, dem oft übertrieben angesetzten Werthe, verstümmeltem Drucke, und wahren Nutzen der ersten Ausgaben. Bey dieser Gelegenheit ertheilt Marchand eine critisirende Nachricht von den Geschichtschreibern der alten Ausgaben im 16ten Jahrhundert, die freylich jetzo der Vermehrungen fähig, aber doch auch, bey seiner Unvollständigkeit, höchst lesenswürdig ist. Die

Bemer-

---

*) Origines Typographicae, Tom. I. p. 6. (u)
†) Notitia Scriptorum pag. 40.
**) Tom. XXV. pag. 271. f.

Bemerkungen von zweifelhaften, falschen, auch mit Vorsatz verfälschten, und unverständlichen Ausgaben des Druckorts und Jahrs, und von den bloß eingebildeten Ausgaben, und die davon angeführten Beyspiele auf den letztern Blättern des ersten Theils, sind für den Bibliothekar gewiß wichtig und wissenswerth. Der andere Theil liefert aus alten Chroniken und Zuschriften; aus grössern Werken und Sammlungen Zeugnisse, auch einzelne ganze Abhandlungen zur Erläuterung, und Bestätigung des ersten Theils, nebst Zusätzen und Verbesserungen zu demselben. Die Wolfische Sammlung, von der ich schon gesprochen habe, macht diese nicht entbehrlich. Denn diese enthält ganz andere Stücke als jene, das Gedicht des Arnolds von Bergeln, und den Auszug aus dem Naude, hier in der Ursprache, ausgenommen. Zu Paris ist 1774 auf 55 Quartseiten ein Supplement zum Marchand herausgekommen, das Zusätze und Verbesserungen enthält.

Primaria quaedam documenta de Origine Typographiae, disquisitioni academicae subiecta, Praeside et auctore C. G. Schwarzio. à Altdorf. 1740, 4. drey Theil'chen. Der Werth dieser Schrift ist schon längst vortheilhaft entschieden. Der Bibliothekar kann sie nicht entbehren, so selten sie jezo auch zu finden seyn mag. Schwarz bestimmet richtig die Zeit und den Ort der Erfindung der Buchdruckerey; nebst den Männern, die sich dadurch um das Reich der Wissenschaften unsterblich verdient gemacht haben, den Irrthum ausgenommen, da er aus Misverstand der Wörter: puer und clericus, aus einem Peter Schöfer zween macht. Er forscht mit einem unermüdeten, und glücklichen Fleiß, und das Resultat seiner Untersuchungen ist, wenn es gleich nicht allemal vollkommen richtig ist, wichtig, und giebt immer dem Bücherforscher zu näheren Untersuchungen und Entdeckungen Gelegenheit. Auch aus ihm lernt man die ersten gedruckten Ausgaben, und ihre Charaktere kennen. Der Anhang von des bekannten Johann von Königsberg Verdiensten um die Buchdruckerey, und von seinen Werken, ist besonders lesenswürdig. In einem Kupferstiche stellt er auch die Pappierzeichen der alten Bücher dar, und begleitet sie mit Erläuterungen.

Schoepflini vindiciae Typographicae, Argentorati 1760. 4. Der Name des Verfassers ist schön genug, auf diese Schrift begierig und aufmerksam zu seyn. Sie lehrt richtig, die blossen Vorspielungen der eigentlichen Buchdruckerkunst, von ihren würklichen Produkten unterscheiden; baut ihre Schlüsse und Behauptungen auf ächte, wichtige, und vorher ganz unbekannte Urkunden; und lehrt die ersten Elsasischen, besonders Straßburger Drucker, und ihre Werke, kennen. Die Urkunden sind am Ende ganz beygefüget. Ausnehmend wichtig und nutzbar sind die in Kupfer gestochenen Probestücke einiger alten Drucke, und einer Handschrift des Peter Schöfers, obgleich Meerman und Fournier ihre Genauigkeit bezweifelt haben. Des grossen Meermans kostbares Werk, von welchem ich bald sprechen werde, muß mit diesen Vindiciis verglichen werden, weil darinnen manche Erinnerungen gegen dieselbe

selbst vorkommen. Der jüngere Fournier hat sich ein
eigenes Geschäfte daraus gemacht, den Schöpflin zu
recht zu weisen, in Observations sur un Ouvrage intitulé Vindiciae Typographicae pour servir de suite
au traité de l'Origine & des Productions de l'Imprimerie primitive en taille de bois. à Paris 1760.
8. Wenn gleich Fournier nicht immer richtig die
Wahrheit trift, so müssen doch viele seiner Bemerkungen dem Forscher angenehm und schäßbar seyn, da sie
wichtige Entdeckungen machen, und auf bedeutende
neue Untersuchungen leiten.

Schöpflin hat einen würdigen und geschickten
Vertheydiger gefunden, an dem Königlich Schwedischen
Gesandtschaftsprediger zu Paris, Bär, der, ohne sich
zu nennen, herausgegeben hat: Lettre sur l'Origine
de l'Imprimerie, servant de réponse aux Observations publiées par M. Fourniere le jeune, sur l'ouvrage de M. Schœpflin, intitulé Vindiciae typographicae. à Strasburg, (eigentlich Paris) 1761. 8.

Auch mein seeliger unvergeßlicher Vater, dem
kein Kenner den Ruhm wichtiger Verdienste, und eines
grossen Litterators, absprechen wird, hat den Schlüs-
sen und Behauptungen des seligen Schöpflins, gewiß
mit sanfter Bescheidenheit, beträchtliche Erinnerungen
entgegen gesezt, in der Diatriba praeliminari de variis rebus ad natales artis Typographicae diluci-
tandos facientibus, die vor der von ihm veranstalteten, und mit wichtigen Anmerkungen begleiteten Ausgabe

:gabe des Buches des Kardinals Quirini, das ich unten anzeige.*), stehet. Der Bibliothekar kann gewiß diese Diatribe, nebst dem Buche, vor dem sie stehet, nicht wohl entbehren. Sie enthält für die Geschichte der Buchdruckerkunst wichtige Entdeckungen, und die in Kupferstichen mitgetheilten Probestücke der alten Ausgaben verschaffen ihr einen auszeichnenden Werth.

Meermani Origines Typographicae. 2 Tomi, Hagae Comitum 1765. gr. 4. in sehr prächtigem Drucke. Dieses reichhaltige und kostbare Werk ist eigentlich geschrieben, wie bekannt genug ist, Costern, und der Stadt Harlem, die Erfindung der Buchdruckerkunst, unbezweifelt zuzueignen. Meerman hat sich freylich zur Behauptung seiner Angaben, unerwiesene Hypothesen, ungegründete Erzählungen, und manche Trugschlüsse erlaubt, aus Vorliebe zu seinem Vaterlande. Aber das hindert nicht, seine Schrift für eine der treflichsten, die jemals zur Erläuterung der Geschichte der Buchdruckerkunst zum öffentlichen Vorschein gekommen ist, zu schätzen, und sie jedem Bibliothekar ins besondere zum fleißigsten, und sorgsamst forschenden Gebrauch zu empfehlen. Sie eröfnet den reichsten Schatz litterarischer Bemerkungen und Entdeckungen, und führt durch niedliche Kupferstiche zu der dem Bibliothekar so nothwendigen anschaulichen Kenntniß der alten Drucke, besonders der tabellarischen Versuche.

Weil

---

*) Liber singularis de optimorum Scriptt. editionibus, quæ Romae primum prodierunt, post divinum typographiæ inventum. Lindaviæ 1761. 4.

Weil dies Werk eben nicht so allgemein bekannt ist, so will ich Bücherforscher darauf lüstern zu machen, dessen Hauptinnhalt nach der vor jedem Theile stehenden Anzeige, hieher setzen. Tom. I. C. I. Notitia praevia. 2. Laurentii prototypographi genus, aetas, posteri. 3. Auctoritates de inventa Harlemi typographia. 4. Historia typographiae, à Laurentio. Jo. fil. Harlemi repertae, eoque mortuo per famulum ad Moguntinos translatae. 5. Opera Laurentianae officinae typographica. 6. Typographia a progenie Laurentii continuata Harlemi, usque ad adventum Theod. Martini, ac sociorum in Belgium, & translata interim per operarium ad Britannos. 7. Nova Moguntinensium inventa typographica. 8. Typographiae Argentinensis origines. 9. Origo et prima specimina impressionis tabellaris. Tom. II. 1. Mantissa originum typographicarum. a) Andr. Coltee Ducarel, epistola ad auctorem de fide excerpti è MS. Lambethano, per Rich. Atkyns a. 1664 editi. b) Auctoris epistola responsoria. c) Ejusdem observatio novissima de inventis Moguntinensium in arte chalcographica. 2. Probationes ad Origines typographicas. a) Documenta et testimonia vetusta de inventione artis, in tres classes distributa, notisque instructa. Praemissus est horum elenchus. b) Specimina primarum impressionum, decem tabulis aeneis ob oculos posita. Praefixus quoque elenchus est, atque integra de tertio Harlemensii Donato, observatio. 3. Addenda et corrigenda in originibus typographicis,

mantis-

mantiſſa, ac probationibus. Inſerta eſt diſquiſitio de translata in Italiam, ſpeciatim Sublacenſe coenobium, atque urbem Romam, arte impreſſoria. 4. Indices abſolutiſſimi in utrumque operis volumen, variis quoque novis obſervationibus adaucti. a) Primus, ſiſtens acta inventorum principumque adjutorum artis. b) Secundus exhibens alios quosdam veteres typographos in opere obvios, eos ſcil. aut quorum nulla, vel imperfecta ſaltem mentio occurrit in Annalibus Mich. Maittaire, aut de quibus ſingularia quaedam a nobis traduntur. c) Tertius, indicans varios libros Sec. XV. excuſos, inque opere noſtro memoratos, qui vel ignoti Maittairio fuere, vel de quibus nonnulla ſingularia tradidimus. d) Quartus, eos exhibens, quorum teſtimonia probationis cauſa adferuntur. e) Quintus, continens ceteras res memorabiles. f. Coronis, exhibens anecdota quaedam, nimis ſero transmiſſa, de Laurentio. Jo. fil. prototypographo, ut aedituo, ejusque olim miniſtro Cornelio bibliopego; denique monitum de Donato membranaceo Bibliothecae Alcmarienſis. Dieſe Anzeige, ſo vielen Raum ſie einnimmt, dürfte wohl für manchen Bibliothekar, der das Werk, und ſeinen Innhalt, noch nicht kennet, eine wahre Gefälligkeit ſeyn. Man muß bey dem Gebrauche dieſer wichtigen Schrift den Herrn geheimen Rath von Heinecke zu Rathe ziehen. Er hat in dem 2ten Theile der Nachrichten von Künſtlern, und Kunſtſachen, eine eigene reichhaltige und gründlich geſchriebene Abhandlung geliefert, die beſonders die Meermaniſchen

Anga-

Angaben, und Nachrichten von Coster, und seines Herkommen, und von dem, dem Hans Gutenberg, aufgebürdeten Diebstahl, bündig widerlegt. Die zwey neuesten Schriften von der Erfindung der Buchdruckerkunst, die ich kenne, sind Breitkopfs über die Geschichte der Erfindung der Buchdruckerkunst, Leipzig 1779. 4, und Reiß, eines Benediktiners, und Professors zu Ingolstadt, 2 Programmen de Originibus typographicis, Ingolstäd. 1785. 1786. 4. Breitkopf, ein gelehrter, und in seiner Kunst meisterhaft geübter Buchdrucker, hat zur Widerlegung dreyer neuen über die Erfindung der Buchdruckerkunst geäusserten Meynungen, geschrieben. Die erste hat Manni in seiner Italienischen Vorlesung von dem ersten Drucke der Bücher in Florenz, die an eben diesem Orte 1761. 4. herauskam, bekannt gemacht. Nach derselben soll Cennini zu Florenz diese Kunst erfunden haben. Die andere behauptet, zu Würzburg seye 1453 das erste gedruckte Buch erschienen. Joseph Vernazza hat diese Muthmassung geheget. Die dritte hat den Herrn des Roches zum Urheber, und will Antwerpen zum Erfindungsort machen. Breitkopf hat die Vorlesung, in der des Roches diese Behauptung vorträgt, und zu beweisen suchet, in einem teutschen Kleide seiner Schrift einverleibet. Sonder Zweifel ist Breitkopf vorzüglich der rechte Mann, der mit Gründlichkeit die Geschichte der Erfindung der Buchdruckerkunst bearbeiten kann. So wird ihn der Litterator hier finden, und besonders der Bibliothekar für die Bereicherung der ihm unentbehrlichen Kenntniß ihn ausnehmend brauchbar finden. Aber

gewiß

gewiß noch mehr, wenn seine ganze Geschichte der Erfindung der Buchdruckerkunst, wovon in der kleinen Schrift, von der izo die Rede ist, ein genauer Plan vorgeleget ist, zum öffentlichen Vorschein kommen wird. Auch die beyden Programmen des geschickten Professor Reiffs sind für jeden Bibliothekar lesens werth, und ich habe volle Ursache, sie zu empfehlen, ob ich gleich glaube, denen darinn befindlichen bescheidenen Widerlegungen der Behauptungen meines seligen Vaters, wichtige Gründe mit gleicher Bescheidenheit entgegen setzen zu können, die aber hier nicht am rechten Ort stehen würden.

Das Hauptwerk, das hieher gehöret, nenne ich mit Bedacht zuletzt. Es sind die 5 Bände Annalium Typographicorum des arbeitsamen und unermüdet forschenden Maittaire, die man vorläufig am besten aus den unten angezeigten Baumgartischen periodischen Schriften kennen lernet. *) Schade, daß dies kostbare Werk nun nicht mehr leicht angekauft werden kann, und also mancher Bücheraufseher ohne seine Schuld entbehren muß, was ihm fast unentbehrlich ist! Eine neue Ausgabe mit Berichtigungen und Verbesserungen, die es bedarf, und mit Einschaltung der Zusätze, dergleichen es von vielen geübten Männern †) erhalten hat, und mit neugesammelten Vermehrungen, würde für jeden Litterator ein ungemein schätzbares Geschenke seyn.

*) Nachrichten von einer Hallischen Bibliothek, 6 Band, S. 416 ffg. Nachrichten von merkwürdigen Büchern, 1 Band, S. 458 fg.
† Die mehresten davon sind angezeigt in Catal. Bibl. Bunav. Tom. I. Vol. I. pag. 672 ffg.

Von den wichtigsten Büchern, ꝛc. 31

seyn. Ich kenne keinen Gelehrten, der diesen beträchtlichen Dienst den Bücherkennern vortreflicher leisten könnte, als den Herrn Stadtpfarrer am Ende in Kaufbeuren, der bekannter maßen unter den Litteratoren unserer Zeiten, einen sehr vorzüglichen Rang behauptet. Aber, wo wird sich zu einem solchen Werke ein Verleger finden?

Die besondere Geschichte der Buchdruckerkunst, nemlich ihres Anfangs und Fortgangs in gewissen Ländern, Provinzen und Städten, ist für den Bücheraufseher nicht unbedeutend, und er darf sie durchaus nicht vernachläßigen. Er muß sich also mit Büchern, daraus er sie lernen kann, genau bekannt machen; und zur Erkenntniß dieser Bücher, und des darinnen erzählten Anfangs und Fortgangs der Kunst in gewissen Ländern und Städten, können ihn vornemlich das letzte Hauptstück der Struvisch-Juglerischen Bibliothek, und Denis *) anführen, die mich der Mühe überheben, sie selbst nach der Reihe herzuzählen.

Nur ein Paar nutzbarer neuer Werke, die hieher gehören, will ich gedenken. Des ebengedachten unermüdet arbeitsamen, und zu solchen Untersuchungen vorzüglich geschickten Denis Buchdruckergeschichte Wiens bis 1560. Wien 1782. gr. 4. ist ein Meisterstück dieser Art. Auch Zapfs Buchdruckergeschichte Augsburgs, nebst den Jahrbüchern derselben, 1 Theil von 1468 bis 1500. Augsburg 1786. gr. 4. verdienet Lob, und des Bibliothekars Aufmerksamkeit.

C Von

*) Einleitung in die Bücherkunde 1 Th. S. 107. ffs.

Von besondern Verzeichnissen, und Beschreibungen im 15ten Jahrhundert gedruckter Bücher, und von denen Schriften, die der Bücheraufseher zur Kenntniß der Holzschneide- und Kupferstecherkunst, und ihrer wichtigsten, der Achtung, und des Aufbewahrens würdigen Produkten, nutzen muß, spreche ich an einer andern Stelle.

Hier schliesse ich eine Nachricht von wichtigen Catalogen angesehener Bibliotheken, und ihrem Gebrauch für den Bibliothekar, an.

Es ist fast überflüßig, den schätzbaren Werth solcher Bücherverzeichnisse, die von reichen und angesehenen Bibliotheken durch den Druck öffentlich bekannt gemacht sind, besonders anzupreisen. Denn theils redet die Sache selbst für sich, theils haben die grösten Litteratoren, deren Aussprüche bey allen Kennern geltend sind, ihre Brauchbarkeit, zur Bücherkunde insbesondere, die doch dem Bibliothekar unentbehrlich ist, notorisch erwiesen. Ich nenne hier nur den Conring, Spizel, Morhof, Struv, Jugler, und aus den neuen, den Glasen, der in der wichtigen Vorrede zu dem Verzeichnisse der Rinkischen Büchersammlung, einige Vortheile, die solche Catalogen gewähren, angemerket hat, nebst dem J. M. Frank, einem der ersten, gelehrtesten und geübtesten Bibliothekarn unserer Zeiten, dessen Anpreisung der vorzüglichen Nutzbarkeit solcher Verzeichnisse der Leser gleich im Anfange der Vorrede zum ersten Bande des Catalogi Bibliothecæ Bunavianæ findet.

Was

Was ich von diesen Männern gelernet habe, will ich hier mittheilen, doch nicht ohne meine eigene Bemerkungen, die vielleicht nicht zu verachten sind. Seine Bücherkenntniß zu bereichern, und so viel möglich vollständig zu machen, kann der Bibliothekar solche Verzeichnisse höchst vortheilhaft nutzen. Was in gewissen Fächern der Wissenschaften, dem Bücherschatze, der seiner Aufsicht anvertrauet ist, noch fehlt, lernt er kennen, und wird aufmerksam gemacht, diese Lücke, so bald er Gelegenheit dazu hat, auszufüllen. Ihn können sie zu einem richtigen Urtheile von der würklichen, oder blos angeblichen Seltenheit gewisser Schriften, leiten. Was er nur in wenigen Verzeichnissen solcher Bibliotheken, die mit Sorgfalt, und forschendem Eifer, gesammelt worden, antrift, zumal wenn man weiß, daß es recht angelegene Absicht gewesen, von gewissen Materien alles nur mögliche zusammen zu bringen, das kann er sicher zu den gelehrten Seltenheiten zählen, die seiner Aufmerksamkeit und Aufsuchens würdig sind. Oft setzen Männer, deren Aussprüche in diesem Stücke als Orakel gelten, z. B. ein Reimmann, Vogt, Bünemann, Engel, Gerdeß, Clement, Bücher in die Reihe der Seltenheiten, die man doch in einer Menge von Catalogen und Bibliotheken findet. Denn ists auch gewiß, daß sie dieses Ranges unwürdig sind. Er findet Bücher, oder Ausgaben, deren Daseyn bezweifelt, und gar geläugnet worden, trift auf vorher ihm unbekannte Schriften grosser Gelehrten, oder auf Abhandlungen über besondere wichtige Materien, an deren Kenntniß ihm viel gelegen ist. Er lernt die verschiedenen Ausgaben von einem Buche kennen, und seine Einsicht von den Original-Ausgaben, oder den sogenannten editionibus principibus berichtigen. In grosse Sammlungen, die der ihm anvertrauten Bibliothek mangeln, und die wegen ihrer Kostbarkeit selten sind, sind oft Abhandlungen eingerückt, die ihm wichtig, und unentbehrlich sind. Wie muß es ihn freuen, wenn ihm eine einzelne Ausgabe davon bekannt wird, die er aufzusuchen sich alle Mühe geben wird?

Niemand ist geschickter, an einem schon lange vergebens gewünschten allgemeinen Bücherverzeichnisse zu arbeiten, oder wenigstens Beyträge dazu zu sammeln, und niemand hat einen nähern Beruf dazu, als ein geübter Bibliothekar. Wer kann leugnen, daß die genaue Bekanntschaft mit Catalogen der Art, von der ich spreche, ein sehr taugliches Beförderungsmittel für dieses Geschäfte sey? Ich darf der Vortheile nicht vergessen, die ihm gute Verzeichnisse zum Wachsthum seiner bibliothekarischen Geschicklichkeit gewähren, betreffe es die brauchbare Einrichtung, und Anordnung einer Bibliothek, oder die beste Methode selbst nutzbare Verzeichnisse des ihm anvertrauten Schatzes, wie es ihm Pflicht ist, zu verfertigen. Ich habe hier nur das Wichtigste berühren wollen, wozu wohlgefertigte Catalogen dem Bibliothekar allerdings nutzbar seyn können.

Wir haben keinen Mangel an reichen Anzeigen solcher Bücherverzeichnisse, sowohl von öffentlichen, als von Privatbibliotheken, und es ist Pflicht, daß ich wenigstens die vornehmsten Schriftsteller nenne, bey denen man solche finden kann. Die Bibliotheca Biblio-

theca-

Von den wichtigsten Büchern, ꝛc. 37

thecarum des ehmaligen Jesuiten Labbe, eines gewaltigen, aber nützlichen Vielschreibers, hat zwar eine weiterzielende Absicht, als bloß Bücherverzeichnisse der Art, davon hier die Rede ist, herzuzählen; indessen darf sie als erste Hauptquelle in diesem Fache nicht vergessen werden, zumal da sie von verschiedenen sonst ganz unbekannten, und iezt beynah verschollenen Catalogen ansehnlicher Bibliotheken, Nachricht giebt. Sie wird von geübten Kennern sehr hoch geschäzt, und ist daher mehrmals einer neuen Ausgabe gewürdiget worden, davon, wenigstens so viel ich weiß, die, die ich eben vor mir habe, und die zu Leipzig 1682. hervortrat, die lezte ist, die unter des Labbe Nahmen hervorgekommen ist. Ob sie gleich, Teissier, ob er schon auf dem Titelblatt so spricht, als wenn die Bibliotheca ganz sein eigen Werk seye, und dem Labbe nur die Anhänge zugehören, zu Genev 1686 und 1705 4. mit reichen Vermehrungen, unter der Aufschrift: Catalogus auctorum, qui librorum catalogos, indices, bibliothecas, virorum literatorum elogia, vitas, aut orationes funebres scriptis consignarunt, cum Labbei Bibliotheca nummaria &c. wieder herausgegeben hat, so kann man doch der Ausgabe von 1682. wenn man das ganze und eigentliche Werkgen des Jesuiten nuzen will, nicht entbehren, da es bekannt genug ist, daß Teissier verschiedenes weggelassen hat, das man beym Labbe findet, und das zu wissen nicht unnöthig ist.

Morhof hat in seinem bekannten, und noch immer dem Litterator nuzbaren, und unentbehrlichen Polyhi-

C 3 stor,

stor, ein eigenes Kapitel den Bücherverzeichnissen gewidmet, nemlich das achtzehende im ersten Buche, wo im 67. bis zum 70 Paragraph nach der Möllerischen Ausgabe, Lübeck 1708. 4. einige wichtige Verzeichnisse grosser Bibliotheken angezeiget werden. Auch Crenius, oder wie er eigentlich heißt, Thomas Theodor Crusius, zählt in animadverſionibus Philologicis & Hiſtoricis Part. I. pag. 9. einige bedeutende Catalogen dieser Gattung her, so wie Baillet in dem ersten Theile des zweyten Bandes Jugemens des Savans ſur les principaux Ouvrages des auteurs S. 234. ſq. nach der Amſterdamer Ausgabe 1725. 8. die la Monnoye übersehen, verbessert und vermehret hat. Er hat einen wichtigen Vorzug vor allen, die ich bisher genennet habe, da seine Anzeige nicht blos ein leeres, und trockenes Verzeichniß ist. Johann Fabricius und Reimmann können hier nicht vergessen werden. Jener zeigt hin und wieder in der hiſtoria Bibliothecæ ſuæ solche Verzeichnisse an. Dieser redet davon im zweyten Theile der Bibliothecæ ſyſtematico-criticæ, der blos der gelehrten Geschichte gewidmet ist. Beede beurtheilen die angeführten Catalogen nach ihrem Werthe mit critischer Genauigkeit, und verbessern die Fehler, die sie darinnen vorgefunden haben. Doch, ich kenne keine Schrift, aus welcher der Liebhaber genauer von Verzeichnissen, von denen ich rede, von ihrem Innhalte und Werthe, belehrt werden kann, als die literarischen periodischen Schriften, die der grosse und unvergeßliche Baumgarten veranstaltet, an denen er selbst mit critischem Fleiß gearbeitet,

beitet, und über die Er die strengest prüfende Aufsicht beobachtet hat. Das sind die Nachrichten von einer hallischen Bibliothek in 8 Bänden, und die Nachrichten von merkwürdigen Büchern, mit dem Register-Band in 12 Bänden, die bekannt genug sind. Nur von einigen solchen Catalogen wird in dieser periodischen Schrift, die nie ihren Werth verliehren wird, gesprochen. Aber wenn davon gesprochen wird, so ist gewiß die Relation meisterhaft, und höchst brauchbar. Juglers Bibliotheca historiæ litterariæ selecta, die bekannter Maßen die umgearbeitete und vermehrte Introductio in notitiam rei litterariæ des berühmten Struvs ist, nebst den Supplementen, davon M. Köcher 1775 den ersten Fascikel zu Jena herausgegeben hat, bleibt jedem Litterator, und so dem Bibliothekar, die beste, daß ichs so nenne, Hand-Quelle. Man findet die Anzeigen, die hieher gehören, S. 101. ffg. und in den Supplementen S. 12. fg. und zerstreut im 3ten und 4ten Capitel dieses Buches, wo von den Bibliotheken der Ausländer, und der Teutschen, gehandelt wird, wobey aber auch die Supplemente zu Rathe müssen gezogen werden. Auch im litterarischen Wochenblatt, dessen allzufrühe Beendigung jeder Freund der Bücherkunde bedauren wird, findet man eine wichtige Anzeige seltener Catalogen, die hieher gehören, 1 B. S. 153 fg. Der zu früh verstorbene seelige Oettingische Hofrath Lang hat sie gefertiget. Nirgend aber ist eine reichhaltigere Anzeige von Catalogen der Bibliotheken zu finden, als in dem meisterhaften Verzeichnisse der Bünauischen Büchersammlung Tom. I. S. 840 ffg. 858 ffg.

Es ist freylich unter den Catalogen ein wichtiger Unterschied, auf den, bey ihrem Gebrauche der Bibliothekar billig sein Augenmerk richtet. Mehrentheils bedeuten die Verzeichnisse ansehnlicher Bibliotheken, die zum Verkauffe bestimmt sind, weil es ihnen an Ordnung und Genauigkeit fehlt, nicht viel, und dienen blos dazu, zu sehen, was man anzuschaffen Gelegenheit hat. Aber billig sage ich nur, mehrentheils. Denn ich kenne Catalogen, von feilgebothenen Büchersammlungen, die ganz vortreflich sind, und sich vor andern durch den brauchbarsten Werth auszeichnen, dergleichen, um nur ein Beyspiel anzuführen, der Catalogus Bibliothecæ Franckianæ ist, von dem ich bald besonders sprechen werde. Sind diesen Verzeichnissen die Preise beygesetzt, so kann sie der Bibliothekar nutzen, den Einkaufswerth eines Buches kennen zu lernen. Allein hier ist Mistrauen und Behutsamkeit nöthig. Denn oft hat nur Unwissenheit, Vorliebe (pretium affectionis) Geitz und Eigennutz den Werth bestimmet. In vielen Catalogen ist der Preis allzuhoch angeschrieben. Man hat dieß besonders, und zwar wie der Augenschein weiset, mit Rechte den Bunemannischen, Solgerischen (Bibliotheca Anonymiana) und Uffenbachischen Verzeichnissen vorgeworffen. Die Verzeichnisse der Bibliotheken, die zur öffentlichen Versteigerung bestimmt sind, können zu diesem Zwecke auch nicht nuzbar seyn, weil da nur der erste Anschlag angezeiget ist. Ungleich brauchbarer sind hier die Catalogen, denen von einer genauen, und treuen Hand, die Preise, wie die Bücher weggegangen sind, beyge-

Von den wichtigsten Büchern, ꝛc.

beygeschrieben sind. Man hat manchmal Gelegenheit, dergleichen Verzeichnisse habhaft zu werden, und ich besitze selbst einige dieser Art, darunter mir folgende besonders schätzbar sind. Bibliotheca Dalmaniana, die zu Grafenhaag 1723 versteigert worden; der Häberlinische Catalog der Raymund Kraftischen Bibliothek, deren Bücher einzeln verkauffet wurden; Catalogus librorum in omni facultate et disciplina exquisitissimorum et rarissimorum, editionum præcipue antiquissimarum, et codicum MSS. membranaceorum, die man zu Leipzig 1737 im October durch öffentliche Versteigerung veräussert hat. Diesem Catalog sind nicht nur die Preise, nach denen die Bücher weggegangen, sondern auch die Orte und Bibliotheken, wohin sie gekommen sind, beygesetzt. Er enthält bey 60 wichtige Handschriften, eine seltene Menge sogenannter Incunabeln, die schätzbarsten Originalausgaben, und die treflichsten Schriften aus den berühmtesten Buchdruckereyen. Von solchen wichtigen Schätzen zu wissen, wie theuer sie verkauffet worden, und wohin sie gekommen, ist, mir wenigstens, gewiß nicht unbedeutend. Auf der Universitätsbibliothek zu Göttingen richtet man auf solche Exemplare der Verkäufer, und AuctionsCatalogen, genaue Aufmerksamkeit, davon ich in des unsterblich verdienten Michaelis neuer Orientalischen und Exegetischen Bibliothek I Th. S. 149 fg. einen schätzbaren Beweiß finde. Solche Vorgänge, von solchen Orten, und von solchen Bibliothekarn, als Göttingen gehabt, und noch hat, empfehlen gewiß die Sache, von der ich hier rede.

C 5 Ver-

Verzeichnisse, die mit belehrenden Anmerkungen versehen sind, haben einen auszeichnenden Werth, und sind für den Bibliothekar allerdings von wichtiger Brauchbarkeit. Ich will davon hier nur einige nennen, von denen ich glaube, daß sie vor andern einen besondern Vorzug verdienen. Es sind die schon erwähnte Bibliotheca Anonymiana, Bünemanns Catalogus mſs. item librorum ab inventa typographia uſque ad A. 1500. & inde ad 1560. et ulterius impreſſorum, rariſſimorum 1732. 8. Catalogue des mes livres; Lambachers Bibliotheca antiqua Vindebonenſis civica; Bibliotheca Dalmanniana; D. J. C. Feuerlini Supellex libraria; Kraftiana; Saltheniana, Solgeriana, Uitenbrokiana, von deren einigen ich bald besonders reden werde.

Verzeichnisse von Bibliotheken, die nicht zum Verkaufe bestimmet sind, seyens öffentliche oder Privat-Bibliotheken, sind gemeiniglich von grosser Brauchbarkeit. Ihr Zweck ist, die Schätze, die solche Bibliotheken enthalten, nebst der Bibliotheken Einrichtung und Ordnung, bekannt zu machen. Kein Catalog von dieser Gattung kommt an Brauchbarkeit, und übertreffenden Vorzug, dem Frankiſchen von der Bünauiſchen Bibliothek, bey.

Ich muß nun noch selbst nähere Nachrichten von dergleichen Catalogen, die für den Bibliothekar so nutzbar sind, geben. Bey denen, die man schon aus dem Morhof, Struv, Jugler, Reimmann, Baillet, Baumgarten,

Von den wichtigsten Büchern, ꝛc. 43

garten, auch Vogt, und Clement kennt, werde ich mich nicht aufhalten; es sey denn, daß ich etwas zu bemerken habe, das man bey diesen geübten Männern nicht findet, oder das zur Berichtigung, Verbesserung und Ergänzung ihrer Anzeigen, zu sagen nöthig ist. Auch rede ich hier nicht von denenjenigen Verzeichnissen, die blos die Sammlungen von Handschriften beschreiben. Denn für diese gehört eine eigene Stelle, die sie auch erhalten sollen.

Nun zuerst von einigen solchen Verzeichnissen, deren die erwähnten Gelehrten nicht gedacht haben, zum Theil nicht haben gedenken können, und die doch merkwürdig, und gewiß brauchbar sind.

Bibliotheca Anonymiana, s. Catalogus Bibliothecæ locupletis raritate, selectu, ligatura librorum splendidissimæ. Norimbergo 1738. 8. Das war die erste Bibliothek des ehmaligen berühmten Nürnbergischen Antistes Solgers, der unter den geübtesten Literatoren, und Bücherkennern unserer Zeiten einen vorzüglichen Rang behauptet. Die Anzeige der Bücher ist nach den Formaten, und bey jedem Format nach dem Alphabete geordnet. Bey den mehresten sind Anmerkungen besonders von der Seltenheit der Bücher, und Citaten solcher Schriften, in denen man nähere Nachricht von dem angezeigten Buche findet, beygefügt. Zur Kenntniß seltener Bücher, grosser Werke, merkwürdiger Bibelausgaben, ist der Catalog brauchbarer, als zur Erkenntniß des wahren Preises der Bücher,

cher, der, wie ich schon erinnert habe, sehr übertrieben angesetzt ist. Das Verzeichniß der Handschriften ist nicht sonderlich bedeutend, ausgenommen die, jedoch sehr kurze Anzeige einiger Sammlungen, eigenhändiger Briefe grosser Gelehrten, vornemlich solcher, die im 16ten Jahrhundert gelebet haben. Besonders sind sehr flüchtig, und ohne alle Benennung der hohen Personen, von denen sie kommen, die Autographa Königlicher, Fürstlicher, Gräflicher, und anderer Standespersonen, wobey viele gemahlte Wappen befindlich, angezeigt. Hinten ist noch als Anhang ein Verzeichniß einiger raren Bücher.

Bibliothecæ D. Fr. G. Conradi, Prof. Jur. acad. Juliæ Carolinæ primarii Tomus I. secundum materias ordine digessit et præfatus est D. Fr. Dom. Hæberlin. Helmst. 1749. 8 Tom. 22. 1767. Die Ordnung nach den Wissenschaften, die haupt- und ganz besondern Abtheilungen in Rücksicht auf die Materien, die wichtige Anzeige der Handschriften, und der genaue Index auctorum, ertheilen diesem Verzeichnisse einen ausnehmenden Werth, wenn auch der Name eines Häberlins ihn nicht schon sehr empfehlen würde.

Bibliotheca Dalmanniana. Hagæ Comitum 1723. 8. Ausser dem treflich reichen Vorrath, den man hier, zumal von seltenen, prächtigen, besten und kostbaren Ausgaben der alten Classischen Schriftsteller und Kirchenväter angezeigt findet, machen lehrreiche Anmerkungen, und die Einrückung der Verse, die in

ben

Von den wichtigsten Büchern, ꝛc.

den Produkten der Buchdruckerey in dem 16ten Jahrhundert, von denen eine ansehnliche Menge hier vorkommt, gewöhnlich sind, diesen Catalog brauchbar und lesenswürdig.

Catalogus librorum H. G. Franckii D. et Prof. Juris Lipſ. publica auctionis lege menſe Julii 1785, diſtrahendorum. Graize 1784. gr. 8. drey Theile, in zween Bänden. — Unter den neueſten Verzeichniſſen behauptet dieſes gewiß einen vorzüglichen Rang, ſo, wie es viele der ältern, wenn gleich guten und wichtigen, an Treflichkeit und Brauchbarkeit, ungleich übertrift.

Der Leipzigiſche verdienſtvolle Rechtslehrer D. Rau, hat dieſem reichhaltigen Verzeichniſſe eine höchſt leſenswürdige Vorrede vorangeſetzt, in der er von der Wichtigkeit der Franckiſchen Bibliothek Nachricht ertheilet, und von der Einrichtung des Verzeichniſſes ſelbſt Rechenſchaft giebt. Zwar nur zween Studenten haben die vorkommenden Bücher aufgezeichnet, aber geſchikte und ſorgfältige junge Männer; und diß noch unter der Aufficht der geübteſten Gelehrten, nemlich des ſchon gedachten Doktors Rau, und der Profeſſoren Arndt und Eck, die der ehmalige Beſitzer eines ſo reichen Schatzes, ſelbſt zu dieſem Geſchäfte beſtimmt hat. Ihnen hat man die vorzügliche Ordnung, und die genaue Eintheilung der Bücher in beſondere Claſſen zu danken, und da jeder dieſer würdigen Männer, von denenjenigen Wiſſenſchaften, in denen er ſelbſt ganz zu Hauſe iſt, die Bücher und ihre Anzeige zu ordnen wählte,

wählte, so mußte das Verzeichniß, und dessen Ordnung und Classifikationen, meisterhaft gerathen.

Einen vorzüglichen Werth behauptet der erste Theil dieses Catalogs, der auch bey weitem stärker ist, als die folgenden zween, und zeigt die in der Fränkischen Sammlung vorhandene Schriften, die die teutsche allgemeine und besondere Geschichte, das teutsche Jus publicum, und privatum, nebst dem teutschen Kirchenrechte, allgemein, oder nach einzeln besondern Stücken, behandeln, nebst den Deduktionen an. Ausser dem Rinkischen Verzeichnisse vom Glasey, das diesem doch nachstehen muß, kenne ich keinen Catalog, in welchem ein so reicher, und fast vollständiger Vorrath in diesen Fächern bezeichnet wäre, als hier. Professor Arndt, dem man die Ordnung dieses ersten Theils zu danken hat, hat eine besondere Beschreibung der Eintheilung und Classen, in demselben beobachtet, beygefügt, aus der besonders Bibliothekare die zweckmäßige und nuzbare Stellung der Bücher in gleichen Fächern, und die brauchbare Verfertigung der Verzeichnisse darüber, lernen können.

Bibliotheca Maph. Pinellii Veneti magno iam studio collecta à Jac. Morellio Bibliothecæ Venetæ S. Marci custode descripta, & annotationibus illustrata. Venetiis, 1787. gr. 8. VI. Tomi.

Maphäus Pinelli, Aufseher über die öffentliche Buchdruckerey in Venedig, ein Gelehrter von grossen
Kennt-

Von den wichtigsten Büchern, 2c.

Kenntnissen und geläutertem Geschmacke, der zumal in den schönen Wissenschaften, in den alten Griechischen und lateinischen Schriftstellern, in der gelehrten Geschichte, und in der Bücherkunde sehr bewandert war, hat diese kostbare Bibliothek, die wenig ihres Gleichen hat, mit lebhaftem Fleisse gesammelt, und sein Busenfreund der Abbate Morelli, Aufseher der St. Markus-Bibliothec zu Venedig, das Verzeichniß davon verfertigt, und mit Anmerkungen begleitet. Die Anzeige der Bücher ist in gewisse Classen nach den Materien, und jede Classe nach dem Alphabet, und nach dem Zunamen des Schriftstellers geordnet.

Dieser Catalog ist mit ungemeinem Fleisse, genauer Vollständigkeit, und nach der besten Ordnung gemacht, so daß er den Litteratoren sowohl überhaupt, als besonders den Kennern der griechischen und lateinischen Litteratur, dahin ein grosser Theil der Bücher gehört, ein so angenehmes als wichtiges Geschenk ist. So wird ganz richtig in den Erlangischen gelehrten Anmerkungen im 24. Stücke dieses Jahrs geurtheilt; auf welches ich meine Leser, die dieses Verzeichnis genauer kennen wollen, verweise, weil in demselben der vornehmste Innhalt, und die Ordnung dieses Verzeichnisses sehr genau angezeigt ist. Das muß ich bemerken, daß die beeden Vorreden, die lateinische vor dem ersten, und die welsche vor dem vierten Bande einerley Innhalts sind, und eine von der andern nur Uebersetzung ist. Morelli hat besonders dankwürdigsten Fleiß auf die seltenen, und unbekannten Bücher gewendet, und diese, wie er in der Vorrede mit Beständ der Wahrheit rühmt, so bestimmt beschrieben, daß sie der Bücherliebhaber genau kennen lernet.

Catalogus Bibliothecæ Reimmannianæ generalis, sive recensio librorum, in Bibliotheca J. Fr. Reimmanni — qui in certas classes digesti hoc habitu in scenam producti sunt, ut, qui præ cæteris observari merentur, si quis quibusdam notati, statim agnosci, et ab aliis discerni queant. Hildesiæ 1741. 8.

Dieses Verzeichnis ist von dem bekannten Reimmannischen Catalogo systematico-critico, der nur die wichtigsten Bücher dieser Bibliothek anzeigt, und sie mit vieler Freymüthigkeit beurtheilt, unterschieden, und ein besonders Werk. Die Claßification ist sehr gut, ob sie gleich nicht in einzelne und besondere Abtheilungen geht. Die Siglen bezeichnen Bücher, denen Reimmann sein Urtheil vorangeschrieben hat, seltene, niedliche, erste und beste Ausgaben, beste, nützliche, vollendete, paradoxe und lesenswürdige Bücher.

Bibliothecæ Dan. Salthenii, Th. D. et Professoris Regiomontani, libri ad omne litterarum genus spectantes, rariores et rarissimi, uni, si ita visum fuerit, emtori tradendi. Regiomonti Borussorum, 1751. 8.

Dieß Verzeichniß erhält durch die gute Ordnung, und durch die vielen belehrenden Anmerkungen, die beygefüget sind, einen besondern Werth.

Catalo-

Catalogus Bibliothecæ, quam — A. M. Schade-
look, Antiſtes ad S. Spiritus Ædem — (Norimbergæ)
— collegit, jam juſtis pretiis dividendæ, ad ordi-
nem ſcientiarum digeſtus, notisque litterariis in-
ſtructus. Tomi 21. Volumina III. Norimbergæ
1774. 1775. gr. 8.

Das Verzeichnis hat M. Jacobi verfertiget, und
mit Anmerkungen verſehen, ausgenommen die Anzeige
der ſogenannten Autographen des ſeligen Luthers, und
anderer, die man dem Fleiß des ſeeligen Beſitzers dieſer Bibliothek, zu danken hat. Auch hier iſt die Ordnung ungemein gut. Die Sammlung der Autographen iſt ſo reichhaltig, daß man ſelten eine ſo ſtarke
Sammlung dieſer Art beyſammen antreffen wird.

Bibliotheca Uilenbrockiana, ſive Catalogus
librorum, quos collegit vir eximius D. Gosv. Ui-
lenbrock, in tres partes diviſus. Amſtelædami a-
pud Veltenios et Smith. 1729. gr. 8.

Die Uilenbrokiſche Bibliothek, die hier zum Verkauf feil geboten wird, war eine der koſtbarſten Privat-
bibliotheken, und diß Verzeichniß davon zeichnet ſich
vor vielen andern durch die trefliche Ordnung, durch
bedeutende und nutzbare Anmerkungen, durch Anzeige
der ſeltenſten, und groſſen Bücherkennern unbekannten Schriften und Ausgaben, einer reichen Menge der
Xylographiſchen Verſuche, und der Produkten der
Druckerkunſt im 15ten Jahrhundert, ſolcher Bücher,
die von den bildenden Künſten und Alterthümern handeln, und mit prächtigen Kupferſtichen prangen, aus-

Es muß daſſelbe ſchon vorher im Druck zum Vorſchein gekommen ſeyn, denn Meerman citirt dieſe Ausgabe als die zweyte.*) Auch finde ich, daß ſich Freytag †) auf eine alteram bibliothecam Uilenbrokianam bezieht. Im Anfang glaubte ich, Freytag habe nur die zweyte Ausgabe dieſes Verzeichniſſes einführen wollen. Allein, da ich in dieſer, auf der Seite, auf die er ſich beruft, das nicht fand, was ihm zu ſeiner Citation Anlaß gegeben hat, auch Marchand nach Freytags Anzeigen im Dictionaire hiſtorique eine zweyte Uilenbrokiſche Bibliothek anführt, ſo kann ich an dem Daſeyn derſelben, ob ich ſie gleich nie geſehen, nicht zweifeln.

Noch von einem neuen Bücherverzeichniß von ausnehmend vorzüglichen Werthe und Brauchbarkeit muß ich ſprechen, davon ich nirgend, auſſer in den Göttingiſchen gelehrten Anzeigen 1785. und in des Morelli Vorreden zur Pincelliſchen Bibliothek, eine Anzeige gefunden zu haben, mich erinnere. Es beſchreibt eine Sammlung der Ausgaben griechiſcher und lateiniſcher Claſſiſcher Schriftſteller, die gewiß die einzige ihrer Art iſt, und alle andere an Reichthum, und faſt ganzer Vollſtändigkeit bey weitem übertrift. Der erlauchte Beſitzer dieſer einzigen und koſtbaren Sammlung, Graf von Reviczky, hat ſie ſelbſt mit meiſterhafter Geſchicklichkeit beſchrieben, in dem bey Ungern

---

*) Origines typographicæ Tom. I. pag. 237.
† Nachrichten von ſeltenen und merkwürdigen Büchern, 1ter Band (mehrere ſind nicht herausgekommen, da der Verfaſſer durch den Tod an der Fortſetzung dieſer Nachrichten, gehindert worden.) S. 259.

Von den wichtigsten Büchern, ꝛc.

gern in Berlin 1784 in gr. 8. unvergleichlich gedruckten Catalogue de mes livres, premiere partie, contenant les auteurs classiques Grecs et latins, avec des remarques tirées de differens ouvrages bibliographiques, souvent eclairices quelquefois redressées. Das ist der Anfangstitel eines Bücherverzeichnisses, das seines Gleichen nicht hat. Dem folgt ein lesenswürdiger Brief an M. L. A. D., der kurz den Zweck, und Werth der gemachten herrlichen Sammlung, und ihre Bestandtheile beschreibt, und denn ein Avertissement, das alle Bibliothekare und Büchersammler, billig mit ernstem Bedacht lesen sollten, um einen richtigen Begriff zu erhalten; was editio primaria, und princeps genennt zu werden verdiene; die Schwierigkeiten zu kennen, die da hindern, immer genau zu bestimmen, daß eine Ausgabe dieses Ranges werth sey; die Ursachen zu wissen, warum solche Ausgaben gesucht und gesammelt werden; und endlich das Vorurtheil zu besiegen, daß alle erste Ausgaben genau nach Handschriften gedruckt seyen, da die ersten Herausgeber oft nur Muthmassungen gewagt, und nach denselben den vorhandenen handschriftlichen Text geändert haben. Nach diesem wichtigen Avertissement kommt ein neuer lateinischer Titel, der noch genauer bestimmt, was der Leser in diesem Verzeichnisse zu suchen habe.

Bibliotheca græca et latina, complectens auctores fere omnes Græciæ et Latii veteris, quorum opera vel fragmenta ætatem tulerunt, exceptis

ceptis tantum afceticis, et theologicis Patrum nuncupatorum fcriptis; cum delectu editionum tam primariarum, principum, rariffimarum, quam optimarum, fplendidiffimarum atque nitidiffimarum, quhfi ufui meo paravi Periergus Deltophilus, Berolini, typis Jo. Frid. Unger, 1784.

Die Griechischen Classiker stehen zuerst, dann folgen die Lateinischen. Darauf alphabethische Regiſter der Griechischen und Römischen Schriftsteller, ihrer ganzen Werke, oder Bruchstücke, und ihrer Ausgaben, die in dieser Sammlung sich finden; ein besondertes Verzeichniß der verschiedenen Sammlungen und Reihen der Classiker, von berühmten Buchdruckern ans Licht gestellet; so, daß zuerst in alphabethiſcher Ordnung die Autoren, die mit notis variorum in 8. herausgekommen, angezeiget werden; ferner eine vollständige Sammlung der Ausgaben ad ufum Delphini in 4. der Schriftsteller mit notis variorum in 4., und aller, die man den Bürmännern zu danken hat, in gleichem Format; die Griechischen, Lateinischen, Italienischen und Französischen Schriften, die bey den Elzeviren, meistens in 12 zum Vorschein gekommen sind; nebst Anzeige der neuen Lateinischen, Französischen und Welschen Schriftsteller, so zur Ergänzung der Elzevirischen Sammlung gehören; die kleinen Elzevirischen Republiken, die Classiker, die von denen berühmten Feulis zu Glasgow gedruckt worden, die Ausgaben der Classiker aus den Druckereyen des Baskerville, Brindley, Barbou; die lateinischen Dichter aus der Königlichen Presse im Louvre mit grossen

Buchsta-

Von den wichtigsten Büchern, ꝛc. 53

Buchstaben in Folio; vier griechische Dichter, mit ihren Scholiasten, in Engelland in gleichem Format gedruckt; eine Reihe lateinischer Poeten zu Cambridge bey Tonson mit grossen Buchstaben in 4; bey Sandby, und Knapton in gr. 8, und zuletzt einige Classiker, die mit sehr kleinen Buchstaben gedruckt sind, und die in Frankreich unter dem Namen der Sebanischen bekannt, und berühmt sind.

Des Herrn Grafens Anmerkungen sind zahlreich, zeugen von seiner genauesten und gründlichsten Kenntniß, und müssen dem Bibliothekar, wie jedem Bücherliebhaber, wegen der darinnen bekannt gemachten wichtigen Entdeckungen, äusserst schätzbar seyn. Ich wenigstens, habe daraus vieles gelernet, das mir ausnehmend wichtig ist, und das ich ohne diesen Führer nicht wüßte.

Von einigen Catalogen, die man schon aus der Anzeige Morhofs, Struvs, Juglers, Reimmanns, Baillets, Baumgartens, Vogts, und des Clement, kennet, kann ich noch Bemerkungen machen, die man bey diesen Männern nicht findet. Hier folgen sie.

Die Hamburgische Ausgabe, die so heisset, weil Hamburg ihr Verlagsort ist, die aber auch als eine Lauenburgische, weil sie in Lauenburg gedruckt worden, angeführt wird, und die vermutlich durch Veranstaltung, und unter der Aufsicht des grossen Fabricius hervorgetreten ist, die Hamburgische Ausgabe des Verzeichnisses der Thuanischen Bibliothek, hat Coler, wie auch Jugler bemerkt, als sehr fehlerhaft nachgedruckt, verdächtig machen wollen. Allein, ich habe wichtige Ursachen, sie der Pariser, mit welcher ich sie aufs genaueste verglichen habe, vorzuziehen. Auf das will ich mich nicht beziehen, worauf sich Jugler zu ihrer Vertheidigung bezieht. Denn obgleich der Vorredner bey der Hamburgischen Ausgabe, die auf die Verbesserung der Parisischen Druckfehler verwendete Aufmerksamkeit und Genauigkeit, rühmt, so könnte diß doch nur ein leeres Geschwätze, und eitle Prahlerey seyn, dergleichen bey Nachdrücken, zu ihrer Empfehlung, und den ersten Druck zu verdrängen, nicht ungewöhnlich sind. Auch das Lob, das die Hamburgische historische Bibliothek dieser Ausgabe, daß sie unter fleißiger Correktur nachgedruckt worden, ertheilet, könnte ein bloßes Ehrenwort, aus Vaterlands Liebe, oder aus Gefälligkeit für den Herausgeber ausgesprochen heissen, und also, bey alle dem, dieser Nachdruck höchst fehlerhaft seyn. Hier kommts also auf den Augenschein an, und der hat mich wirklich belehret, daß Coler unrichtig geurtheilet habe. Coler bezieht sich auf Ittigs Urtheil, wie Jugler erzählt, aber unter der unbestimmten Anführung: de catenis patrum pag. 127. Ittigs Tadel ist nicht im Werke selbst, sondern in der Vorrede dazu S. 127. zu lesen. Es ist ungewiß, ob Ittig die Parisische, oder die Hamburgische Ausgabe vor sich gehabt. Denn in beeden auf gleicher Seite wird Phöbadius mit des Eugenius Werkgen, als vom Sirmond herausgegeben, angezeigt. Zudem erinnert er weiter

nichts,

nichts, als nur, Sirmond habe den Phöbabius in Gesellschaft des Eugenius nicht herausgegeben. Und das ist doch gewiß nicht ein Vorwurf, der eine ganze Ausgabe trift, und sie allgemein als fehlerhaft, anklagt.

Der Hamburgische Herausgeber hat die Sprachfehler verbessert, die Namen verschiedener Authoren richtiger angezeiget, eine bessere Orthographie beobachtet, ist genauer in der Interpunktion, hat mehrere Generaltitel, die brauchbar sind, zeigt den Inhalt eines Faches bestimmter an, hat fast durchgehends die Druckfehler, die sich in der Pariser Ausgabe finden, und noch besser, als sie hinter der letztgenannten angezeigt sind, verbessert. Im schönern Papier, niedlichern Druk, und grössern Octavformat hat freylich die erste Ausgabe vor der andern einen Vorzug, so wie in Rücksicht auf ihre Seltenheit. Beede Ausgaben sind, wie bekannt ist, auch in Folio erschienen. Juglers Supplementenband Fasc. I. pag. 13. führt ganz flüchtig an: Catalogus D. Joseph Smithii Angli, per cognomina Anglorum dispositus, Venetiis 1755. 4. Anglorum ist ein Druckfehler; denn auf dem Titelblatt des Catalogs selbst, steht ausdrücklich statt dieses Wortes, authorum; und so muß es heissen, da hier Schriften verschiedener Nationen, nicht blos der Englischen, gesammelt sind. Auch hat der Catalog den Generaltitel Bibliotheca Smithiana, welches zu erinnern nicht ganz unnöthig ist, weil er gar oft unter diesem Generaltitel nur angeführt wird. Der gelehrte Venetianische Buchdrucker Paskali hat dieses kostbare Verzeichniß

zeichniß verfertiget und gedruckt. Die im 15ten Jahrhundert, zumal in Italien gedruckten Ausgaben zu kennen, ist dieser Catalog besonders vortreflich nutzbar; denn von diesen hatte der Englische Consul in Venedig, Smith, der diesen Vorrath gesammelt hat, eine zahlreiche Menge. Zween Anhänge von Wichtigkeit sind beygefügt. Der erste liefert zum Verzeichnisse Zusätze und Verbesserungen. Im zweyten lieset man die Vorreden und Briefe, die denen in der Smithischen Bibliothek gesammelten, vom Anfang der Buchdruckerey bis 1500 gedruckten Werken beygefügt sind. Sie sind für die Geschichte der Buchdruckerkunst, zur Kenntniß der Buchdrucker, zumal in Italien, der Männer, die bey diesen Ausgaben sich mit Fleiß und Ruhm beschäftiget haben, grosser Beförderer der Wissenschaften, der Beschaffenheit der Ausgaben, der dabey gebrauchten Handschriften, und des darauf gewendeten Fleisses, auch zur gelehrten Geschichte des 15ten Jahrhunderts ungemein brauchbar. Ein Theil der Anmerkungen, die diese Vorreden und Briefe begleiten, und die für die Bücherkunde und Gelehrtengeschichte von beträchtlichem Nutzen sind, hat den Pater von Augustinis zum Verfasser, der andere aber den berühmten Hier. Zannetti.

Vom Verzeichniß der Bücher in der Fenizerischen öffentlichen Bibliothek zu Nürnberg, das ihr Aufseher der Diakon Weiß verfertiget, und zu Nürnberg 1736 zuerst mit des Stifters Leben herausgegeben hat, besitze ich eine neue Ausgabe 1776. 8. die

vor

vor jener allerdings einen Vorzug hat, weil darinnen die beträchtlichen Vermehrungen, die die Fenizerische Bibliothek, von 1736 an, erhalten hat, angezeiget sind. Man hat diese Ausgabe dem Fleiß des Seniors zu St. Lorenz in Nürnberg, Rinder, der zugleich Bibliothekar der Fenizerischen Bibliothek ist, zu danken. Im ersten Druck war das Verzeichniß in zehen Ordnungen eingetheilt, die Baumgarten anzeigt, in den Nachrichten von merkwürdigen Büchern, 8 Band, S. 82 fg. Hier sind 24 Ordnungen.

Das reichhaltige Verzeichniß der kostbaren Büchersammlung des ehmaligen grossen Altdorfischen Rechtslehrers Rink, das man seinem Tochtermann Glafey zu danken hat, verdient hier eine nähere Anzeige, als man beym Jugler findet. Glafey's Vorrede sollte jeder Bibliothekar billig oft mit prüfendem Nachdenken lesen. Sie beschäftiget sich mit den gewöhnlichen Fehlern anderer Bücherverzeichnisse, und ertheilt bey dieser Gelegenheit die wichtigsten Belehrungen, die ein Mann, der zu einer so mühsamen Arbeit, als die Verfertigung eines brauchbaren Catalogs ist, berufen ist, vortheilhaft nutzen kann. Sie redet von der Ordnung, in der die Bücher der Rinkischen Bibliothek hergezählt werden, rechtfertiget sie mit statthaften Gründen, und zeigt damit zugleich die ächte Methode einen systematischen Catalog zu verfertigen. Die Ordnung des Verzeichnisses ist gewiß brauchbar, zumal in der Anzeige der Bücher, die zum Jus publicum des teutschen Reiches sowohl, als anderer Länder und Königreiche gehören. Nicht vom Glafey allein

Erstes Kapitel.

lein sind die Anmerkungen bey der Anzeige der Bücher, sondern ein Theil derselben ist aus denen vom Besitzer den Büchern beygeschriebenen Noten genommen. Diese Anmerkungen sind oft sehr reichhaltig, und von Gewichte, besonders zur Kenntniß der Geschichte der Bücher, ihrer verschiedenen Ausgaben, ihrer Seltenheit, und Werthes, auch des Widerspruches, der sie getroffen hat, und der darüber entstandenen gelehrten Streitigkeiten. Und, unter diesen Anmerkungen haben diejenigen den Vorzug, die die Handschriften der Rinkischen Bibliothek beschreiben. Den Catalog beschließt ein sehr genaues und brauchbares Register der Schriftsteller und Materien, die sie behandelt haben, nach dem Alphabethe, so, daß die Schriften, die ohne des Verfassers Namen herausgekommen sind, unter dem Materientitel zu suchen sind.

Zu kurz ist im Supplementenband zum Jugler von dem treflichen Bücherverzeichnisse der Solgerischen Bibliothek, die jezo, wie bekannt genug ist, zur Nürnbergischen Stadtbibliothek gehöret, gesprochen. Solger war ein vor andern geübter Bücherkenner, und ein ausnehmend glücklicher Sammler. Eine schon reichlich gesammelte Bibliothek, deren Verzeichniß ich oben angezeigt habe, veräusserte er durch Verkauf. Aber die war gleichsam ein Zwerg gegen die zweyte Sammlung, die er in 3 Octavbänden beschrieben hat. Bibliotheca f. supellex librorum impressorum, in omni genere scientiarum maximam partem rarissimorum et codicum manuscriptorum, quos per plurimos

rimos annos collegit — A. Rud. Solger — Pars I. Norimbergæ 1760. gr. 8. P. II. & III. 1761. Die Ordnung nach den Wissenschaften und Formaten ist ungemein gut. Der erste Theil enthält die Folio, der zweyte die Quart, der dritte die Octav, Duodez und Sedez - Bände. Bibeln in verschiedenen Sprachen, nach den kostbarsten und seltensten Ausgaben, lateinische und griechische Classiker, Kirchen-Väter in ganzen Sammlungen, und einzeln kostbaren Ausgaben, Kirchengeschichte, Alterthümer, Historie der Gelehrsamkeit, und Gelehrten, verbotene, paradoxe und schwärmerische Schriften, das sind die Fächer, die sich in dieser reichen Sammlung vor andern auszeichnen. Auch die Anzeige von Handschriften ist sehr bedeutend, so wie die fast auf allen Seiten stehenden Anmerkungen, für die Bücherkunde, und ihre Erweiterung, ausnehmend behaglich sind. Jeder Theil hat einen nuzbaren Index der angezeigten Schriftsteller und Schriften.

Ganzen und vollständigen Verzeichnissen angesehener Bibliotheken, müssen besondere Anzeigen nur gewisser und merkwürdiger Bestandtheile solcher Büchersammlungen an die Seite gesetzet werden. Diese sind gewöhnlich noch brauchbarer, als die Anzeigen vorerwähnter Art, theils wegen der Auswahl, die sie machen, theils wegen denen genauern und ausgebreitetern Nachrichten, die man in ihnen findet. Ich hätte hier freylich ein weites Feld vor mir, auf dem ich mich ausbreiten könnte. Allein meinem Zwecke gemäß, darf, und kann ich nicht alles, was vor mir liegt, bearbeiten. Also

Also nur das Wichtigste, und was ich glaube, in einer vorläuffigen Nachricht von denen dem Bibliothekar vorzüglich nuzbaren Schriften, nicht vergessen zu dürfen. Noch überdiß nur dasjenige, was ich selbst besitze, und fast täglich mit Nutzen gebrauche. Die Anzeigen von Merkwürdigkeiten gewisser Büchersammlungen, die sich blos mit Handschriften beschäftigen, laß ich auch hier, aus schon bemerktem Grunde, weg, wie alles, wovon sich zu sprechen, noch eine besondere Gelegenheit zeigen wird.

Ich muß mich hier abermahl zuförderst auf den treflichen Catalog der Bünauischen Bibliothek beziehen, in dem man Tom. I. Vol. I. S. 840 ffg. das reichhaltigste Verzeichniß der Schriften solcher Art findet.

Vor allen andern zeichne ich folgende Schriften aus, die gewiß dem Bibliothekar den erprießlichsten Dienst leisten werden.

Oelrichs Entwurf einer Geschichte der Königlichen Bibliothek zu Berlin. Berlin, 1752. 8. Das zweyte bis zum zehenten Kapitel gehören hieher, weil in ihnen die Merkwürdigkeiten der Berlinischen Bibliothek beschrieben werden.

Memorabilia Bibliothecæ Elisabethanæ Wratislaviensis à fundatore celeberrimo Rhedigerianæ dictæ, quæ — in actu gymnastico — exponi fecit Gottlob Kranz, Prof. & Bibl. Wratislaviæ, 1699. 4.

Den

Von den wichtigsten Büchern, ꝛc.

Den Ruhm der Verdienste des Stifters dieser trefflichen Bibliothek, nebst einer Geschichte der Stiftung selbst, und des Zuwachses, setzet Kranz kurz voraus. Denn werden die Werke der bildenden Künste; das Naturaliencabinet, die alten Münzen, und die wichtigsten vorzüglich handschriftlichen Bücher, die sich in dieser Sammlung finden, beschrieben; alles so, daß der Bibliothekar daraus sich reiche, und gründliche, ihm und seinem Amte angemessene Kenntnisse sammeln kann.

Beyeri Arcana sacra Bibliothecarum Dresdensium (3 Theilchen) Dresdæ 1738. 1739. 8. Zur Kenntniß älterer Bibelausgaben, und seltener Schriften vorzüglich nutzbar.

Götze Merkwürdigkeiten der Königlichen Bibliothek zu Dresden, ausführlich beschrieben, und mit Anmerkungen erläutert, Dresden 1743 - 49. 3 Bände. 4. So selten nun dieses Werk geworden ist, so nutzbar und unentbehrlich ist es doch dem Bibliothekar, und jedem Freund der Bücherkunde. Götze beschreibt meistens die Merkwürdigkeiten mit ungemeiner Genauigkeit; hält sich vorzüglich bey den Unterscheidungsmerkmalen gewisser Ausgaben, vor andern lehrreich auf, bestimmt ihren Werth, und Vorzüge, oder ihre Fehler und Mängel, und ist, zumal in Beschreibung sogenannter Incunabeln, sehr fleißig zu Werke gegangen; ob er gleich, bey allem seinem Fleiß, nothwendige Erinnerungen, und Verbesserungen, von andern geübten Forschern ihm gemacht, nicht verhüten können.

Hiftoria Bibliothecæ Fabricianæ, qua finguli ejus libri, eorumque contenta, & fi quæ dantur variæ editiones, argumenta, epitomæ, verfiones, et hifce oppofitæ apologiæ, five defenfiones auctorum, errores, et vitæ, doctorumque virorum de auctoribus illis, eorumque libris judicia et alia ad rem librariam facientia, recenfentur, fcriptoresque anonymi et pfeudonymi, nec non fcripta fpuria iudicantur, auctore Jo. Fabricio. VI Partes. Wolffenbuttelii, 1717-24. 4. Mit Bedacht habe ich den ganzen Titel des ungemein fchätzbaren Werks hergefetzt, weil er genau bezeichnet, was man darinn zu fuchen hat, und wirklich findet. Dem Bücheraufseher fehlt ein wichtiges Hülfsmittel, feine Bibliothekarifche Kenntniffe zu bereichern, und zu berichtigen, wenn ihm diefes fehlt.

Memorabilia Bibliothecæ Academicæ Jenenfis, f. defignatio codicum mfs. in illa bibliotheca et librorum impreſſorum plerumque rariorum — à M. J. C. Mylio. Jenæ & Weiſſenfelfæ 1746. 8.

Schelhornii Memorabilia Bibliothecæ perilluftris Raymundi de Krafft, machen den dritten und vierten Band der beliebten amœnitatum litterariarum meines feligen Vaters aus, und find, wenn ich mich nicht irre, auch einzeln zu haben.

Ch. Th. de Murr memorabilia bibliothecarum Norimbergenfium et Univerfitatis Altdorfinæ.

Pars I. cum VIII. tabulis æneis. Norimbergæ 1786. gr. 8. Mit dem Herrn von Murr ganz eigner, und gewohnter Kennersgeschicklichkeit, geschrieben. Unter den Kupferstichen zeichnen sich besonders als nuzbar, die Proben der eigenen Handschriften grosser und gelehrter Männer, des Cardinals Bessarion, Johannes von Königsberg, Joh. Blanchini, Jac. de Spira, Ult. Huttens, Conr. Celtes, Hug. Grotius, auch des berüchtigten Thomas Münzers, und denn der Typen der Nürnbergischen Buchdrucker Creußner, Sensenschmid und Coburgers aus.

Summarische Nachrichten von auserlesenen und mehrentheils alten in der Thomasischen Bibliothek vorhandenen Bücher. 24 Stücke, Zween Bände, Halle und Leipzig 1715. und 1718. 8. Zur genauen Kenntniß wichtiger Bücher und kostbarer Werke sehr nuzbar.

Denis Merkwürdigkeiten der k. k. garellischen öffentlichen Bibliothek am Theresiano. Wien 1780. gr. 4. Gewiß ein wichtiges, und dem Bibliothekar unentbehrliches Werk. Denis hätte nicht nöthig gehabt, sich wegen der Genauigkeit seiner Beschreibungen zu entschuldigen. Ohne solche Genauigkeit verlieren Schriften dieser Art etwas wichtiges von ihrem Werth und Nuzen. Nach der historischen Nachricht von der Garellischen Bibliothek, werden ihre Merkwürdigkein in 4 Abschnitten erzählt, die ich hier aus des Verfassers Vorrede, anzeige. I. Bücher, so im 15ten Jahrhundert vom Beginne der Buchdruckerkunst

gedruckt

gedruckt sind. II. Bücher bis 1560 in Wien gedruckt. III. Bücher, die von den bewährtesten Bibliographen für sehr selten angegeben werden. IV. Bücher, von hohem Werthe, und meist in mehrern Bänden bestehend.

Bibliotheca antiqua Vindobonensis civica, seu Catalogus librorum antiquorum; cum manuscriptorum, tum ab inventa typographia ad A. 1560. typis excusorum, qui in Bibliotheca Vindobonensi civica asservantur, cum annotationibus historico-literario-criticis. Pars I. libros theologicos complectens. Viennæ, 1750. 4. Man hat diesen Catalog, der nur die merkwürdigsten theologischen Bücher der Wienerischen Stadtbibliothek, die in dem angezeigten Zeitpunkt herausgekommen, und die merkwürdigsten theologischen Handschriften, aufzählt, dem rühmlichen und glücklichen Fleisse des für die gelehrte Welt zu früh verstorbenen Sekretair Lambachers, zu danken. Die Ordnung, die Anzeige seltener und merkwürdiger Ausgaben der ganzen Bibel, oder einzelner Bücher derselben, und der Kirchenväter, nebst einer Menge der Schriften catholischer und protestantischer Gottesgelehrten im 16ten Jahrhundert, zumal der wichtigsten Streitschriften, zur Zeit der durch Luthern verursachten Kirchenverbesserungen, und denn die gelehrten Anmerkungen, mit welchen Lambacher, freylich oft in polemischem Tone, sein Verzeichniß bereichert hat, ertheilen demselben einen vorzüglichen Werth.

Briefe der Gelehrten gehören, ohne Zweifel zu den

den Hülfsmitteln, deren sich der Bibliothekar zu seinem Zwecke vortheilhaft bedienen kann. Er muß diejenige auswählen, die von Bibliotheken und gewissen Merkwürdigkeiten derselben, von Bibliothekaren, ihrem Verhalten in ihren Geschäften, ihren Methoden, die anvertrauten Sammlungen zu ordnen, und die Verzeichnisse darüber zu verfertigen, Nachricht geben; Handschriften, wo sie zu finden sind, anzeigen, von ihrem Alter und ihrer Beschaffenheit, sprechen, sie nach ihrem Werthe beurtheilen, seltene, oder sonst wichtige Bücher beschreiben, über die Verschiedenheit der Ausgaben, über die besondere Schicksale der Bücher, über die Art ihrer Ausfertigung, über ihren Inhalt und Werth, sich ausbreiten, ihre wahren Verfasser entdecken, von dem Zwecke gewisser Schriften, von der Schreibart, von den Streitigkeiten und Widersprüchen, die darüber entstanden sind, reden; die Auffindung gewisser Handschriften, rarer, oft lange für verlohren geachteter Bücher, oder solcher, deren Daseyn ganz unbekannt gewesen, oder geläugnet, wenigstens bezweifelt worden, erzählen; die critischen Inhalts sind, Verbesserungen, und richtige Lesearten an die Hand geben; die berühmte Drucker, und ihre wichtige Produkte kennen lehren, u. s. w. Und weil doch für die Bücherkunde die Bekanntschaft mit den Verfassern der Schriften, ihren Schicksalen, ihrer Gelehrsamkeit, ihrem Charakter und Denkungsart, sehr vortheilhaft ist, so darf er, was er in solchen Briefen davon auffinden kann, auch nicht vernachläßigen.

Erstes Kapitel.

An Sammlungen von Briefen der Gelehrten haben wir keinen Mangel. Man findet, ohne daß ich des Morhofs, als eines ältern, gedenke, der freylich so viele noch nicht kennen konnte, als seine Nachfolger, eine hinreichende Nachricht davon beym Jugler S. 1595. fgg. die reicheste, und bey nahe vollständigste; aber in dem nie genug zu rühmenden Catalog der Bünauischen Bibliothek Tom. I. Vol. III. S. 1902 fgg. Ich sondere hier zur Anzeige nur diejenige aus, von denen ich glaube, daß sie dem Bibliothekar vorzüglich vortheilhafte Dienste leisten können, und daß er sie zu seinem Zweck lesen und nützen müsse. Zuerst eine Sammlung, die ganz und recht eigen für diesen Zweck brauchbar ist; und denn die übrigen, nach dem ersten Buchstaben des Verfassers, oder Herausgebers, oder Titels. Gesammelter Briefwechsel, die zum Wachsthum der Wissenschaften, insonderheit der Gelehrtengeschichte, und zum Andenken der nunmehr von drey hundert Jahren zur ersten Fertigkeit gediehenen edlen Buchdruckerkunst in eine sogenannte correspondirende Gesellschaft zusammengetreten. 2 Bände, Hamburg, 1750. 1751. 8.

Nachrichten von Ausgaben der Bibel, und ihren Uebersetzungen, von seltnen, oft vorher ganz unbekannten Büchern, von Bibliotheken und ihren Vorstehern, von unbekannten Buchdruckern, Anekdoten von Gelehrten, Verbesserungen und Berichtigungen der von solchen sonst ertheilten Erzählungen, von seltnen ältern welschen und teutschen Gedichten, von Schriften, die die vaterländische Sprachkunde betreffen, von Briefsammlungen,

Von den wichtigsten Büchern, ꝛc. 67

lungen, Mittheilung vorher ungedruckter Briefe der gelehrtesten Männer, und Beschreibungen alter bedeutender Handschriften, zeichnen diese Sammlung für den Bibliothekar zum schätzbarsten Gebrauch aus.

Sylloge epistolarum à viris illustribus scriptarum, tomi quinque collecti et digesti per Petr. Burmannum, Leidæ 1727. gr. 4. Dieß ist wohl die schätzbarste und stärkste Sammlung von Briefen der gelehrtesten und berühmtesten Männer, die wir haben. Aber sie ist selten, weil, wie Baumgarten aus ihrer Vorrede schon bemerket, nur 400 Exemplare davon gedruckt worden. Sie war ehedem in der Bibliothek meines seligen Vaters. Ich habe sie bey seinem Leben mit Fleiß und vielem Vergnügen benutzet, und weiß, daß der Bücherliebhaber und Bibliothekar ins besondere wichtige und schätzbare Belehrungen daraus ziehen kann. Dieß ist die einzige unter den Briefsammlungen, die ich anzeige, die ich nicht selbst besitze, und nun nicht vor Augen habe.

Lettres de Mr. Bayle publiés sur les Originaux avec des Remarques, par Ms. des Maizeaux. à Amsterdam, 1729. 8. 3 Theile.

Nouvelles lettres de Mr. Bayle à la Haye, 1739. 8. 3 Theile. Was in beeden Sammlungen, und bey der ersten, in den Anmerkungen des des Maizeaux, die Bayls Angaben bestätigen, erläutern und berichtigen, für den Bibliothekar besonders brauchbar ist,

ist, sind Anekdoten von Gelehrten, und ihren Schriften; Nachrichten von gelehrten Streitigkeiten; von wichtigen Ausgaben der alten Classiker, und anderer Schriftsteller, von kleinen, bey uns fast verlohrnen Schriften, Entdeckungen des wahren Namens der Anonymen und Pseudanonymen; Beurtheilungen und Critiken über wichtige Schriften. Die andere Sammlung hat vor der ersten den Vorzug, daß im Anfang jeden Bandes ein Register, den Inhalt eines jeden Briefs, zwar kurz, aber körnigt, anzeigt. Man muß bey der ersten Sammlung allerdings die Bemerkungen des Duchat über diese Sammlung, nach der Rotterdamer Ausgabe 1714. 12. zu Rathe ziehen, in den Ducatianis, ou remarques de divers sujets d'histoire, & de Litterature, à Amsterdam. 1738. 8. p. 388 ffg.

Casauboni (Isaac) epistolæ insertis ad easdem responsionibus, quotquot hactenus reperiri potuerunt, secundum seriem temporis accurate digestae, accedunt huic tertiae editioni praeter 300 ineditas epistolas, If. Casauboni vita, ejusdem dedicationes, praefationes, prolegomena, poemata, fragmentum de libertate ecclesiastica; Item Merici Casauboni epistolae, dedicationes, praefationes, et tractatus quidam rariores. Curante Th. Janson ab Almeloven. Roterodami 1709. Fol. Tausend und neun und funfzig Briefe des Isaac Casaubonus sind hier nach den Jahren, in denen sie geschrieben sind, gesammelt, vom Jahr 1584 an, bis auf das Jahr 1612, und denn folgen funfzig eben dieses grossen Mannes,

Von den wichtigsten Büchern, ꝛc. 69

Mannes, ohne Angabe der Zeit, in der sie geschrieben sind. Die Anzahl der Briefe von den berühmtesten Gelehrten an denselben geschrieben, und die hier in dieser prächtigen Sammlung stehen, reichet nur auf fünfzig, und derer von Mer. Casaubonus geschriebenen, sind noch weniger, nemlich nur achtzehen. Die Casauboni waren bekanntermassen treflich geübte Critiker, die, besonders mit Ausgaben Griechischer und Lateinischer Classiker, sich bestens verdient machten. Sie stunden in der vertrautesten Freundschaft mit den treflichsten Gelehrten ihrer Zeit, die in der Liebe zu den Alten Griechen und Römern, zur Philologie und Critik, sich sehr empor schwang, mit Männern, die in diesen Kenntnissen ganz einheimisch waren, die mit ihnen zu gleichem Zwecke arbeiteten, ihren Rath und Untersuchung, zu richtiger Ausgabe der alten Classiker und Kirchenväter, suchten, und die auch ihnen gleiche Beyhülfe leisteten. Wer nun von der Art, wie diese würdigen und fleissigen Männer ihre Arbeiten behandelt haben, von den Hülfsmitteln, die sie benützt, von den Handschriften und ältern Ausgaben, die zu ihrem Dienste gereichten, von ihren critischen Untersuchungen, unterrichtet seyn will, ein Unterricht, der dem Bibliothekar nicht gleichgültig seyn kann, der findet hier volle Weide. Das muß ich auch von den meisten beygedruckten Dedikationen und Vorreden sagen. Ganz besonders nuzbar aber für den Bibliothekar ist die am Ende dieser Sammlung, nach der Londner Ausgabe 1659. 8. nachgedruckte Dissertatio des jüngern Casaubonus de nupera Homeri editione LugdunoBatavica Hackia-

E 3   na, na, welche, zwar niedliche, aber fehlerhafte Ausgabe des Homers mit des Didymus und Eustathius Scholien vom Schrevel veranstaltet worden.

Lettres de Critique, d'Histoire, de Littera‑ture &c. écrites à diverses savans de l'Europe par feu Monsieur Cuper; publiées sur l'originaux; par Mr. de B. à Amsterdam, 1742. 4.

Vorzüglich wird diese Briefsammlung der Bibliothekar zur Alterthums- und Münzkunde nützen können, und besonders über einzelne Stücke dieser Wissenschaften nicht bloß vorbeyeilende Anzeigen und Bemerkungen, sondern ernste, durchgedachte Untersuchungen finden.

Goldasti centuria una epistolarum philologicarum diversorum a renatis litteris doctissimorum virorum, in qua veterum Theologorum, Jurisconsultorum, Philosophorum, Historicorum, Poetarum, Grammaticorum libri difficillimis locis vel emendantur, vel illustrantur; insuper Rich. de Buri-Philobiblion et Bessarionis — Card. epistola ad Senatum Venetum, ex Bibliotheca Goldasti. Francofurti 1610. 8. Die zweyte Ausgabe, mit Conrings Vorrede. Lips. 1674. 8. Fehlerhaft sind beede Ausgaben gedruckt; das habe ich schon bemerkt. Indessen werden die vielen ihm bedeutenden Nachrichten, die in dieser Sammlung vorkommen, und ins besondere des Richards, Bischofs von Durham Philobiblion, dessen einzelne Ausgaben so selten sind, nebst dem Briefe des Bessarions sehr brauchbar seyn. Aber bey dieser Ge‑
legen‑

Von den wichtigsten Büchern, ꝛc.

legenheit muß ich noch einer ahdern Brieffammlung gedenken, die für den Bücherfreund und Bibliothekvorsteher noch schätzbarer und nutzbarer ist. Zu Frankfurt am Mayn sind 1688. 4. aus Thulemars Bibliothek herausgekommen: Epistolæ Virorum doctorum ad Goldastum. Tenzel hat so ziemlich genau angezeigt, was der Litterator darinnen findet, in monatlichen Unterredungen 1689. S. 408. ffg. Ich bemerke nur, daß sehr viele Nachrichten darinnen sich finden, die zur Kenntniß der historischen Schriftsteller, Chroniken, Urkunden, aus dem mittlern Zeitalter, der von ihnen, zumal in der Klosterbibliothek zu St. Gallen ehemals vorhanden gewesenen, und vielleicht noch zu findenden Handschriften, und der Mittel und Quellen, deren sich Goldast bey seinen bekannten Sammlungen bedienet hat, gehören. Aber unter etlich hundert Büchern ist keines so schlecht, fehlerhaft und verhunzt gedruckt, als dieses. Der Herausgeber muß die vor ihm liegenden urkundlichen Handschriften nicht haben richtig lesen können, oder sie im Original dem unwissendsten und ungeschicktesten Setzer in die Hände geliefert haben.

Gudii (Marq.) et doctorum virorum ad eum epistolæ; quibus accedunt ex Bibliotheca Gudiana clarissimorum et doctissimorum virorum, qui superiore et nostro seculo floruerunt, & Cl. Sarravii Sen. Paris. epistolæ, ex eadem Bibliotheca auctiores. Curante P. Burmanno, ed. ultima prioribus correctior. Hagæ Com. 1714. 4. Selbst als Bibliothebliothekar möchte ich dieser Sammlung nie entbehren. Für einen Mann dieses Berufes, und für jeden Litterator finden sich darinnen so viele anderswo vergeblich gesuchte Nachrichten, daß ich Ursache habe, dieselbe vor vielen andern zu empfehlen. Ich will nur sagen, daß man darinnen eben so bedeutende und dem Litteratore wichtige Dinge findet, als in den Briefen der Casaubonen.

Lettere d'uomini illustri che fiorirono nel principio del seculo decimo settimo non piu stampate. Venezia 1744. 8. Auch diese Sammlung muß ich eben so stark, und aus gleich wichtigen Gründen, wie die kaum angezeigte, empfehlen.

Majansii - Antecessoris Valentini Epistolarum Libri sex, ex Musæo G. A. Jenichen. Lipsiæ 1737. 4. Etwas betrüglich ist diese Aufschrift. Das darf ich für den Bücherkundeliebhaber nicht vergessen. Nicht aus Handschriften des Jenichischen Vorraths, wie der Titel vermuthen liesse, ist diese Sammlung gedruckt; sondern nach der ersten, äusserst seltenen, wenigstens ausser Spanien seltenen, gedruckten Ausgabe, Valenz 1732. Sowohl die Briefe des Majans, als die Zugabe der Briefe des Herausgebers Jenichs, eines bekannten Litterators, sind höchst würdig zu dem Zwecke, von dem die Rede ist, höchstens empfohlen zu werden.

Maresii epistolarum philologicarum Libri II. cum aliquot amicorum ad eum, nec non aliorum cl. virorum ad alios non dissimilis argumenti epistolis,

Von den wichtigsten Büchern, ꝛc. 73

stolis, curante L. A. Rechenberg. Lipf. & Francof. 1687. 12. Diese wichtige Sammlung ist zu bekannt, als daß ich von ihr viel zu sprechen Ursache hätte. Nur einige Briefe will ich auszeichnen, die der Bibliothekar besonders nützen kann. L. I. Ep. 2. 5. 10. 14. 17. 18. 34. 36. 38. 40. 41. 45. 46. 47. 48. 49. 50. Lib. II. Ep. 1. 5. 6. 7. 8. 13. 15. 20. 21. 24. 25. 26. 31. 32. 39. 45. 49. 53. 57.

Naudæi epistolæ; nunc primum in lucem prodeunt, Genevæ 1667. 12. Wenn der Bibliothekar den Naude nicht kennt, seine Schriften, so selten sie sind, nicht kennt und nützet, dann darf man beynahe aufhören, ihn für einen geschickten, und mit hinlänglichen Kenntnissen zu seinem Geschäfte begabten Bücheraufseher zu schätzen. Auch diese Briefe wird er behaglich für sich nützen können, wenn sie gleich für ihn nicht so reichhaltig sind, als andere Schriften dieses treflichen Mannes.

Richteri (Georg. J. C.) ejusque familiarium epistolae selectiores ad viros nobilissimos, clarissimosque datae & redditae — Norimbergae 1662. 4. Sie enthalten wichtige Nachrichten zur Bücher- und Bibliothekenkunde, von Gelehrten damaliger Zeit, ihrem Charakter, Schriften und Schicksalen, und besonders brauchbare philologische Bemerkungen, vorzüglich zur Kenntniß der alten deutschen Sprache, und Erklärung der in alten vaterländischen Schriftstellern vorkommenden unbekannten Wörter. Die Briefe, die von dem treflichen Chr. Arnold geschrieben sind, zeichnen sich vor andern aus.

Reinesii epistolarum ad J. Vorstium scriptarum fasciculus — adjecta ceterisque præmissa est una ad Jac. Clauderum, ex qua ejusdem de Beroso Anniano sententia intelligi licet. Coloniæ Brandenb. 1667. 4.

Ejusd. Epistolæ ad Daumium — accedunt aliæ ejusdem & ipsius Daumii ad Reinesium è Musæo J. A. Bosii, Jenæ. 1670. 4. Ejusd. Farrago epistolarum ad Nesteros conscriptarum, Lipsiæ 1670. 4. Man hat noch ein Paar andere Briefsammlungen von diesem viel bedeutenden Philologen, über die ich aber nicht urtheilen kann, weil ich sie nie gelesen habe. Diese hier angezeigte sind von vortreflichem Nutzen für den Bibliothekar, besonders zur Bereicherung der Schriftsteller - Bücher - und Alterthumskunde; zum Verständnisse Classischer alter Auctoren, und zur Erweiterung philologischer Kenntnisse.

Salmasii epistolarum liber primus. Accedunt de laudibus & vita ejusdem prolegomena, accurante Ant. Clementio. Lugd. Batav. 1656. gr. 4. Nur dieser erste Theil einer so schätzbaren Briefsammlung ist im Drucke herausgekommen. Wer den Salmasius kennet, wird von selbst in derselben die wichtigsten Bemerkungen für den Litterator suchen. Zur Aufklärung der alten Classiker, zur Beurtheilung verschiedener Lesarten in den Handschriften, und gedruckten

Aus-

Von den wichtigsten Büchern, ꝛc. 75

Ausgaben derselben zur Kirchengeschichte, und Erläuterung der KirchenAlterthümer, zum Verständniß der KirchenVäter, und zur Berichtigung der alten Geographie, ist diese Sammlung besonders nußbar. Sie ist von einem geboppelten wichtigen Anhange begleitet, nemlich von Salmasii epistola ad Menagium super Herode infanticida, celeberrimi viri comœdia & censura Balsaci, und von ebendemselben epistola de regionibus & ecclesiis suburbicariis. Das kann ich nicht unangezeigt lassen, daß gleich nach der Zueignungsschrift auf der Ruckseite ein ganz characteristisches Portrait des Salmasius stehet, vom Scyderhof in Kupfer gestochen. Kenner dieser Kunst setzen es, als ein vorzügliches Meisterstuck dieses grossen Künstlers, an.

Josephi Scaligeri Epistolæ omnes, quae reperiri potuerunt, nunc primum collectæ & editæ, ceteris præfixa est ea, quæ est de gente Scaligera; in qua de auctoris vita, & sub finem Dan. Heinsii, de morte ejus altera. Francof. Sumtibus Aubriorum & Clem. Shleichii. 1628. 8. Ich vergesse hier mit Bedacht der Briefe des ältern Scaligers, und zeige nur die Brieffammlung des Jüngern, weil diese letztere vorzüglich dem Bücheraufseher brauchbar ist, an. Man kann ihre Brauchbarkeit, und wichtigsten Innhalt ziemlich genau kennen lernen aus Struvii Bibliotheca antiqua. 1708. p. 96 ffg.

Nachrichten von auserlesenen Büchern in der Thomasischen Bibliothek 1 B. S. 94. ffg. und Baumgartens Nachrichten von einer Hallischen Bibliotheck,

7 B.

7 B. S. 548. fg. doch am allermeisten und genauesten aus dem ersten Schriftsteller. Sorbiere, ein Mann, der, vor andern, richtig zu urtheilen, geschickt war, setzet dieser Sammlung einen ungemeinen hohen Werth an. S. Sorberiana, ou les pensées critiques de Mr. de Sorbiere recueillies par Mr. Graverol, 2 edition, à Paris. 1695. 12. S. 225. Die Zueignungsschrift der Leidner Ausgabe, die 1627. Heinsius veranstaltet hat, ist hier beybehalten. Sie ist von B. & A. E. unterzeichnet, welches sonder Zweifel die Elzevire Bonaventura, und Andreas angezeiget, wie ich ganz sicher aus des Vossius Zeugniß schliesse. Siehe G. J. Vossii & clar. viror. ad eum epistolæ. S. 117. Um überhaupt zu wissen, was für sich, besonders der Bibliothekar, in dieser schätzbaren Sammlung findet, so darf man nur das, was ich oben von den Casaubonischen, Gudischen und Sarravianischen Briefen gesprochen habe, nochmals lesen. Denn, so glaube ich wenigstens, gerade das, was dort gesagt ist, gilt auch von den Briefen des Jos. Scaligers.

Lettres choisies de Mr. Simon, ou l'on trouve un grand nombre des faits anecdotes de litterature, à Amsterdam. 1700. 8.

Von der grössern Sammlung der Briefe des bekannten P. R. Simons, kann ich nicht urtheilen, weil ich sie nicht bey der Hand habe. Aber diese kleinere kann ich dem Bibliothekar mit Recht zum fleissigen Gebrauche empfehlen. Aus dem gleich im Anfange der Sammlung

lung genau angezeigten Innhalte jeder Briefe will ich das Wichtigste ausheben, um diese meine Empfehlung zu rechtfertigen. Von einigen Werken des P. Morin, die noch nicht öffentlich zum Vorschein gekommen sind; von einem kleinen Werke des Rigaut, das sehr selten ist, und des P. Yskavs und H. Grotius über einerley Materie, nemlich über eine Stelle des Tertullians, von der Gleichheit der Priester, und Layen, bey geistlichen Verrichtungen im Nothfall; Urtheil über die critischen Arbeiten des L. Capels, und der beyden Buxtorfe, daß sie nicht richtig und genau genug beschrieben seyen, weil diesen Männern gute Handschriften der Bibel, und andere nöthige Hülfsmittel gemangelt; Anzeige solcher guten Handschriften; Vergleichung der Bibliotheken in England mit denen in Frankreich; Urtheil über verschiedene Griechische Ausgaben der Werke des Chrysostomus, und über verschiedene lateinische Ausgaben eben dieses Kirchenvaters; Bemerkungen über den Origenes, und verschiedene Ausgaben seiner Werke; von verschiedenen Ausgaben der Erklärungen Buzers über das Neue Testament; über die Auslegung J. Ferus (Wilds) des Evangelii Johannis, und die Vorrede dazu, die in der Mainzischen Ausgabe fol. fehlt; von dem Buche de tribus impostoribus, das mehr in der Einbildung bestehet; von den verschiedenen Ausgaben des Oleasters über den Pentateuch; von Thomaßins Werk von den Kirchenversammlungen, und dessen Unterdrückung; daß die meisten alten griechischen Handschriften nicht durchaus die besten seyen, von einem sehr raren Hebräisch-Italienischen

schen Lexicon des Leo von Modena, vom Breviario des Cardinals Quignon; vom Verfasser des Buchs de Schismate cavendo, das unter dem Namen Optatus Gallus bekannt ist; von den ersten Ausgaben der Werke des Hieronymus.

Commercii epistolaris Uffenbachiani Selecta variis observationibus illustravit, vitamque B. Z. C. ab Uffenbach præmisit J. G. Schelhornius, Ulmæ & Memmingæ 1753 – 1756. 8. 5 Theile. Gewiß mehr, als je eine andere Briefsammlung kann diese der Bibliothekar bey seinem Geschäfte nutzen. Auch die von meinem seligen Vater jedem Theile besonders beygefügten Abhandlungen werden ihm die vortheilhafteste Dienste, zur Bereicherung seiner Kenntnisse leisten, unter denen sich besonders zu diesem nuzbaren Zwecke auszeichnen: de fatis codicis ceremonialis Constantiniani; de catalogo specialissimo omnium librorum & opusculorum, in variis collectionibus comprehensorum, vel aliis insertorum, cum exorumve; de catalogo Codicum mss. in bibliotheca electorali Bavarica; de honesto commercio litterario, idoneo bibliothecæ augendæ medio; specimen animadversionum b. Uffenbachii in catalogos librorum mss. Bibliothecæ Bodlejanæ; de Epistolis virorum cel. autographis ad Wilh. Schikandum duplex elenchus librorum mss. Guil. Postelli; de studio Uffenbachii bibliothecario; de Amploniana, aliisque Erfurtensibus bibliothecis; de codice msc. Actorum Concilii Tridentini, de primis histo-

hiſtoriæ Martyrum ex cœtu Proteſtantium ſcriptoribus; ſymbola ad hiſtoriam certaminis de auctore libri de imitatione Chriſti collata.

Dem berühmten Rechtsgelehrten zu Frankfurt an der Oder, Uhl, hat man zwey der ſchätzbarſten Brief-Sammlungen zu danken, deren Anzeige ich hier nicht vergeſſen darf, weil ſie dem Litterator, und beſonders dem Bibliothekar, vorzüglich nutzbar ſind. Die erſte iſt der Theſaurus epiſtolicus Lacrozianus, drey Bände in Quart, Lipſiæ 1742 - 46. Die andere Sylloge nova epiſtolarum varii argumenti. Drey Bände in Octav, Norimbergæ 1758 – 1761.

Voſſii (Ger. Jo.) & clarorum virorum ad eum epiſtolæ, collectore Paulo Colomeſio Londini nuper editæ, nunc accuratius excuſæ, argumentis & indicibus neceſſariis auctæ. Acceſſit dodecas cl. Viri G. H. Velſchii. Aug. Vindel. 1691. fol. Auch bey dieſer Sammlung und Anpreiſung ihres Nutzens für den Bibliothekar, könnte ich wiederholen, was ich dießfalls von den Caſauboniſchen, Salmaſiſchen ꝛc. Sammlungen geurtheilt habe. Im Innhalt, und alſo in der Brauchbarkeit, ſind dieſe einander vollkommen gleich. Man weiß ſchon, aus dem Rinkiſchen Catalog beſonders, daß dieſe Ausgabe die vollſtändigſte iſt, ſelbſt vollſtändiger als die, die man in den zuſammengedruckten Werken des Voſſius findet.

Bey der Ueberſicht deſſen, was ich von Brieſe-

Sammlungen geschrieben habe, merke ich, daß ich vergessen hatte, zwey sehr wichtige Sammlungen an ihre Stelle einzuschalten. Hier sollen sie nachgeholet werden:

Epistolarum ab illustribus & claris viris scriptarum centuriæ tres, quas passim ex autographis collegit ac edidit Sim. Abbes Gabbema. Harlingæ Frisiorum ex officina Heronis Galama. 1664. 4. In dem Bünauischen Catalog wird eine Sammlung unter gleicher Titel-Aufschrift, vom nemlichen Druckort, aus eben dem Verlag, in gleichem Format, aber vom Jahre 1663 angezeigt. Ob dieß eine besondere Sammlung, oder von der von 1664. nur die erste Ausgabe, oder, ob die angezeigte Jahrzahl nur ein Druckfehler seye, kann ich nicht sagen. Aber das kann ich mit Gewißheit behaupten, daß die Sammlung, die ich anzeige, für den Bibliothekar von beträchtlichem Nutzen seye. Von gelehrten Männern, und ihren Unternehmungen zum Besten der Wissenschaften, von wichtigen Büchern, und ihren Ausgaben, von schätzbaren Handschriften, findet darinn der Bibliothekar sehr bedeutende Nachrichten.

Clarorum Venetorum ad Anton. Magliabechium, nonnullosque alios epistolæ, ex autographis in Bibliotheca Magliabechiana, quæ nunc Florentinorum est, adservatis descriptæ. Tom. I. Florentiæ 1745. Tom. II. 1746. 8.

Clarorum Belgarum ad Magliabechium aliosque

que epistolæ — Tom. I, & II. Florent. 1745. 8. Clarorum Germanorum ad Ant. Magliabechium, aliosque Epistolæ. Tom. I. Florent. 1746. 8.

Man darf nur die vor diesen Sammlungen stehende Synopses rerum memorabilium in hisce epistolis contentarum, durchlesen, um sich von der höchsten Brauchbarkeit derselben für den Bücheraufseher zu überzeugen. Ich glaube mit Recht diese Briefe als einen ausnehmend reichen Schatz von wichtigen Bemerkungen für den Litterator, und Bücherfreund empfehlen zu können.

Auch Reisebeschreibungen verdienen die Aufmerksamkeit des Bibliothekars, diejenigen insbesondere, die geübte Männer zu Verfassern haben, welche recht eigentlich in dem Zwecke ihre Reise unternommen haben, um mit forschendem Auge die angesehnsten und reichsten Bibliotheken zu durchsuchen, ihre Schätze, durch deren Besitz sie sich auszeichnen, kennen zu lernen, nach verborgenen und unbekannten Seltenheiten zu forschen, die in den Bibliotheken verwahrten alten Handschriften aufzusuchen, und sie mit kritischem Fleiße zu betrachten, und zu nutzen. Ein ziemlich reiches Verzeichniß solcher Reisen stellt der Bünauische Catalog, auf den ich mich mit Recht bey jeder Gelegenheit beziehe, auf Tom. I. S. 1741. ffg.

Ueber einige, die schon in diesem Verzeichnisse vorkommen, will ich, weil ich sie selbst besitze, und sorgfältig genutzet habe, einige doch nur kurze Bemerkungen machen, die hier, wie ich glaube, am rechten Orte stehen. Und denn werde ich von den neuesten, wichtigsten Reisebeschreibungen dieser Art, die gedachter Catalog nicht aufstellet, und nicht aufstellen konnte, aber nur von denen, die ich eben selbst bey Handen habe, eine Anzeige machen. Ich könnte unter den letzten den Volkmann, die Reisen zweyer Schweden nach Italien, des Bernoulli Sammlungen, und Nikolai Reisbeschreibung, als nutzbar, mit besonderer Anzeige, was zu meinem Zwecke gehört, aufführen. Allein, sie sind zu bekannt, und gehören zu den neuern Schriften, deren wenige Gelehrte mangeln; daß es also überflüssig wäre, besonders von ihnen zu sprechen.

In Burnets Reise, von der ich die dritte französische Ausgabe, Rotterdam 1718. 8. vor mir habe, sind der Nachrichten wenige, die der Litterator und Bibliothekar nützen kann. Das Wichtigste darunter ist wohl die Anzeige von alten Handschriften des Neuen Testaments, die Burnet durchsucht hat, um über die Aechtheit der Stelle 1 Joh. 5, 7. urtheilen zu können; die, doch nur kurze Beschreibung der Ambrosischen Bibliothek zu Mailand, die Anzeige eines Fragments der Ebraischen Bibel, das die Juden betrügerisch, als eine eigenhändige Handschrift des Esdras an die Mönche zu St. Salvator in Venedig, verkauffet haben.

Jordans Histoire d'un Voyage fait en 1733. — à la Haye 1735. 8. ist dem Bücheraufseher weniger entbehrlich, und enthält gewiß für ihn sehr bedeutende

tende und lehrreiche Nachrichten. Mabillons, Montfaucons, des Martene und Durands Reisebeschreibungen leisten dem Bibliothekar den beträchtlichsten Nutzen, und er kann sie weniger mangeln, als je eine andere.

Sie sind wahre Archive für den Bücher- Urkunden- und Handschriftenforscher, machen ihn mit den wichtigsten Schätzen der angesehnsten Bibliotheken bekannt, und werden ihm, zur richtigen Beurtheilung alter Handschriften, ihrer Buchstaben, der Charaktere ihres Zeitalters, und zu einer gründlichen Critik, den ersprießlichsten Dienst leisten.

Misson fordert Behutsamkeit, da seine literarischen Nachrichten selten mit der gehörigen Genauigkeit aufgezeichnet sind, und er sich einer eilenden Flüchtigkeit schuldig gemacht. Man trift oft auf Stellen bey ihm, die das Urtheil des Marchands, der ihn einen ungleich angenehmern, als genauen und aufrichtigen Reisebeschreiber, nannte, rechtfertigen.

Tollii epistolæ Itinerariæ cura & studio H. Ch. Henninii, Amstelod. 1700. 4. enthalten einen Schatz von wichtigen Bemerkungen für den Bibliothekar, vornemlich in Beschreibungen und Anzeigen merkwürdiger Handschriften, auch solcher Bücher, die noch nicht im Drucke erschienen sind, und der Ausgabe doch würdig wären, und in Nachrichten von ansehnlichen Büchersammlungen, und ihren bedeutenden Schätzen.

Die Uffenbachischen Reisen, die mein seliger Vater herausgegeben hat, und die in dreyen Octavbänden 1751 und 1753 in Ulm gedruckt worden sind, sind recht eigentlich für den Bibliothekar brauchbar, und leiten ihn zur nutzbaren Bekanntschaft mit Bibliotheken, und ihren wichtigen Besitzungen, mit bedeutenden alten Handschriften, Incunabeln, und seltenen Büchern, ob ich gleich nicht läugnen kann, daß manche Angaben der Verbesserungen, und näherer Berichtigungen, bedürfen.

Wenn ein Gelehrter von so gründlichen und ausgebreiteten Kenntnissen, als Martin Gerbert, Fürst von St. Blasi, im Schwarzwald, in dem Zwecke reißt, nach antiquarischen und literarischen Schätzen zu forschen, und wenn er der gelehrten Welt öffentlich davon Rechenschaft giebt, so darf man sicher wichtige, und höchst brauchbare Nachrichten und Entdeckungen erwarten. Ich brauche nicht mehr zu sagen, des gedachten grossen und verdienstvollen Fürstens Iter Germanicum, Italicum, Gallicum, ed. 2da. typis San-Blasianis 1773. 8. dem Bibliothekar, als eine ihm unentbehrliche Reisebeschreibung zu empfehlen. Diese Ausgabe ist der ersten allerdings vorzuziehen, so wie der teutschen Uebersetzung, obgleich bey ihr, die der ersten Ausgabe beygefügten Glossaria teotisca medii ævi, nicht wiederholet sind. Zwar der Geschicht- und Alterthumsforscher, und Liebhaber der alten Geographie, so wie der Diplomatiker, finden hier reiche Nahrung. Doch ganz vorzüglich lernt man ansehnliche Bibliotheken,

fen, und ihre literarische Schätze, merkwürdige alte Handschriften, erste gedruckte Bücherausgaben, und ihre Verschiedenheit aus dieser Reisebeschreibung kennen; der auch einige Proben alter Handschriften und einer der ersten gedruckten lateinischen Bibeln, die die St. Blasische Stifsbibliothek besitzet, in Kupfer gestochen, beygefügt sind, die dem Bibliothekar zu seinen bibliographischen Untersuchungen nicht gleichgültig seyn können.

Des Herrn Justizraths Gerkens Reisen durch Schwaben, Bayern, die angrenzende Schweiz, die Rheinische Provinzen und an der Mosel ꝛc. Stendal, 1783-1786 in drey Octavbänden, verdienen der ebengedachten Reisebeschreibung allerdings an die Seite gesetzt zu werden. Was in angesehenen Bibliotheken von Handschriften, literarischen Seltenheiten, typographischen Alterthümern, der mit bester Geschicklichkeit forschende Reisende vorgefunden und beschrieben hat, ist für den Bibliothekar gewiß bedeutend und nutzbar, so wie die in Kupferstichen beygefügte Proben wichtiger alter Handschriften. Auch Zapfens literarische Reisen, Augsburg 1783. gr. 8. werden ihm beträchtliche Dienste leisten. Von einer spätern Reisebeschreibung des Herrn Geheimen Raths, die zu Erlang herausgekommen, kann ich nicht urtheilen, weil ich sie noch nicht gelesen habe.

Ohne mein Erinnern wird jeder Leser solcher Reisebeschreibungen, bey ihrem Gebrauch sorgsame Behutsamkeit nöthig finden. Oft hat Eilfertigkeit, flüchtige Beobach-

Beobachtung, Gedächtnißfehler, oder bloſe Erzählung eines andern, den Reiſenden zu einer unrichtigen Angabe verleitet. Daher ſo ungleiche Berichte der Reiſenden von einerley Sache. Auch Vorurtheile und Vorliebe zu gewiſſen Behauptungen ſind vielmals Urſache einer unrichtigen Angabe, zumal, wenns auf die Schätzung des Werths und Alterthums einer Handſchrift, oder eines Produkts des erſten Druckes ankommt. Nicht immer kann man auch ſicher den in Kupferſtichen vorgelegten Proben alter Handſchriften und Drucke trauen, davon der Augenſchein ein unläugbarer Beweis iſt, der mir oft einerley Stück bey verſchiedenen Verfaſſern, ganz verſchieden aufweiſt.

An dem Nutzen der Lebensbeſchreibungen gelehrter Männer, zur Bereicherung der Bücherkunde, kann niemand zweifeln. Solche müſſen alſo auch in den Händen des Bibliothekars ſeyn. Allein, nur die wichtigſten anzuzeigen, iſt für mich der Raum hier zu beengt. Nur wenige will ich jezo nennen, von denen ich glaube, daß ſie der Bücheraufſeher nicht entbehren könne, und daß alſo ihre Anzeige hier am rechten Ort ſtehe. Ich beſchränke mich nur auf ſolche, aus denen man bibliothekariſche Klugheit, Aufmerkſamkeit und Vortheile ziehen kann. Dahin zähle ich Gualdi vita J. V. Pinelli, Patricii Genuenſis, das zuerſt 1607, 4. zu Augſpurg durch Welſers Dienſt aus der Buchdruckerey ad inſigne pinus ans Licht getreten iſt, das man aber auch in des Bates Sammlung, London 1681. 4. und in der Gryphiſchen, Breßlau 1711. 8. fin-

8. findet; Gaſſendi vita N. CC. Fabricii de Pineſe, davon ich die Quedlinburgiſche Ausgabe 1706. 8. und 1708. 8. die aber ſehr fehlerhaft gedruckt iſt, vor mir habe; des unvergeßlichen Mäcens, Uffenbachs Leben lateiniſch, von meinem ſeligen Vater vor der Uffenbachiſchen Brieffſammlung, teutſch, nach eigener Ausarbeitung, von unſerm verdienſtvollen Herrn Superintendenten Hermann, vor dem erſten Bande der Uffenbachiſchen Reiſen; und endlich des geübten Bibliothekars Burkards eigene Lebensbeſchreibung vor dem Catalog ſeiner Bücherſammlung, und den Supplementen zu dieſem Verzeichniß, Halle im Magdeburgiſchen, 1748 - 1751. 8.

Noch drey Schriften muß ich nennen, die ich in dieſer vorläufigen Anzeige nicht vergeſſen darf. Das erſte ſind Th. Bartholini Diſſertationes de libris legendis, deren erſte Ausgabe Copenhagen 1676. 8. ſehr ſelten geworden; daher ſie Meuſchen, der mehreren literariſchen ſeltnen Schriften ſolchen Dienſt geleiſtet hat, zu Frankfurt 1711. 8. wieder drucken laſſen, und mit einer Vorrede de vana librorum pompa begleitet hat. Schade, daß dieſe Ausgabe, wie auch Miceron ſchon bemerkt hat, ſehr fehlerhaft gerathen iſt. Indeſſen ſind die Druckfehler von einem in der Geſchichte der Gelehrſamkeit geübten Leſer, — das muß doch ein Bibliothekar ſeyn,— leicht zu beſſern.

Das andere ſind Saldeni zwey Bücher de libris, varioque eorum uſu & abuſu, Amſtelodami 1688. 8. Wenn

8. Wenn sich diese zwo Schriften blos mit der Bücherkunde beschäftigten, so würde ich ihrer Anzeige einen andern Platz anweisen. Allein, sie enthalten noch andere wichtige Bemerkungen, die der Bibliothekar zu seinen Kenntnissen vortreflich nutzen kann.

Zuletzt Sachini, eines Jesuiten, der sich besonders um die Geschichte seines Ordens, wiewohl mit partheyischer Feder, verdient gemacht hat, libellus de ratione libros cum fructu legendi, deque vitanda moribus noxia lectione, oratio, wovon man verschiedene Ausgaben hat. Ich besitze die erste, Würzburg 1614. 12. bey der noch hinzugefüget ist modus pie atque christiane studendi, et puerilis institutionis ordo in Gymnasio humaniorum literarum, der wenigstens bey der Römischen Ausgabe zu fehlen scheint, da Groschuff nur der Rede, nicht aber dieses Modus, als eines Zusatzes derselben, gedenkt. Die Urtheile über dieses Werkgen sind sehr verschieden; ich glaube aber mit Recht dem Groschuff, der es des Lobes würdiget *, beytreten zu können. Wenigstens wird der Bibliothekar die Hauptstücke, die vom Excerpiren handeln, vortheilhaft nutzen können.

* Nova librorum rariorum conlectio Fasciculus I. pag. 136. wo ein brauchbarer Auszug dieser kleinen Schrift sich findet.

Zweytes Kapitel.

Zu Fortsetzung des vorhergehenden. Von noch ei‌nigen besondern Schriften, die dem Biblio‌thekar nutzbar sind.

Noch kann ich die vorläufige Nachrichten von Schrif‌ten, die dem Bibliothekar nutzbar sind, nicht schliessen. Bücher, die besondere literarische Bemer‌kungen, wichtige Abhandlungen aus der Geschichte der Gelehrsamkeit, Wissenschaften und Künste, Nachrich‌ten von Gelehrten, verschiedene für die Bücherkunde vortheilhafte Untersuchungen, und Anzeigen, enthal‌ten, und die nicht ganz, und besonders einem dieser Fächer gewiedmet, sondern vermischten Inhalts sind, will ich anzeigen. Die sogenannten Schriften in Ana, die fast ein ganzes Jahrhundert hindurch ausgezeichnete, und gewiß oft, ohne es zu verdienen, beliebte Mode‌schriften waren, setze ich hier voran. Die Urtheile der Gelehrten darüber sind sehr ungleich, wie der Geschmack und die Urtheilskraft der Menschen verschieden ist. Wäre hier nur von der angenehmen Lektür, ohne Rück‌sicht auf wichtige Belehrung und wahren Nutzen, die Rede, so könnten die mehresten Schriften dieser Art, mit einem schmeichelhaften Lobe beehret werden. Allein darauf kommt es hier wahrhaftig nicht allein an, son‌dern auf wichtige Bereicherung der einem Bibliothekar unentbehrlichen Kenntnisse, auf statthafte und gegrün‌dete Entdeckungen, und auf zuverläßige Bemerkungen. Daran fehlt es nun vielen Anis, und es kann nicht wohl anders seyn, da sie meistentheils aus den Gesprächen

Zweytes Kapitel.

im Stegreife gesammelt, und aus einem wankenden und betrüglichen Gedächtnisse niedergeschrieben sind, und da freylich gründliche Untersuchungen und reif überlegte Urtheile nicht wohl dürfen erwartet werden. Zugleich herrschen in den mehresten dieser Schriften ein unbedeutender und Verstandloser Lakonismus, ungegründete Machtsprüche, Lieblingsaffekte der Feindschaft und Verachtung, oder der Freundschaft und Hochschätzung, zum Schaden der Wahrheit, offenbare Widersprüche, und verdrüßliche überflüßige Wiederholungen. Auch eine Menge geringfügiger, und ganz unbedeutenter Dinge, die weder des Drucks, noch des Lesens würdig sind, findet man oft darinnen. Ordnung darf man in diesen Büchern ihrer Natur nach, daß ich mich dieses Ausdrucks bediene, ohnehin nicht suchen; aber sie werden, wenn sie gleich nach dem Alphabethe gemodelt sind, durch den Mangel eines guten Registers, noch unbrauchbarer.

Indessen kann sie der Bibliothekar doch nicht ganz entbehren, ob er gleich bey ihrem Gebrauche mehr Prüfung und Behutsamkeit nöthig hat, als bey andern ihm nützlichen Schriften, und ob er gleich, wenn er ohne diese ernste Prüfung, und Behutsamkeit, den Angaben derselben trauet, sehr irre geführet wird.

Ich muß hier den Leser, der begierig ist, diese Ana in Reihe aufgestellet zu sehen, auf die gewöhnlichen und bekannten Quellen weisen; abermal auf den Catalog der Bünauischen Bibliothek Tom. I. p. 1735. sgg. und auf den Jugler 1480. sgg. Aber Wolfs Vorrede

Von einigen besondern Schriften ꝛc.

Vorrede zu denen von ihm herausgegebenen Casaubonianis, die von dieser Art Schriften handelt, und die sechste Observation in Lilienthals Selectis historicis & literariis, die Zusätze und Erläuterungen zu Wolfens Abhandlung liefert, darf er auch nicht ungebraucht lassen.

Von einigen Anis muß ich doch selbst sprechen; doch nur von solchen, die ich selbst besitze, und täglich prüfen und nutzen kann, und aus diesen nur von den wichtigsten, und für den Bücheraufseher brauchbarsten.

Des Maizeaux hat die Scaligerana, Thuana, Perroniana, Pithœana und Colomesiana, mit den Anmerkungen verschiedener Gelehrten, in zweenen 12. Bänden zu Amsterdam 1740 zusammen herausgegeben, und dem zweyten Bande eine höchst lesenswürdige, und für den Bibliothekar wichtige Geschichte der Scaligeranorum vorangesetzt. Da die Scaligerana eigentliche Epoche der Schriften dieser Art machen, oder der Anfang derselben sind, da die, die nachgefolget sind, fast immer von gleicher Art und Zuschnitt sind, so kann diese Geschichte für den, der den Werth und Gebrauch solcher Schriften kennen will, gewiß höchst nutzbar seyn, und er wird wichtige Regeln der Behutsamkeit im Gebrauch solcher Schriften sich aus denselben sammeln können, ob sie gleich nicht wörtlich vorgetragen sind, und er sie nur selbsten gleichsam abziehen muß. Es ist nicht zu vergessen, daß die Scaligerana aus den Unterredungen mit dem jüngern Joseph Scaliger gesammelt sind. Philologische, und critische Bemerkungen,

gen, Verbesserungen von Gelehrten in ihren Schriften, und Behauptungen begangener Fehler, Erklärungen einiger Stellen der classischen Scribenten, auch der Kirchenväter, Nachrichten von Handschriften, Urtheile über Gelehrte, und ihre Schriften, und Verdienste, Tadel der Gelehrten, und ihrer Arbeiten, oft übereilter und beissender Tadel, das ist das hauptsächlichste, was man in dieser Sammlung von Aussprüchen findet. Die Thuana sind so reichhaltig für den Bibliothekar, und seine Kenntnisse nicht, als die Perroniana, und Colomesiana.

Die Casauboniana, wie auch Jugler schon bemerkt hat, haben einen besondern Werth, da sie nicht blos aus seinen Unterredungen, sondern aus seinen eigenen Handschriften zusammengesammelt sind. Sie zeichnen sich an Brauchbarkeit für den Bibliothekar, gewiß vor allen andern Schriften dieser Art, vorzüglich aus. Johann Christoph Wolf hat sie zu Hamburg 1710. 8. herausgegeben, und mit sehr lesenswerthen Anmerkungen bereichert. Den Conrigianis aus den noch ungedruckten Briefen dieses Polyhistors gesammelt, und von Ritmeiern publicirt, davon die zweyte Ausgabe, Leipzig und Wolfenbüttel 1719. 8. die bessere ist, weise ich hier billig eine Stelle an. Darum vornehmlich, weil sie sehr gründliche und bescheidene Urtheile von wichtigen Büchern enthalten, und manche literarische Nachrichten ertheilen, die werth sind, der Vergessenheit entrissen zu bleiben.

Die Ducatiana hat man dem berühmten und verdienst-

verdienſtvollen Formey zu danken, der ſie zu Amſterdam 1738. 8. in zween Bänden herausgegeben hat. Dieſe Sammlung iſt gewiß vor allen andern dem Bibliothekar nußbar. Duchat war überhaupt ein Mann von groſſer Beleſenheit, ausgebreiteter Kenntniß, und feiner Urtheilskraft. Sein Hauptgeſchäfte in dieſen mit Bedacht niedergeſchriebenen Bemerkungen, geht auf Beurtheilung, Verbeſſerung und Berichtigung wichtiger Schriftſteller, und dieſe Ana zeichnen ſich dadurch für andern aus, daß ſie nicht unüberlegtes Geſpräch, ſondern mit prüfender Sorgfalt verfertigte Critiken, enthalten. Es iſt der Mühe werth, daß ich den Leſer nach ihnen, durch die Anzeige ihres Inhalts, lüſtern mache. Hier iſt ſie, wie ſie vornn, beym erſten Bande, ſtehet:

I. Remarques detachées ſur divers ouvrages, & ſur leurs auteurs; Memoires de la Reine Marguerite; Epiſtolæ virorum obſcurorum; Chronique du Petit-Jean de Saintre; Poeſie de la Monnoye; Poggiana. Les avantures de Pomponius; Livre VII. de la Chronique de D. Philippe d'Aurelie, & de Proceſſes des Bonnets ronds en celui tems; de quelques officiers de la Calotte. II. Remarques ſur le Dictionaire de Bayle. III. Remarques critiques ſur ce même Dictionaire. IV. Additions au Menagiana; V. aux Perroniana, et Thuana; VI. aux Melanges de Vigneul - Marville. VII. Remarques ſur les memoires pour ſervir à l'hiſtoire de France, contenant ce qui s'y eſt paſſé de plus remarquable depuis 1515. jusqu'à qu'à 1612. VIII. sur le Scaligerana; IX. Valesiana; X. sur les eloges des hommes savans de Mr. Thou; XI. sur les lettres de Mr. Bayle; XII. sur les Oeuvres de Mr. Cheureau, & sur le Cheuræana; XIII. sur les memoires de Ph. de Comities; XIV. sur la Chronique scandaleuse du Roi Louis XI. XV. sur le Tom. III. concernant diverses traitez, qui servent de preuves aux memoires de Comines; XVI. Essai d'une Critique de l'histoire de France du P. Daniel; XVII. Remarques sur l'Ainsnee, fille de fortune, Poëme à la louange de la Duchesse de Beaujeu. XVIII. Remarques sur quelques Proverbes françois.

Wenn gleich die Huetiana, — ich habe davon die Amsterdamer Ausgabe 1723. 12. vor mir, — eine Frucht eines durch Alter geschwächten Geistes sind, so sind sie doch immer lesenswürdig, und für den Bibliothekar ist die 69 Anmerkung, de la Latinisation des Noms, und die 108 des tetraples, hexaples & octaples d'Origine, beträchtlich genug.

Die Menagiana zu Paris, 1715. 8. zum drittenmal von Monnoye herausgegeben, ob sie gleich nebenzu viele Kleinigkeiten, und unbedeutende Sachen enthalten, bleiben doch für den Bibliothekar eine nutzbare, und fast unentbehrliche Sammlung, aus der er sich vorzüglich reiche Bücherkunde, und Kenntniß verschiedener Ausgaben sammeln kann. Die dem letzten Bande beygefügten 3 Briefe, vom Buch de tribus impo-

Von einigen besondern Schriften ꝛc.

impostoribus; von der berüchtigten Schrift: le Moyen de parvenir, und über das verschreyte lateinische Epigramm vom Hermaphrobiten, die, so viel ich weiß, dem Monnoye zugehören, wird ihm besonders behagen. Auch die Naudæana und Patiniana, nach der Amsterdamer Ausgabe 1703 kann ich ihm zu gutem Gebrauche empfehlen. Zuletzt noch die Sorberiana von Graverol gesammelt, deren zweyte Ausgabe zu Paris 1695. 12. zum Vorschein gekommen. Sehr wichtig für die Bücherkunde, und mit sechs schätzbaren Abhandlungen des Graverols, antiquarischen Inhalts, bereichert!

Den Anis schliesse ich eine Reihe von Schriften an, die theils in grössern, theils in kleinern Sammlungen, vermischte Bemerkungen und Abhandlungen über literarische Gegenstände enthalten, und die eben deswegen in die Sphäre gehören, die der Bücheraufseher genau, und fleißig, beobachten muß. Die Anzahl solcher Schriften, nur derer, die ich kenne, und selbst genutzet habe, ist sehr groß, und wie viele dieser Art werden nicht noch meiner Bekanntschaft entwischt seyn? Ich werde nur diejenigen anführen, die ich vor andern, mit dankwürdigem Vortheil zu dem Zwecke, zu dem ich sie empfehle, höchst brauchbar gefunden habe; und darunter keins, das ich nicht selbst besitze, also täglich gebrauchen, und darüber aus eigener Erfahrung, urtheilen kann.

Amelot de la Houssaie Memoires historiques, politiques, critiques, & litteraires. à Amsterdam, 1731.

1731. 8. Zween Bände. Niceron zeigt zwo vorhergegangene Ausgaben an *. Er zweifelt, daß Amelot selbst der Verfasser des ganzen Werkes sey, wenn ihm gleich etwa einiger Antheil an demselben zugehöre. Die darinnen auffallenden groben Fehler, einem so gelehrten Manne, als Amelot war, unmöglich, haben bey ihm diesen Zweifel erzeugt. Indessen, so gelehrt Amelot war, so sind ihm doch in andern seiner Schriften, die ihm niemand streitig macht, wichtige Fehler entwischt, die ihn einer eilenden Flüchtigkeit schuldig machen. Es scheint, der Mann habe bey seiner Dürftigkeit, um Brod zu verdienen, geschrieben. Und da ist denn freylich unüberlegte Eilfertigkeit nicht ungewöhnlich. Zu dem ist die erste Ausgabe dieser vermischten Bemerkungen erst 1722, ohngefehr 16 Jahre nach seinem Tode, ans Licht getreten, und vielleicht waren sie eine Arbeit seines Alters, und des dadurch geschwächten Geistes, dem sicheres Gedächtniß, und geschärfte Urtheilskraft, mangelte, davon man würklich auf Spuren trift. Ist Nicerons Zweifel gegründet, so hat der Herausgeber dieser Memoires, wenigstens der letzte, denn ich weis nicht, ob das, was ich anführen werde, auch bey den ersten Ausgaben behauptet wird, uns eine Unwahrheit aufgebürdet, wenn er auf dem Titel beeder Theile sagt: Ouvrage imprimé sur le propre manuscript de l'Auteur. Bey vielen Uebereilungen, die nicht zu läugnen sind, bin ich doch berechtiget, diese Sammlungen von besondern Anmerkun-

---

* Memoires pour servir à l'histoire des hommes illustres, Tom. XXXV. pag. 130.

merkungen dem Bibliothekar zum Gebrauche zu empfehlen. Obgleich das, was ihm nützen kann, wenig und versteckt ist, so wird er doch manche nicht unbedeutende Anekdoten von grossen Gelehrten, Verbesserungen von Historikern begangener Fehler, und Anzeigen sonst unbekannter merkwürdiger Schriften, antreffen. Auch selbst die politischen Nachrichten werden ihm zum Gebrauch und Beurtheilung der Deduktionen und Staatsschriften, die billig einen bedeutenden, und der Aufmerksamkeit würdigen Theil einer ansehnlichen Bibliothek ausmachen, höchst nutzbar seyn.

Melange critique de Literature reveilli des Conversations de feu M. (Dav.) Ancillon, avec un Discours sur sa vie & ses dernieres heures, à Basles. 1698. 12. Zween Bände. Es ist schon aus dem Jugler bekannt, daß dieser ersten Ausgabe, die man dem Carl Ancillon, dem Sohne des David Ancillon zu danken hat, vor der nachgefolgten, die unter der Benennung Amsterdam 1702, eigentlich aber zu Rouen herausgekommen ist, der Vorzug gebühret. Ohne Fehler sind diese vermischte Anmerkungen freylich nicht. Und Geschichtskundigen ists nicht schwer, ihrer noch mehrere zu bemerken, als die Acta Eruditorum * angezeiget haben. Indessen sind diese Verirrungen so wichtig nicht, daß sie den Werth des Buches beträchtlich mindern könnten. Man darf nur die angeführte periodische Schrift lesen, um einen vortheilhaften

* Acta Eruditorum. 1698. Jeniis. pag. 288. sq.

haften Begriff von dem Nutzen desselben, besonders für den Literator, überzeugt, und nach ihrem Gebrauch, gierig gemacht zu werden. *

Auserlesene Anmerkungen über allerhand Materien und Schriften. Frankfurt und Leipzig 1704 - 1707. 8. Fünf Theile. Für den Bibliothekar zeichnen sich hier besonders die Anmerkungen von Londorps Actis publicis; von F. H. Hofmanns ungedruckten Schriften; von den ältesten deutschen Chroniken insgemein; und von einem uralten teutschen Chronico mſc. insonderheit, von unleserlichen Schriften; worinnen die Schriften in Ana zu loben und zu tadeln; Huttens Lebensbeschreibung; von den verkehrten Namen der Gelehrten; von Kupferstichen; aus; obgleich einige dieser Abhandlungen sehr seichte sind, und ob man gleich über einige darinnen behandelte Materien, jetzo wichtigere und weit mehr brauchbare Schriften hat. Aus der eignen Lebensbeschreibung Reimmanns sehe ich, daß er der Verfertiger der drey zuerst von mir bezeichneten Anmerkungen sey, die bey weitem die übrigen am Werth übertreffen.

Beyschlagii Sylloge variorum opuſculorum. Tom. I. Halæ Suevorum 1729. Tom. II. 1731. 8. Der erste Band enthält vier Fascikeln; der zweyte hat mit dem ersten Fascikel sein Aufhören erreicht. Es sind nicht alle Artikel vom Beyschlag, sondern ein grosser Theil der Abhandlungen hat andere Verfasser.

Nachrich-

* Pag. 289. ſq.

Von einigen besondern Schriften, ꝛc. 99

Nachrichten von Gelehrten und ihren Schriften; von einigen seltenen Büchern; Supplemente zu Zeltners Leben des berühmten Buchdruckers Johannes Lufts; die Anzeige der Albinischen Ausgaben in der Schwarzischen Bibliothek; das Geßnerische Programm von den Merkwürdigkeiten der Rothenburgischen Stadtbibliothek; verschiedene Briefe der Gelehrten; Beyschlags literarische Anmerkungen machen dem Bibliothekar diese Sammlung nuzbar und angenehm.

Bibliotheca historico - philologico - theologica. Tomi, seu classes VIII. Bremæ 1718 - 1725. 8.

Museum historico - philologico - theologicum. Volumina II. Bremæ, 1728. 1729. 8. Es ist bekannt, daß Theodor Hase und Friedr. Lampe, zween ehemalige verdienstvolle reformirte Gottesgelehrte, diese periodische Schriften besorget, und daß an denselben einige der größten Gelehrten, damaliger Zeit, gearbeitet haben. Sie sind zwar vornemlich für den biblischen Philologen und Exegeten reichhaltig. Allein auch der Literator findet darinnen behagliche Nahrung. Schon Jugler hat angezeigt, was er darinnen zu suchen hat. Ich setze nur hinzu, daß sie auch einige alte und seltene Bücher und Ausgaben, mit vieler Genauigkeit kennbar machen.

Brem - und Verdisches freywilliges Heb - Opfer zum Dienste der Wissenschaften überhaupt, und der theologischen insbesondere, 2 Bände, 8 Beyträge. Stade und Leipzig, 1751. 1752. 8.

G 2

Der

Zweytes Kapitel.

Der berühmte Generalsuperintendens Pratje, ist der Sammler und Herausgeber dieses Hebopfers, zu dessen Fortsetzung ein Brem- und Verdisches Museum, und eine Brem- und Verdische Bibliothek hinzugekommen, von denen ich aber hier nicht sprechen kann, weil sie mir jezo nicht zur Hand sind, ob ich sie gleich sonst gelesen habe. Im Heb-Opfer stehen wichtige Abhandlungen, die dem Bibliothekar gewiß höchst nußbar zur Vermehrung der ihm nöthigen Kenntnisse sind, z. B. Nachrichten von dem Leben und Schriften einiger älterer Gelehrten; Entdeckungen von Pseudonymen, von seltenen Büchern und Ausgaben, auch von noch ungedruckten; Berichtigungen in der Historie der Gelehrten begangener Fehler, Aufklärung literarischer Probleme, besonders von dem berüchtigten Buche de tribus impostoribus, Vogtens Zusätze zu seinem Catalogo librorum rariorum, auch etwas für die Diplomatik.

Crenii (Th.) Animadversiones philologicae, & historicæ, Lugduni Batav. 1698–1710. 8.

Ich weiß nicht, wie Jugler hat sagen können, daß der erste Band zu Rotterdam 1695 herausgekommen. Mein Exemplar hat ausdrücklich auf dem Titelblatt dieses Bandes Lugduni Batavorum 1698. Doch, ich finde auch in genauen Bücherverzeichnissen den Ort, und das Jahr, das Jugler beym ersten Bande angiebt, bezeichnet. Entweder ist also vom ersten Theile eine gedoppelte Ausgabe vorhanden, oder, welches wahrscheinlicher ist, da die übrigen 18 Theile 1698 einen neuen

Von einigen besondern Schriften, ꝛc.

neuen Verlagsort bekommen, damals nur der Titel umgedruckt worden. Der eigentliche Name dieses Vielschreibers ist schon bekannt, auch bekannt genug, daß diese Sammlung nun unter die seltenen Bücher gehöret. Doch weiß ich nicht, ob jemand bemerket hat, daß der letzte neunzehnte Theil vor den übrigen rar ist.

Man findet in vielen Bibliotheken nur die ersten 18 Bändgen, und so sind auch diese nur in manchen Catalogen angezeichnet. So flüchtig auch Crenius geschrieben hat, so unordentlich, ein Galimathias, seine Collectaneen sind, — so kann man richtig diese Sammlung nennen — so kann ihrer doch der Bibliothekar nicht entbehren. Von Bibliotheken, von seltenen Büchern, von mancherley Ausgaben, und ihren Verschiedenheiten, von Handschriften, von entdeckten Anonymen und Pseudonymen, von gelehrten Irrthümern, und dergleichen ihm bedeutenden Sachen, findet er Nachrichten. Auch die zahlreiche Menge der Briefe der grösten Gelehrten, geben dem Werke einen besondern Werth; und sogar sind bey einigen Theilen die vorgesetzte Zuschriften für ihn belehrend.

Colomesii opera, theologici, critici & historici argumenti, iunctim edita, curante J. A. Fabricio. Hamburgi, 1709. 4.

Man hat schon frühere Ausgaben der zusammengesammelten Werke des Colomesius; aber diese ist die reicheste und vollständigste. Ich finde mich verpflichtet, anzuzeigen, was sie enthält. Gallia orientalis.

Sie giebt Nachrichten von den gelehrten Männern in Frankreich, die die hebräische und andere morgenländische Sprachen mit Fleiß getrieben haben, und sammelt bey einigen derselben die Lobsprüche von berühmten Männern ihnen ertheilt, und untermischt zuweilen Briefe gelehrter Leute.

Opuscula. Das sind eigentlich die in den vorhergehenden Sammlungen gedruckten kleinen Werke des Colomes, nemlich seine κειμηλια literaria; recueil de particularitez; claves epistolarum J. J. Scaligeri, nemlich der Brieffammlung, die zu Leiden 1627. 8. herausgekommen; Casauboni Hagæ Comitum 1638. curante Gronovio; Salmasii editore Ant. Clementis 1656. der von J. de Reves zu Harderwyk 1624. herausgegebenen französischen Briefe des J. J. Scaligers; Notæ ad Quintiliani institutiones. Unter diesen kleinen Werken empfehle ich dem Bücheraufseher die zwey ersten, und die Schlüssel über die angezeigten Brieffammlungen ganz besonders. Bibliotheque choisie. Recht eigentlich für den Bibliothekar, wichtige Bücher und Ausgaben kennen zu lernen, bestimmt. Es sind nur kurze Urtheile, aber von Wahrheit und Bescheidenheit geleitet. Doch darf ich hier einer Bemerkung des Niceron nicht vergessen, die ich aber zu prüfen nicht im Stande bin. Er sagt: Die Amsterdamer Ausgabe dieser auserlesenen Bibliothek 1699. 12. werde auf dem Titel, als vom Verfasser sehr vermehrt, angegeben; aber diese Vermehrungen seyen sehr unbeträchtlich, und auffer dem habe man in dieser Ausgabe viele Dinge weggelassen; und

gera-

gerade nach dieser Ausgabe habe Fabri die seinige geliefert. *

Clarorum virorum epistolæ singulares. Einige dieser Briefe, wie Colomes selbst erinnert, sind schon sonst im Drucke erschienen; aber hier findet man sie mit mehrerer Genauigkeit, und besser, als in den vorigen Ausgaben. Observationes sacræ. Paralipomena de scriptoribus ecclesiasticis, cui accedit Passio S. Victoris Massiliensis, emendata. Romæ protestante: es sind aus Catholischen Schriftstellern gesammelte Zeugnisse der Wahrheit. Theologorum Presbyterianorum icon ex protestantium scriptis ad vivum expressa. Parallele de la pratique de l'eglise ancienne, & celle des Protestans de France dans exercice de leur Religion. Lettre de Mr. Colomiesa. M. Justel, touchant l'histoire critique du V. T. du P. Simon. Colomesiana, ou melanges historiques; avec quelques additions de l'auteur, & des remarques nouvellement ajoutées par un Anonyme. Was ich eben von der Bibliotheque choisie gesagt habe, das kann ich hier bey den Colomesianis wiederhohlen. Vermuthlich ist des Maizeaux der Ungenannte, dem man die beygefügten Anmerkungen zu danken hat. Baye gedenket in einem seiner Briefe, mit ungemeinem Beyfall, des Vorhabens dieses Mannes, eine neue Ausgabe der Melanges des Colomes zu veranstalten, und sie mit des Verfassers zurückgelassenen eigenen Noten zu bereichern. Und des Maizeaux bemerkt selbst, daß er der Amsterdamer

* Tom. VII. pag. 235.

Zweytes Kapitel.

Ausgabe von 1706. der französischen Sammlung einiger Schriften des St. Evremond diese Noten des Colomes beygefügt, sie aber in den folgenden Ausgaben wieder weggelassen habe, weil er eine neue Ausgabe der Melanges des Colomes zu veranstalten, und sie mit neuen Anmerkungen zu begleiten gedenke. * Catalogus MSS. Codicum Is. Vossii. Dieses schon für sich dem Bibliothekar wichtige Handschriftenverzeichniß, wird durch einige beygefügten Anmerkungen demselben noch schätzbarer.

Melanges de literature tirez des lettres manuscrits de Mr. Chapelain, à Paris 1726. 8. Burcard nennt eine Ausgabe von 1727. zu Paris 12. † Wahrscheinlich ist dieß ein Gedächtnißfehler. Aber richtig ist seine Entdeckung des Herausgebers, der der bekannte F. D. Camusat ist, wie aus dem Leben des Camusats, das Kappe der Bibliothecæ universali des Ciacconii vorangesetzt hat, und aus dem Verzeichnisse der Schriften, die Camusat herausgegeben hat, das vor seiner Histoire critique des Journeaux, à Amsterdam 1734. 8. stehet, erhellet. Zuerst stehen Auszüge aus den Briefen des Chapelain, denn ganze Briefe, darunter auch ein Paar Briefe des Conrings, und denn Nachrichten von Gelehrten, die 1662 gelebt haben. Letztere sind mit wichtigen Anmerkungen begleitet, die vermuthlich den Camusat zum Verfasser haben.

---

* Lettres de Bayle publiées sur les Originaux, avec des remarques par des Maizeaux, Tom. III. pag. 866.

† Hist. Bibl. August. Tom. II. pag. 175.

Von einigen besondern Schriften, ꝛc. 105

haben. Zuletzt beschließt eine Reihe von französischen Schriftstellern, zur Fortsetzung der vorigen Nachrichten, diese Sammlung. Zur Bücher- und Autorenkunde ist dieß Werkgen vorzüglich nutzbar.

Crusii Vergnügungen müßiger Stunden, oder, allerhand nützliche, zur heutigen galanten Gelehrsamkeit dienende Anmerkungen. Zwanzig Theile in zween Bänden. Leipzig 1713 – 1732. Sie fangen an, selten zu werden. Zur Kenntniß seltener, vornemlich paradoxer Bücher, besonderer Schicksale der Gelehrten, sind sie vorzüglich brauchbar. Nirgend wird man eine so genaue Nachricht von dem höchstseltenen Indice expurgatorio Brasichellani, und einen so bündigen Auszug aus demselben finden, als hier in verschiedenen Theilen. Viele Lebensbeschreibungen gelehrter Männer, Entdeckungen derer, die bey der Ausgabe ihrer Schriften ihren Namen verschwiegen haben; Bemerkungen von angesehenen Bibliotheken; Anzeigen solcher Bücher, die die Gelehrtengeschichte, oder ein besonderes Stück derselben erläutern, gehören zu dem für den Bibliothekar Nutzbaren in diesem Werke.

Monumentorum ineditorum variisque linguis conscriptorum, historiam, inprimis genealogias medii ævi, & rem literariam illustrantium Fasciculi XII, e museo J. F. Felleri, Jenæ 1718. 4.

Mehrere Artikel dieser Sammlung sind ganz eigen für den Bibliothekar brauchbar. Die wichtigsten davon

:davon will ich anzeigen: Verzeichniß mehr als 100 ungedruckter Geschichtschreiber deutscher Nation, deren Schriften entweder verlohren gangen, oder noch hie und da im Verborgenen liegen, in alphabetischer Ordnung, mit Einmischung besonderer Nachrichten, und eines bisher noch nicht bekannten summarischen Innhalts von Leibnizens Braunschweigischen, und Junkers Hennebergischen Historien ꝛc. Specimina noni Eponymologici critici, sive judicia varia, aliaque obfervatu digna de claris Sec. XVI. & XVII. tam ex libris bonæ notæ, quam ex fchedis MSS. collecta; des R H N. B. von Lynkers Anführung zu einer auserlesenen Gelehrsamkeit, und den dazu behufigen Büchern; Catalogus alphabeticus Poëtarum Latinorum, qui Sec. XVI. & XVII. floruerunt; Extract aus Leibnizens schriftlicher Vorstellung, daß man nicht nur grosse Bibliotheken besitzen, sondern auch dieselbe zur Zierde des Landes, und nützlichem Gebrauch der Studirenden vermehren, und in gutem Stand erhalten müsse; nebst einem Vorschlag, wo die Mittel zur Vermehrung herzunehmen. Auch das Verzeichniß historischer Schriftsteller, die zur Erläuterung einer Tabelle von der Abstammung des Königl. Chur- und Fürstlichen Braunschweigischen Hauses, von Wilhelm dem Eroberer, sind angeführt worden, mit Anmerkungen, nebst vielen in diese Fascikel eingerückten Briefen grosser Gelehrten, werden dem Bibliothekar gedeihliche Nahrung geben.

Felleri,

Felleri (J. F.) Otium Hanoveranum, sive Miscellanea ex ore, & schedis Leibnitii, notata & descripta. Lipf. 1718. 8. Nicht bloß wegen der hier eingedruckten Idea Leibnitiana bibliothecæ publicæ secundum classes scientiarum ordinandæ, fusiori & contractiori, zeichne ich diese Miscellaneen an, sondern, weil fast jede Seite derselben für den Bibliothekar besonders belehrend ist.

Heumanns Acta Philosophorum — 18 Stücke, 3 Bände, Halle 1715 – 1726. 8. Zur Notiz der wichtigsten, auch seltensten Schriften, die die Geschichte der Weltweisheit, und der Weltweisen behandeln, unentbehrlich, und nebenzu darinn ein reicher Vorrath von besondern Nachrichten, von seltenen Büchern und Ausgaben; so wie die folgende Sammlung Heumanni Poecile, sive Epistolæ miscellaneæ ad literatissimos ævi nostri viros Tomi III. Halæ, 1722-1732, 8. einen reichen Schatz literarischer, und dem Bibliothekar höchst nutzbarer Bemerkungen und Entdeckungen enthält.

Lilienthalii Selecta historica & literaria. Regioni & Lipsiæ, 1715, 8. Ich kenne, aus eigenem Besitz und Gebrauch, nur diesen ersten Theil, ob ich gleich weiß, daß ein zweyter hinzugekommen. Holsteins bisher noch ungedruckter Catalogus msstorum Bibliothecæ Mediceæ, die Zusätze zu Wolfs Nachricht von den Büchern in Ana; nebst den Abhandlungen vom Exorcismo und Solœcismo literario, und von
biblio-

bibliotaphis, f. invidis librorum occultatoribus, aus denen der Bibliothekar manches für Kopf und Herz nutzbares lernen kann, berechtigen mich, diese Sammlung hier anzupreisen.

Maichelii lucubrationes Lambetanæ, f. monumenta literaria historico - theologico - dogmatica ex bibliotheca Guil. Wakii A. E. Cantuariensis collecta, atque observationibus locupletata. Tubingæ 1729. 8. Diese zeichne ich hier vornemlich darum an, weil man aus demselben Bossuets berüchtigtes Buch: Exposition &c. seine Ausgaben, Schicksale ꝛc. eine Wakische Ausgabe des Chrysostomi an den Cäsarius, und ein Paar andere wichtige und seltene Schriften, genau kennen lernet.

Melanges d'histoire & de literature recueillis par de Vigneul-Marville, à Roterdam 1700-1702. 12. III. Vol. Natalis, oder nach seinem Ordensnamen, Bonaventura d'Argonne, ist der Verfasser. Das ist ausgemacht, und bekannt genug. Aus einem Sachverwalter wurde er ein Carthäuser. Gewiß, einer der gelehrtesten Männer dieses Ordens, der die stille Muse seiner Einsamkeit, zur Beförderung der Gelehrsamkeit, ungemein nutzbar angewendet hat. Man hat, ausser dieser vermischten Sammlung, von ihm auch eine, von geübten Kennern sehr hoch geschätzte, und empfohlne Einleitung in die Patristik, die aus der Französischen Urkunde in Italien in die Lateinische Sprache übersetzt worden. Die Melanges sind ein reicher

cher Schatz von den treflichsten Beobachtungen für den Literator. Nicht seichter und unbedeutender Anecdotenkram, sondern Entdeckungen von grosser Wichtigkeit, deren der Literator ohne diese Quelle vielleicht immer mangeln müßte. Man lernt aus denselben ansehnliche Bibliotheken, und ihre Schätze, seltene Bücher, mancherley Ausgaben, und ihre Verschiedenheit, wichtige Handschriften, und den Ort, wo sie aufbehalten sind, kennen. Für die Geschichte der Wissenschaften und Künste findet man nicht gemeine, sondern vielbedeutende Erläuterungen, so wie auch die Numismatik nicht vergessen ist. Hauptschriften in gewissen Fächern, die ersten und vornehmsten Bearbeiter besonderer gelehrten Gegenstände, zeigt der arbeitsame und gründliche Mann an, und beurtheilt sie mit prüfendem Verstande. Auch Sprachenkunde und Critik geht nicht leer aus. Besonders aber sind die sonst unbekannten Nachrichten von vornehmen Gelehrten ausnehmend schätzbar. Ich wenigstens könnte als Bibliothekar, und Liebhaber der Literatur, diese Sammlung unmöglich mangeln. Die angezeigte Roterdamer Ausgabe ist würklich die beste und vollständigste.

Die Miscellanea Lipsiensia, die nova mit eingeschlossen, und die bekannten Observationes Halenses, will ich hier blos nennen, da ihr Werth und Brauchbarkeit für die Literatur und Bücherkunde längst entschieden ist; und da ich von einigen zu diesem Fache gehörigen Abhandlungen in denselben, bey einer andern Gelegenheit sprechen kann. Doch ists vielleicht

keine

keine unnöthige Erinnerung, daß man die Verfasser der in der zuletzt genannten Sammlung befindlichen Abhandlungen aus der Vergnügung müßiger Stunden 10 Th. S. 71. ffg. und noch richtiger und bestimmter aus Heumanns Entdeckung der Autoren dieser Sammlung, in Misc. Lips. nov. P. I. pag. 292. sg. kennen lernet.

Parnassus Boicus, oder neu eröfneter Musenberg, worauf verschiedene Denk- und Leswürdigkeiten aus der gelehrten Welt, zumalen aber aus den Landen zu Bayern, abgehandelt werden. 24 Unterredungen; 4 Bände, München 1722-1727. 8.

Neu fortgesetzter Parnassus Boicus; 6 Versammlungen, ein Band. Augspurg, und Stadt am Hof nächst Regenspurg. 1736. 1737. 8.

Gelasius Hieber, ein Augustiner Eremit, und zuletzt ein Prediger in München, hat zu dieser periodischen Schrift die erste Veranlassung gegeben, einige Jahre hindurch ihre Ausgabe besorgt, und selbst verschiedene Artikel in derselben verfertiget. Sie ist äusserst selten; selbst in Bayern, woraus ich, nach Jahre lang daurenden Bemühungen, nur die 4 ersten Theile, und die neu fortgesetzten Bändgen, endlich für mich habe erhalten können. Die letzte Fortsetzung ist mir, alles ernsten Nachforschens ungeachtet, nie zu Gesichte gekommen. Beissende Critiken, die die Sprache und Poesie dieser Sammlungen wohl verdienen, haben vielleicht

Von einigen besondern Schriften, ꝛc. III

leicht ihre geflissentliche Unterdruckung im Lande ihres Entstehens, verursachet. Unterdessen, wer seinen feinen Geschmack unter den Gehorsam nutzbarer Kenntnisse gefangen nehmen kann, der wird sich gerne mit diesem Musenberge beschäftigen. Aventins, Apians, Eks, Eisenkreins, Staphyli, und Carl Maichelbecks, Lebensbeschreibungen, die Nachrichten von Bayrischen Landcharten, von dem damaligen Zustand der Wissenschaften in Rom, von Hans Rosenplüt, einem alten deutschen Dichter, von Bibliotheken, zumal Bayrischen, von Handschriften, und diesen ähnliche Bemerkungen, werden ihn schadlos halten.

Memoire de Literature. Tom. I. à la Haye, 1715. 1716. 8. Tom. II. 1717. Jeder Band hat zween Theile. Man hat diese Sammlung dem gelehrten und berühmten Salengre zu danken, obgleich Koch sie dem Themisril zuschreibt. * Die fast 10 Jahre später herausgekommene Fortsetzung vom des Molets kenne ich nicht aus eigener Einsicht und Gebrauch. Man findet weit mehrere dem Literator wichtige Abhandlungen in diesen Merkwürdigkeiten, als Jugler angezeigt hat. † Ich nenne davon nur die Lebensbeschreibungen der Desmarais, b'Aubignac, Sarasin, Poggius, Malherbe, Tan. Fabers, della Torre, und Nachrichten von ihren Schriften, einen Brief über wichtige literarische Bemerkungen, einige bedeutende Entdeckungen zur Gelehrten Historie, und Bücherkunde; die Ver-

* Miscellanea Lipsiensia Tom. VI. pag. 144.
† Pag. 958.

die Verzeichnisse der Elzevirischen Ausgaben; Abhandlungen von dem berüchtigten Buch: de tribus impostoribus; von den ersten Harlemischen Xylographischen Proben, und von der ersten Ausgabe der Naturgeschichte des Plinius, bey welcher Anzeige sich Salengre freylich geirrt, und billigen Widerspruch gefunden hat.

Man erwartet hier ohne Zweifel von mir eine besondere, und detailirte Empfehlung der von meinem seligen Vater herausgegebenen Sammlungen, die gewiß dem Bibliothekar nußbare Abhandlungen enthalten. Allein ich enthalte mich des Lobes, das sie disfalls verdienen, weil doch ein solches aus der Feder eines Sohns, partheyisch scheinen muß. Genug ists, daß ich sie anzeige, und das Urtheil darüber prüfenden Kennern und Lesern überlasse.

Amœnitates literariæ, quibus variæ observationes, scripta item quædam anecdota, & rariora opuscula exhibentur. Tomi XIV. Francofurti & Lipsiæ, 1725-1731. 8. Amœnitates historicæ, ecclesiasticæ & literariæ, quibus variæ observationes, scripta anecdota, & rariora opuscula, diversis utriusque historiæ capitibus elucidandis inservientia exhibentur. Tomi II. Francof. & Lipsiæ 1737-38. 8. Ergötzlichkeiten aus der Kirchenhistorie und Literatur. 3 Bände, 12 Stücke. Ulm und Leipzig 1762-1764. Das weiß ich: der würdige und mir unvergeßliche Mann, hat von früher Jugend an den wärmsten Trieb zur Literatur gefühlet, und ihn immer mit

dem

Von einigen besondern Schriften, ꝛc.

dem unverdrossensten Fleiſſe genähret; er genoß der
gründlichen Anweiſung eines Zeltners, und Stolle, die
damals unter die geſchickteſten und geübteſten Gelehrten in dieſem Fache gezählet wurden; er war beynahe
50 Jahre der Aufſeher einer anſehnlichen öffentlichen
Bücherſammlung, in der er völlig einheimiſch geworden; mit faſt unerſättlichem Eifer, und mit einem
ganz beſondern Glücke, hat er weit über ein halbes
Jahrhundert hindurch eine eigene Bibliothek geſammelt, der an Reichthum und Werth wenige Privat-
bibliotheken in Schwaben gleichen werden; ein Raymund Kraft ſelbſt, der geübteſte Kenner, hat ihn gebraucht, ſeine reichlich geſammelte Schätze zu beſchrei-
ben und zu beurtheilen. Andern erhabenen, und mit
Kenntniß und Geſchmack ſammelnden Mäcenaten,
mußte er, zur Bereicherung ihrer koſtbaren Bibliotheken, ſeinen Rath geben, und Dienſte leiſten; einem
Ebner und Uffenbach, denen Grafen von Bünau und
Palm, denen Cardinälen Quirini und Paßionei; ein
wichtiger Gegenſtand ſeines weit, auch auſſer Teutſchland, ausgebreiteten Briefwechſels, war die Bücherkunde, und was ſonſt zu den Wiſſenſchaften eines ge-
ſchickten Bibliothekars gehöret, und in dieſen Kenntniſſen hatte er eine Wenigen eigene Stärke, erreichet;
das mag ſchon ein günſtiges Vorurtheil für ſeine Schriften rege machen.

Eine Sammlung von der Gattung, von der hier
die Rede iſt, muß ich hier noch bemerken, nemlich J.
C. R. vernünftige Gedanken über allerhand hiſtoriſche,

H   criti-

Zweytes Kapitel.

critische und moralische Materien, nebst denen dahin gehörigen Anmerkungen, 6 Theile, Franff. am Mayn, 1739 – 1747. 8. Der bekannte Nemeiz ist Verfasser. Von dem zu Harlem aufbehaltenen Buche; von verlohrnen Manuscripten; was von Briefschaften aufzubehalten; von des Cardinals Granvella Sorgfalt in Aufbewahrung der an ihn geschriebenen Briefe, und von dieser Briefe Schicksal; von den Imprecationen der Alten, in Büchern und Diplomen; von einem Irrthum wegen des Buches la Fausseté de la Vertus; von Dedicationen; über den Mercure historique; Pointes, und Mode im Bücherschreiben; von Irrthümern in einigen Nachrichten von Journalen; über eines Anonymen Gedanken von Journalen; wie einige Gelehrte etwas unrecht verstanden haben; vom Bigot, und Bignon; von der raren Ausgabe der Paradoxorum Ciceronis 1466 durch Johann Faust. Das sind schon Materien für einen Bibliothekar, und die, und noch andere ihnen ähnliche, findet er im Nemeiz abgehandelt, wenn gleich nicht immer vollständig, und mit erwünschter Genauigkeit. Denn diese vernünftige Gedanken gleichen sehr oft den Anis, die so im Stegreife hin geschrieben sind, aus dem Gedächtniß, das sich betrügen kann, oder aus Collektaneen, die nicht sattsam berichtiget sind.

Ich weiß wohl, dieß ist eine kleine Reihe der Sammlungen, von denen hier die Rede ist, gegen die noch übrige Menge derselben. Allein, ich kann einer bloß vorläufigen Nachricht keinen weitern Raum gestatten,

statten, nicht gestatten, daß dadurch wichtigere Bemerkungen verdränget werden. Zudem ist es genug, daß ich die wichtigsten angezeiget habe, und nur solche, die ich selbst besitze, und mit denen ich mich eben jezo beschäftiget habe. Will der Bibliothekar mehrere derselben kennen, so findet er sie beym Jugler, und in dem Bünauischen Verzeichnisse, reichlich angezeigt. Unter den Real-Lexicis, denen hier eine Stelle gebühret, nenne ich bloß den Bayle; doch mit dem Wunsche, daß beym unentbehrlichen Gebrauch desselben in seiner urkundlichen Sprache, die Gottschedische deutsche Ausgabe nicht ganz vernachläßiget werde, weil diese doch mit nuzbaren Anmerkungen und Berichtigungen begleitet ist. Ohne auf andere Encyclopädien mit Geringschätzung zu sehen, bemerke ich nur das allgemeine Real-Wörterbuch aller Künste und Wissenschaften, von einer Gesellschaft Gelehrten, Frankf. am Mayn, bey Varrentrapp, num eilf Bände 1778-1786. 4. das gewiß einen auffallenden Vorzug behauptet, und in vielem Betracht dem Bibliothekar unentbehrlich ist.

Drittes Kapitel.

Von Bibliotheken, und der dem Bibliothekar nö͏̈thigen, und nützlichen Kenntniß derselben.

Nicht Untersuchung und Nachricht vom Ursprung der Bibliotheken, nicht die allgemeine, oder besondere Geschichte derselben, nicht ein Verzeichniß aller alten, neuen, und noch bestehenden Bibliotheken, darf der Leser hier erwarten. Mich darüber einzulassen, wäre gewiß ein unnöthiges und überflüßiges Geschäfte; da schon so vieles darüber geschrieben worden, und ich nur plündern und wiederholen müßte. Nur die wichtigsten Bücher will ich anzeigen, aus denen der Bibliothekar eine Kenntniß der über diese Materie publizirten Schriften, und der Bibliotheken selbst, sammeln kann. Zu dem, was dißfalls schon gedruckt ist, werde ich einige Zusätze hinzufügen; über einige schon bekannte Schriften eigene Bemerkungen mittheilen; denen schon vorhandenen Anzeigen der Büchersammlungen, unbekannte oder vergeßne hinzusetzen, daß, wie, und warum, der Bücheraufseher diese Kenntnisse nutzen muß, zeigen, auch von einigen Mitteln, diese Kenntnisse zu befördern, sprechen.

Auſſer dem Jugler, der das zwente, britte, vierte und fünfte Kapitel der Bibliothecæ historiæ literariæ selectæ dieser Materie gewiedmet, und denen von Köchern publizirten Supplementen S 14. bis 151. ist hier abermahl der Catalog der Bünauischen Bibliothek die reichste Quelle Tom. I. S. 833. bis 875. Doch darf

darf auch Hottinger nicht vergessen werden. In seinem Bibliothecario quadripartito, einem noch immer brauchbarn Buche, dessen ich in der Einleitung zu gedenken, vergessen habe, gehört das zwehte Kapitel zu diesem Zwecke, in welchem man auch ein alphabethisches Verzeichniß vieler, auch schon verlohrner Bibliotheken antrift. Der erste Theil der Einleitung in die Bücherkunde, die wir dem berühmten Denis verdanken, und da der historische Theil jeden Zeitraums, wird beträchtlichen Nutzen schaffen. Den dritten Zeitraum ziehe ich, in Rücksicht auf die Nachrichten von Bibliotheken in Italien, Spanien, Frankreich, Engelland, Holland, Schweden, Pohlen, Rußland und Teutschland, den vorhergehenden zween vor.

Um die Kenntniß der Bibliotheken Teutschlands hat sich ein junger rühmlich arbeitsamer Gelehrter F. K. G. Hirsching, auf eine vorzügliche Weise verdient gemacht, durch den Versuch einer Beschreibung sehenswürdiger Bibliotheken Teutschlands, nach alphabethischer Ordnung der Städte. 1. Band, Erlangen 1786. 8. Zwehten Bandes erste Abtheilung, 1787. Hirsching begreift unter der Benennung Teutschlands nicht bloß die Provinzen, welche das teutsche Reich ausmachen, sondern alle Länder, wo die teutsche Sprache, Landessprache ist. Er ertheilt seine Nachrichten theils aus eigener Erfahrung, da er viele Bibliotheken selbst besuchet, und ihre Beschaffenheit, und Schätze sich bekannt gemacht hat; theils aus vorhandenen Nachrichten, bey denen er sich rühmet, und zwar, wie ich

glaube,

glaube, mit Recht, daß er sie mit Ernste geprüfet habe. Er giebt von verschiedenen Büchersammlungen Nachricht, die bisher unbekannt gewesen, und vergißt auch der ansehnlichsten Privatbibliotheken nicht, so wie er zum angenehmsten Dienste der Liebhaber, bey vielen ihre besondere Vorzüge in gewissen Sammlungen, bemerkt. Man findet hier auch feine Berichtigungen, und Verbesserungen zu andern Nachrichten, und zumal Zusätze zu den Anzeigen wichtiger Bestandtheile der von dem verdienstvollen Gerken besuchter Büchersäle, und Nachrichten von Handschriften, und gedruckten Merkwürdigkeiten, die dem forschenden Auge des eben genannten, zum Vortheil der Literatur, glücklich Reisenden, entwischt sind. Doch verschiedene, sonst wohl bekannte, Bibliotheken, sind hier vergessen worden, die, sonder Zweifel in der Fortsetzung einen Platz finden werden. Besonders nutzbar sind dem Bibliothekar die bey einigen Bibliotheken ertheilte Nachrichten von ihren Ordnungen und Classen, mit der Bemerkung, was in jeder Classe in den Bibliotheken von bedeutenden Merkwürdigkeiten vorhanden ist.

Maichels Introductio ad historiam literariam de præcipuis Bibliothecis Parisiensibus, davon ich die Leipziger Ausgabe 1721. 8. vor mir habe, ist zwar schon bekannt, und von Juglern und andern empfohlen. Allein eine nähere Anzeige davon möchte hier nicht am unrechten Orte stehen. Die Bibliotheken, die Maichel beschreibt, sind folgende: die königliche Colbertinische, der Benediktiner zu St. Germain

Kenntniß derselben.

des Preze, des Card. Mazarini, der theologischen Facultät in der Sorbonne, zu St. Genovefa, die Bibliotheken der Jesuiten, der Chorherren zu St. Viktor, der Patrum Oratorii, und Dominikaner auf der Strasse Honorats, der Barfüsser Augustiner Ordens, nicht weit von dem Platz des Victoires; der Minimen auf dem königlichen Platze; und der Cölestiner. Den Ursprung, die ersten Stifter, und weitere Beförderer, die Aufseher, die Schicksale dieser Büchersammlungen, bis auf seine Zeit, zeigt Maichel an, auch zuweilen die grossen Gelehrten, die zum Besten des gelehrten Publikums, ihre Schätze genutzet haben. Er bemerkt die Anzahl der darinnen vorhandenen Handschriften, und gedruckten Bücher, beschreibt mit Genauigkeit wichtige Codices, und gedruckte Schriften, vorzügliche und merkwürdige Ausgaben, und ihre Verschiedenheit; ertheilt Zusätze zu den Nachrichten und Beschreibungen, die schon andere Männer gegeben haben, und setzet ihren Angaben und Behauptungen gründliche und critische Widerlegungen entgegen; erzählt auch die besondere Schicksale einiger Bücher, und die über gewisse Schriften entstandene Streitigkeiten, mischt Bemerkungen zur Geschichte der Buchdruckerkunst überhaupt, und zur Geschichte dieser Kunst in Paris ins besondere, mit ein. Aber die Einrichtung und Ordnung der Bibliotheken, — gewiß ein wichtiges Stück für den Bibliothekar! — ist völlig vergessen. Da diese Bibliotheken in der folgenden Zeit wichtige Veränderungen erfahren müssen, entweder veräussert und zerstreuet, oder andern Büchersammlungen einverleibet worden,

auch

auch zum Theil zu grösserm Reichthum angewachsen sind, so müssen, neben dem Maichel, neuere Nachrichten genutzt werden. Hier nenne ich den Denis, der im 1 Theil seiner beliebten Bücherkunde S. 172 sqq. von den weitern Schicksalen, und jeziger Beschaffenheit dieser Bibliotheken nicht unbedeutende Nachrichten ertheilet, und den Catalogue des livres, imprimez de la Bibliotheque du Roy, à Paris, dessen dritter und lezter Band 1742 herausgekommen, und vor dessen ersten Bande, eine Geschichte der königlichen Bibliothek zu Paris, stehet, die die Schicksale dieser kostbaren Sammlung, ihre Erweiterung und Zuwachs, bis auf gedachtes Jahr, kennen lehret. Aus dem zweyten Theil der Maichelschen Schrift kann hier der Bibliothekar noch das erste, und siebente Kapitel nutzen, die vom Gebrauch der beschriebenen Bibliotheken handeln, und von den Bibliothekaren, und andern damals lebenden Gelehrten zu Paris, Nachricht geben. Auch den Jugler darf ich nicht vergessen, der S. 207. bis 233. von den Bibliotheken zu Paris spricht, und die Nachrichten des seligen Maichels sehr erweitert und ergänzet, dabey auch noch die Supplemente S. 23. bis 27. müssen zu Rath gezogen werden. Das setze ich noch hinzu: Maichels Introduktion ist nicht mehr leicht zu bekommen, selbst der in Teutschland veranstaltete Nachdruck, den ich eben angezeigt habe, nicht. Aber ich kann eine Schrift, die weniger selten ist, empfehlen, aus der man, was Maichel von denen Pariser Bibliotheken sagt, ziemlich genau kennen lernet, und die noch überdieß die wichtigsten Nachrichten von diesen

sen Büchersammlungen, aus dem Wallin *, und Nemeiz †, enthält. Diese ist: Der neueste gelehrte
Staat von Paris, aus guten Nachrichten dreyer gelehrter Reisender, (des Maichels, Wallins und Nemeiz) gezogen, auch mit einigen Anmerkungen und
Allegaten erläutert, Jena, 1723. 8; der, wie bekannt genug ist, den ehmaligen grossen Literator Struv
zum Verfasser hat. Man findet hier noch von andern, zumal Privatbibliotheken zu Paris, einige, obgleich nur kurze Nachrichten, deren Maichel nicht gedacht hat. Bey dieser Gelegenheit gedenke ich zwoer
sehr ansehnlicher und reicher Bibliotheken in der Hauptstadt des Königreichs Frankreich, deren Verzeichnisse
wichtige Bestandtheile zwoer in den eben angezeigten
Schriften beschriebner Bibliotheken, näher kenntbar
machen. Die erste ist die, welche der gelehrte Erz-
bischof zu Rheims, le Tellier, gesammelt, und an die
Abtey zu St. Genovefa, vermachet hat, wohin sie auch
nach seinem 1710 erfolgten Tode, gekommen ist. Ihr
Verzeichniß ist 1693 unter der Hauptaufschrift: Bibliotheca Telleriana, zu Paris in Folio herausgekommen. Man giebt den Nik. Clement, und Niceron **,
den Phil. du Bois, zum Verfasser an. Obgleich mehrere die erstere Angabe genehmigen, so bin ich doch ge-
neigter, den andern beyzustimmen, und zwar aus dem
Grunde, weil du Bois würklicher Bibliothekar des le

H 5 Tellier

---

* Lutetia Parisiorum erudita annorum hujus seculi XXI. &
XXII. auctore G. W. S. Norimb. 1722. 8.
† Sejour de Paris, oder Anleitung ꝛc. 2te Auflage, Franff.
am Mayn, 1722. 8.
** Memoires Tom. XVI. pag. 158.

Tellier war, und also nähern Beruf und Gelegenheit zur Verfertigung eines solchen Verzeichnisses gehabt hat.

Die andere hat ehmals Joh. Corbes, (Decordius nennen ihn Maichel, Nemeiz und Struv) ein gelehrter Canonikus zu Limoges, gesammelt, und nach dessen Tode ist sie durch Veranstaltung des grossen Naude ein Theil der wieder hergestellten Mazarinischen Bibliothek, geworden. Naude hat ihren Catalog 1643. 4. zu Paris herausgegeben, und mit einer Nachricht vom Leben, und gelehrten Verdiensten ihres Sammlers begleitet. Diese Büchersammlung war an wichtigen Handschriften ungemein reich, und ihr erster Besitzer Corbes gönnete ihren freyen Gebrauch andern Gelehrten mit warmem Vergnügen. Grotius, Friedr. Lindenbrog, Rigaut, und G. J. Vossius, nutzten sie, und die daraus ihnen mitgetheilten Schriften, vornemlich bey ihren gelehrten gemeinnützigen Arbeiten. Lindenbrog erhielt aus derselben zu seiner Ausgabe des Ammianus Marcellinus die bey den Editionen dieses Historikers eine neue noch daurende Epoche macht, dankwürdige und reiche Hülfe; so wie bey der Verfertigung eines Wörterbuchs der alten teutschen Sprache, das von demjenigen unterschieden ist, so er dem Codici legum antiquarum, Frankf. am Mayn 1613 fol. beygefügt hat, und vermuthlich ein grösseres Werk werden sollte, das aber nie in öffentlichem Drucke erschienen ist. Rigaut erhielt aus derselben zu seinem Tertullian Unterstützung, und Vossius, zur Bestättigung seiner Behauptungen von den wahren Gesinnun-

gen

gen des berüchtigten Godeschalks. * Grotius ist hier mein Gewährsmann, der in seinen Briefen diese aus der Cordesischen Bibliothek von ihrem Sammler gewährte Hülfsleistungen wiederholt rühmet.

Meinem Gedächtnisse ist oben diese herrliche Briefsammlung, auf die ich mich hier beziehe, entwischt. Sie gehört allerdings unter die dem Bibliothekar brauchbarn Schriften. Hugo, und Janus Grotius, des grossen Grotius Enkel, haben sie aus der Blävischen Drukerey 1687. herausgegeben. Ihren Werth bestimmt Schrökh sehr genau †. De Boze besaß einen Schlüssel über diese Briefe, und das, was darinnen nur durch Ziffern angezeigt ist. Man darf sich auf die Entwickelung dieser Ziffern verlassen, weil sie aus der Handschrift des Grotius selbst genommen ist. Jordan hat sie aus der Copie in der Bibliothek des des Boze abgeschrieben, und eine Probe davon publizirt **. So reich diese Sammlung ist, — es sind 2510 Briefe, — so könnte sie doch noch, theils aus andern gedruckten Büchern, theils aus Handschriften ungemein vermehret werden. Sam. Pufendorf besaß in einer Handschrift einen eben so starken Band, als diese Ausgabe ist, von noch ungedruckten Briefen des Grotius ††; und in der berühmten Wolfischen zum

Erstau-

* S. Vossii epistolas S. 222.
† Abbildungen und Lebensbeschreibungen berühmter Gelehrten. 2 B. S. 370.
** Histoire d'un Voyage literaire, pag. 86. f.
†† Cuper schreibt an den Magliabechi: Grotii epistolas uno volumine editas Amstelodami vidisti procul dubio, sed accipies

124 Von Bibliotheken, und der nöthigen

Erstaunen reichen Brieffammlung eigenhändiger und copirter Briefe, die nun in der öffentlichen Bibliothek zu Hamburg aufbewahrt wird, finden sich auch dergleichen. Auch ich bin so glücklich, einige eigenhändige Briefe des unvergeßlichen Mannes unter meinem Vorrathe zu besitzen.

Von dem Verzeichniß der Bibliothek des Cordes muß ich noch bemerken, daß es von den geübtesten Bücherkennern Baillet, Clement, Engel, Solger, Vogt, und andern, unter die literarischen Seltenheiten gezählt wird; daß die Vermuthung des Clement, daß dieser Catalog auch in 8. 1643. gedruckt worden, wahrscheinlich sey, weil nicht nur diejenigen, auf die er sich bezieht *, sondern auch Niceron † das Format bezeichnet; und daß mich der Augenschein belehret, daß es, wegen Mangel der Ordnung, nicht sehr brauchbar sey, wie schon Baillet **, Clement und Niceron †† behaupten.

Es sind gewiß noch viele angesehene und reiche Bibliotheken zu Paris dem teutschen Publikum unbekannt,

accipies aliqua cum voluptate, ut opinor, Sam. Puffendorfium servare parile volumen epistolarum, quæ nondum editæ sunt 23 Decembr 1687. S. Clarorum Belgarum ad Magliabechium epistolas, Tom. I. pag 9

* Bibliotheque curieuse &c. Tom. VII. pag. 247.
† (64) Memoires Tom. IX. pag. 93 Doch Tom. XIX pag. 73. im Leben des Cordes führt er die Ausgabe in 4. an.
** Jugement de Savans sur les principaux Ouvrages des Auteurs, Tom. II. Part. I. pag. 222.
†† Memoites T. XIX. pag. 73.

kannt; denn wenn gleich die bekannte Prahlerey des L. I. à St. Carolo von der Menge der Büchersammlungen in Frankreich überhaupt, und in deffen Hauptstadt insbesondere, äusserst übertrieben ist, so darf man doch nur sich Paris, die Menge der Klöster, und der vornehmen und reichen Gelehrten, auch der bloßen Liebhaber, denken, um in dieser Vermuthung bestärkt zu werden. Zu den Nachrichten von Pariser Bibliotheken, die die Männer, die ich genannt habe, ertheilet haben, müßte also noch eine reiche Nachlese möglich seyn. Vielleicht ists dem Leser nicht unangenehm, daß ich dazu hier einen kleinen Versuch wage. Ich sammle freylich nur aus den Schriften und Anzeigen anderer Gelehrten; ich sammle auch nicht so emsig, daß ich alles, was ich in denselben vorgefunden habe, anzeige. Nur das Wichtigste, und nur von solchen, die, aller Wahrscheinlichkeit nach, wenigstens die mehresten, noch bestehen.

Die Bibliothek des Claud. Gros de Boze, eines der gelehrtesten Mitglieder der königlichen Akademie der schönen Wissenschaften und Aufschriften zu Paris, ist von einem unschätzbarn Werthe. Clement * urtheilt von ihr, daß sie an Auswahl der Bücher, und an Seltenheiten vom ersten Rang, viele öffentliche Bibliotheken übertreffe. Und man darf nur den Auszug, den dieser grosse Bücherkenner aus ihrem Catalog liefert, die Anzeigen des Jordans und Fournier †, von

kostba-

---

* Bibliotheque curieuse Tom. V. pag. 171. fg.
† Differtation fur l'origine — de l'art de graver en Bois pag. 46. 74. Differtation de l'origine de l'imprimerie, pag. 72. 234. 243. &c.

kostbaren Seltenheiten dieser Sammlung lesen, um von der Wahrheit dieses Urtheils überzeugt zu werden. Ihr Verzeichniß ist zu Paris in klein Folio 1745 herausgekommen, und äusserst selten. Man hat aber auch eine zweyte Ausgabe von Paris 1753. in Median 8, die Baumgarten anzeigt **. Wäre diese nach dem einzigen Handexemplar der ersten Ausgabe des de Boze gefertiget — ob sies ist? kann ich aber nicht sagen — so hätte sie einen beträchtlichen Vorzug. Denn, wie Clement berichtet, de Boze hat seinem einzigen Handexemplar von Tag zu Tag die neuern Bereicherungen seiner Sammlung beygeschrieben.

Der Präsident de Cotte besaß eine Bibliothek, die an Vorrath von ersten Xylographischen Produkten, von Holzschnitten und Kupferstichen, auch in seltenen und kostbaren Sammlungen, von den raresten Incunabeln, wenig ihres gleichen hat. Ich beziehe mich hier nur auf den Fournier, der in seinen bekannten Schriften hin und wieder die wichtigsten Stücke dieser Sammlung anzeigt.

Gagnat ist Besitzer einer Büchersammlung, die vornemlich mit Incunabeln pranget, und hier ist abermals Fournier mein Gewährsmann, aus dem ich auch die Bibliothek des Mariette kennen gelernet, als eine wichtige Sammlung von Xylographischen und typographischen Seltenheiten. Heineke erzählt auch, daß er

beym

** Nachrichten von merkwürdigen Büchern, ter Band, S. 523. f.

beym Mariette die vollständigste Sammlung in Paris von den Kunststücken des Mark Anton angetroffen habe. *

Auch der berühmte Sorbonniste Fr. Salmon hat für sich selbst eine sehr ansehnliche Bibliothek gesammelt, und darinnen vornemlich den reichsten Vorrath der kostbarsten Werke für die Kirchengeschichte zusammengebracht. Das Verzeichniß davon ist 1737. zu Paris in 8. gedruckt worden. Ob sie noch für sich bestehe, oder mit dem treflichen Bücherschatz der Sorbonne vereiniget, oder veräussert worden seye, kann ich nicht sagen.

Endlich gedenke ich noch der Bibliothek des Herzogs von Valiere, die Heineke die reicheste und merkwürdigste in Paris nennet. †

Wenn ich irgendwo Nachrichten von Italiänischen Bibliotheken, wenigstens ein Verzeichniß derselben, zu finden gehoffet, aber, zu meiner Verwunderung, vergebens gesuchet habe, so ist es in Fabrizens Conspectus thesauri literarii Italiæ. Ich bemerke dieß, damit der Bibliothekar, der ohne Zweifel nach dem Titul dieser Bücher gleiche Hofnung fasset, nicht vergeblich darinnen, um Italiens Büchersammlungen kennen zu lernen, nachforsche. Montfaucons Diarium Italiæ kann ich ihm empfehlen. Es ist zu Paris 1703 gr. 4. herausgekommen. Jugler hat bey seinen Nachrichten von den Bibliotheken in Italien, ziemlich genau diejeni-

---

* Idée generale d'une collection complette d'estampes p. 157.
† am angeführten Orte S. 317.

diejenigen angezeiget, von welchen Montfaucon redet, und ihre wichtigsten Schätze, zumal Handschriften, kennbar macht. Doch sind seinem Auge einige Bemerkungen dieses fleißig forschenden Benediktiners entwischt. Z. B. die merkwürdige Nachricht von einer ehemaligen im eilften Jahrhunderte im Kloster zu Pomposa, durch den Abt Hieronymus, errichteten, und mit treflichen Codicibus versehenen Bibliothek. Es ist gewiß der Mühe werth, daß der Brief Heinrichs, eines dem Abt Hieronymus gleichzeitigem Geistlichen, gelesen werde; um die wichtigen Handschriften dieses nun verlornen Bücherschatzes, zu kennen. Montfaucon hat ihn ganz aus des Herzogs zu Modena Bibliothek, dem Diario eingerückt *, und er enthält ein schätzbares Handschriftenverzeichniß, das für den Bücherforscher sehr angenehm und belehrend ist. Auch die schätzbare Büchersammlung des Ritters Belcreddi zu Pavia, deren Montfaucon gedenkt, hat Jugler vergessen. Sie zeichnet sich durch zahlreiche Menge der Schriften von der unbefleckten Empfängniß der Mutter unsers Jesu, aus, und ist die einzige dieser Art. Das Benediktinerkloster zu St. Benedetto am Po hat eine Bibliothek, die mit bedeutenden alten Handschriften versehen ist, die Montfaucon † angezeiget, deren Jugler aber nicht erwähnet hat. Und so sind noch verschiedene andere vom Erstern bemerkte, vom Letztern vergessen worden, die hier anzuzeigen, der beengte Raum mir nicht gestattet.

Mehrers

*). Pag. 81. sq.
† Pag. 36. sq.

Mehrere Italiänische Bibliotheken, die sich durch reichen und nutzbarn Vorrath an Handschriften, auszeichnen, lernt man noch aus einem andern schätzbarn Werke des arbeitsamen Montfaucons kennen, von dem ich unten bey der Anzeige der wichtigsten Manustriptenverzeichniſſe ſprechen werde. Ich ſollte billig hier des Mabillons, und ſeines Muſei Italici gedenken, das gewiß zur genauen Bekanntſchaft mit Italiens Bücherſchätzen leitet. Allein, ich muß deſſelben mangeln, und kann alſo davon nicht aus eigner Einſicht und Erfahrung reden. Ein ausnehmend wichtiges Werk, das ich ſelbſt zu beſitzen das Glück und Vergnügen genieſſe, will ich hier noch nennen. Man findet darinnen, wiewohl ſehr zerſtreut, ungemein viele und wichtige Nachrichten von Italieniſchen Bibliotheken, ſowohl von ſolchen, deren die Männer, auf die ich mich bisher bezogen habe, gedenken, als von andern ſonſt nicht ſo bekannten; und in Rückſicht auf die erſtern, gelangt man zu einer weit genauern Kenntniß derſelben. Hier iſt dieſes Werkes ganzer Titel: Ambroſii Traverſarii, Generalis Camaldulenſium, aliorumque ad ipſum, & ad alios de eodem Ambroſio, latinæ epiſtolæ a Domno Petro Canneto, Abbate Camaldulenſi in libros XXV. tributæ, variorum opera diſtinctæ, & obſervationibus illuſtratæ. Accedit ejusdem Ambroſii vita, in qua hiſtoria litteraria Florentina, ab anno MCXCII. uſque ad annum MCCCCXL, ex monumentis potiſſimum nondum editis, deducta eſt, à Laurent. Mehus. Florentiæ ex typographio Cæſario. 1759. fol. zween Bände. Die

be. Die Vorrede, und die auf dieselbe folgende Lebensgeschichte des Ambrosius, ertheilen die beträchtlichen Nachrichten, um welcher willen ich dieses kostbare Werk dem Bücheraufseher besonders empfehle. Er muß aber diese beeden Stücke ganz durchlesen, und sich nicht blos mit dem Register, und dem Nachschlagen nach seiner Anzeige, behelfen, sonst entwischen ihm manche bedeutende Merkwürdigkeiten.

Bey Bibliotheken anderer Nationen halte ich mich nicht weiter auf, um für die teutschen Büchersammlungen einen weitern Raum zu gewinnen. Nur der uns so nahen, und auch in der Sprache nächstverwandten Niederlande will ich gedenken. Die Behauptung ist richtig, und durch untrügliche Erfahrung bewährt, daß in den vereinigten Niederlanden, mehr als in je einem Lande Europens, die kostbarsten und reichsten Privatbibliotheken angetroffen werden, und daß wir von diesen auch wichtige Verzeichnisse haben. Man darf, um sich davon zu überzeugen, nur den Bünauischen Bibliotheks-Catalog Tom. I. pag. 858. bis pag. 875. auch nur mit flüchtigen Augen übersehen. Immer waren diese Lande zur Büchersammlung für den Gelehrten, wie bekannt genug ist, sehr glücklich, und vielleicht — gewiß kann ich es nicht sagen — ist dieses Glück noch nicht davon weggewichen, ob es gleich nicht so, wie in vorigen Zeiten genutzt wird. Das ist gewiß, im gedachten Bünauischen Verzeichnisse, überwiegt die Anzeige der Privatbibliotheken in den vereinigten Niederlanden, und ihrer Catalogen, bey weitem

tem die Anzeige derer von andern, und macht Dutzende gegen Eins aus. Viele dieser Bibliotheken sind zwar veräußert, und ihre gelehrten Bestandtheile zerstreuet worden. Aber eine grosse Anzahl derselben bestehet noch, und ist durch wichtige Zusätze bereichert worden. Unter den öffentlichen Bibliotheken in diesen Landen hat die Universitäts Bibliothek zu Leyden einen auszeichnenden Vorzug. Einen Entwurf ihrer Geschichte findet man beym Jugler S. 269 fgg., dabey jedoch die Supplementen S. 33 fg. müssen zu Rathe gezogen werden: Man hat frühere gedruckte Verzeichnisse dieser schätzbaren Büchersammlung vom Petr. Bertius, 1595. 4. Dan. Heinsius 1640. 4. und Friedrich Spanheim, 1675. 4. die Baumgarten in den Nachrichten von merkwürdigen Büchern 8 B. S. 76 fgg. kurz anzeigt. Das neueste ist folgendes: Catalogus librorum tam impressorum, quam manuscriptorum Bibliothecae publicae universitatis Lugduno Batavicae, cura et opera W. Singuerdii, Jac. Gronovii, et Jo. Heymann. Lugd. apud Batavos, sumptibus N. van der Aa, Bibliopolae ut et academiae, et urbis typographi ordinarii, 1716. f. Baumgarten beschreibt diesen Catalog am angeführten Orte. Allein des zweyten Anhangs, der nach dem Havercampischen Register mit der Seitenzahl 501 anfängt, und die von 1716 bis 1741 zur Leydnischen Universitäts-Bibliothek hinzugekommenen Bücher herzählt, gedenkt er nicht. Auch Jugler hat diesen Zusatz erst spät zu Gesichte bekommen, und spricht, doch nur mit der Anzeige, wie viel er Bogen enthält, erst in dem Supplementenband davon.

J 2 Er hat

Er hat einen eigenen Titel: Supplementum Lugduni in Batavis, sumptibus Sam. Luchtmanns, Acad. typogr. & Corn. Haack 1711, fol. Das merkwürdigste bey diesem Supplement ist das Manuscriptenverzeichniß, und die Anzeigen der Autographen des J. Lipsius.

Von den Handschriften dieser ansehnlichen Samlung zu sprechen, habe ich unten Gelegenheit. Der vornehmste und reichste Vorrath gedruckter Bücher in derselben, bestehet in Ebräischen, und in andern orientalischen Sprachen publizirten Schriften; in kostbaren grossen Werken, und ganzen Sammlungen, darunter das Corpus historiae Byzantinae zu Paris in verschiedenen Jahren auf Königliche Kosten, vom Cramoysi gedruckt, einen vorzüglichen Rang behauptet, und Bemerkung verdienet; in der reichesten Sammlung zur Geschichte Italiens, seiner Provinzen, Städte, Inseln und Familien; und in sehr vielen gedruckten Büchern, die mit eigenhändigen Marginal-Noten der grösten und geübtesten Gelehrten Blondells, Falkenburgs, Gruters, Fr. Junius, Maresius, le Moyne, Mansius, Perizonius, der Scaliger, der Vossen, und Vlitius, beschrieben sind. In Vergleichung mit der andern Menge merkwürdiger und kostbarer Werke, und Ausgaben, ist die Anzahl derer aus dem 15ten Jahrhunderte ungemein gering, und die bedeutendste Sammlung von solchen findet sich unter den Vermächtnissen des Perizonius.

Von ansehnlichen öffentlichen und Privat-Bibliotheken Teutschlandes, die noch bestehen, und deren

Kennt-

Kenntniß dem Bibliothekar gewiß nutzbar ist, zu sprechen, ist hier gewiß der rechte Ort. Die Männer, die davon besonders gehandelt haben, lassen mir einige Nachlese über. Was bey ihnen, besonders beym Jugler und Hirsching, davon zu finden ist, wiederhole ich nicht.

Was der Leser also hier zu suchen hat, werden nur einige Verbesserungen, Berichtigungen und Zusätze seyn. Ich nehme die Benennung Teutschlands in gleichem Begrif, wie Hirsching, rechne hieher auch die teutsche Schweiz, und befolge die alphabetische Ordnung.

Altdorf. Nicht mit Zweifel, wie Jugler, sondern mit Gewißheit erzählt Zeltner *, daß der erste Professor der Gottesgelehrsamkeit auf dieser Universität, Siegel, seine Bibliothek dieser hohen Schule vermacht, und also damit den ersten Grund zur dasigen öffentlichen Büchersammlung geleget habe. Omeis hat schon zu seiner Zeit eine, obgleich kurze Anzeige der darinnen aufbewahrten Handschriften mitgetheilt. † Sie hat in unsern Zeiten aus dem Vermächtniß des unsterblichen D. Trew einen kostbaren Zuwachs an wichtigen Seltenheiten erhalten, die man aus dem literarischen Wochenblatt 1 Theil S. 17 sqq. und des Herrn von Murr Journal zur Kunstgeschichte und allgemeinen Litteratur 1 Th. S. 1 sqq. 5 Th. S. 441 sqq. näher kennen lernt. Mit warmem Verlangen sieht der Liebhaber der noch genauern Bekanntmachung der

J 3 Schätze

---

* Vitæ theologorum Altorphinorum, pag. 14.
† Gloria Academiæ Altorfinæ, pag. 149.

134 Von Bibliotheken, und der nöthigen

Schätze dieser Universitätsbibliothek, entgegen, die der Versprüch, und unermüdete Fleiß, des Herrn von Murrs, ihn bald erwarten läßt.

Arnstein, eine Prämonstratenser-Abtey an der Lahn, in der Westphälischen Circarie dieses Ordens, und Trierischen Diöces. Gerke rühmt von der Bibliothek dieser Abtey, daß sie viele alte Bücher besitze, und nennt ein Paar derselben, nebst zwoen Handschriften aus dem zwölften Jahrhundert.*

Basel. Von der öffentlichen Bibliothek daselbst hat schon Jugler Nachricht ertheilet. Ich merke nur an, daß sie wichtige Produkte der ältesten Holzschneidekunst aufweiset, davon man beym Murr Nachricht und Anzeige findet.†

Benediktbeiren, ein Benedictinerkloster in Bayern, hat eine ansehnliche Bibliothek, und zumal einen ungemein schätzbaren Vorrath von Handschriften. Ich beziehe mich hier nur auf Abt Gerberts ** und Gerkens †† Reisen.

Buxheim. Aus Abt Gerberts, Gerkens, Heinekens, Murrs, Zapfens, Veiths, Nachrichten und Anzeigen kann man sich schon einigen Begrif von dem Werthe, und der Vortreflichkeit dieser Bibliothek sammeln,

* Reisen 3ter Theil S. 436. fg.
† Journal 5ter Theil S. 3. fgg.
** pag. 425. seq.
†† 3ter Theil S. 374. fgg.

meln. Man lernt auch daraus einige kostbare und seltene Besitzungen derselben kennen, und den treflichen, billig unvergeßlichen Mann, dem sie ihre Ordnung, und ihren erst zu unsern Zeiten recht aufblühenden Ruhm, zu danken hat. Das war der nun selige P. Franz Krismar, ein geschickter fleißiger Schwabe, mein braver Landsmann, und nach Geburt und Aufenthalt mein nächster Nachbar, vom edelsten Herzen und uneigennützigster und eilfertigster Dienstwilligkeit, dem ich ausnehmend viele Belehrungen in der Bücherkunde zu danken habe, und dessen Andenken ich stets mit Hochachtung, und wärmster Erkenntlichkeit, segne. Zu früh ist Er für die Literatur gestorben, kaum in der Helfte menschlicher Tage. Arbeitsamkeit, in der Er mit Verlust seiner Gesundheit, auch seines Lebens, unermüdet war, wars nicht allein, die ihn in diesem Fache höchst brauchbar machte. Er besaß auch Kenntnisse und Geschmack zu seinen Bibliothekariats-Geschäften, war gewiß in fertiger und richtiger Beurtheilung der ersten Drucke, und ihrer Charaktere, der Einzige, und verstand die Kunst, letztere genau und unfehlerhaft nachzuzeichnen, meisterhaft. Wenn ihm die weise und gute Vorsicht Gottes eine längere Laufbahn auf Erden bezeichnet hätte, Er würde sonder Zweifel der größte Kenner, und geschickteste Beurtheiler typographischer Seltenheiten in Teutschland geworden seyn. Schon bey seiner kurzen Erfahrung, die ihm gegönnet war — was sind hier 10 bis 12 Jahre? — konnte man bey Zweifeln und Streitigkeiten über alten Druck, über die Officin, aus der solcher

stamm-

stammte, über die Charaktere der ersten Buchdrucker, und dergleichen dem forschenden Litterator sehr wichtige und bedeutende Dinge, sicher auf sein Urtheil und Ausspruch compromittiren. Hätte ihm die väterliche Vorsorge und Güte seines Obern, — dieser ist gewiß einer der treflichsten und würdigsten Vorsteher eines Schwäbischen Klosters — das Leben fristen können, Er lebte noch, lebte noch zum ersprießlichsten Dienste der Litteratur.

Es sind zwo Bibliotheken in der Charthauß Buxheim. Eine heißt die alte; die andere die neue. Beede sind des Kenners Besuch und Durchforschung würdig. Doch, aus der alten sind nun mehrentheils die Xylographischen, und typographischen Schätze, wo sie verborgen lagen, in die neue gebracht. Von den ersten Holzschnitten, zwar meistens ohne Anzeige des Jahrs ihrer Verfertigung, hat man seit der Auffindung deß, den Heinecke zuerst bekannt gemacht hat, immer mehrere wichtige in Buxheim vorgefunden, und ich bin gewiß, die Aufmerksamkeit, die man daselbst auf solche Entdeckungen richtet, wird noch viele dergleichen Schätze aus der Verborgenheit retten, und dadurch der Geschichte der Kunst, und dem Forscher und Bearbeiter derselben einen unschätzbaren Dienst leisten.

An alten Handschriften hat Buxheim auch keinen Mangel. Aber so viel ich diese izo noch kenne, so kann ich sie in Rücksicht auf Codices von Schriften der alten Classiker, der Kirchenväter, und Historiker oder Annalisten, die doch der meisten Aufmerksamkeit werth sind,

sind, nicht besonders anpreisen. Auch nicht in Rücksicht auf ihr Alter. Allein ich schreibe dies Urtheil
schüchtern, und eingeschränkt durch den Ausdruck: so
viel ich diese izo kenne, hin.

An einem Verzeichnisse dieser Handschriften wird
nun mit Fleiß gearbeitet, und ich habe Hofnung, dasselbe durch die grosmüthige Huld des vortreflichen Herrn
P. Priors, des verdienstvollesten, leutseligsten, edelmü-
thigsten und ehrwürdigsten Greises, den selbst ein Carl
Eugen, Schwabens erster Musagete, hochschätzt, zur
Einsicht zu erhalten. Denn erst, wenn diese Hofnung
erfüllt ist, bin ich im Stande, diesfalls richtig zu urtheilen. Produkte der ersten Buchdrucker, zumal in
unserm Schwaben, und besonders des Günther Zai-
ners, werden nicht leicht irgendwo so zahlreich und vollständig gefunden werden, als hier.

Ich habe die gelehrten Schriftsteller schon genannt, bey welchen man einige Nachricht von dieser
treflichen Charthäuser-Bibliothek findet. Sie haben
alle zugleich einige besonders wichtige Schätze derselben bemerkt, unter denen, sonder Zweifel, in Rücksicht auf die typographischen, der bekannte ungemein
niedliche Faust, und Schoifferische Durandus 1459,
und die Maynzische lateinische Bibel von 1462, den
ersten Rang verdienen. Ich könnte sehr viele, nicht
unbedeutende Zusätze zu jenen Anzeigen machen. Denn
schon seit dreyßig Jahren genieß ich das Glück — es
ist wahre Wohlthat für mein Leben — diese trefliche

Biblio-

Bibliothek oft besuchen zu dürfen, und also, mit ihren Schätzen sehr genau bekannt zu seyn. Allein hier würden diese Zusätze am unrechten Orte stehen, da ich eben nicht den Zweck habe, die Bibliotheken, von denen ich rede, detailirt zu beschreiben, sondern nur Bibliothekare, und andere Literatoren auf solche aufmerksam zu machen. Das Einzige — wenigstens ist es noch das Einzige, und meines Wissens hat man noch nirgendwo ein anders Exemplar dieses unschätzbaren Holzschnittes entdecket — das Burxheim hat, kann ich nicht unberührt lassen, obgleich schon andere öffentlich davon gesprochen haben. Es ist der grosse Christoffel mit der Jahrzahl MilleſimoCCCCXXtertio, in Holz geschnitten. Der selige P. Franz Krismar fand dieses, unter den bekannten Holzschnitten älteste Stück, auf dem Deckel eines im 15ten Jahrhundert gedruckten Buches, und gab ihm sogleich unter den kostbaren Seltenheiten der ihm anvertrauten Bibliothek den ersten Rang. Der erste, der sein Daseyn der gelehrten Welt kundbar machte, ist der Herr von Heinecke, ein Kenner der Künste, der wenige seines gleichen hat. *

Nach

---

* Idée generale d'une collection complette d'estampes &c. pag. 250. Heinecke sagt bey dieser Gelegenheit von der Charthauß Burxheim: un de nos plus anciens convents en Alemagne. Das ist ein historischer Jrrthum. Denn erst im Jahr 1402 hat Heinrich von Ellerbach diese Charthauß, die in Schwaben die einzige ist, gestiftet. Vorher waren hier Canonici Regulares unter der Aufsicht eines Probstes, ---davon gedachter Ellerbach der letzte war. Und auch diese waren nicht die ersten geistlichen Bewohner dieses Orts. Denn sie hatten in diesem Wohnsitze Weltpriester zu Vorfahren.

Nach ihm hat der Herr von Murr Forschern der Kunstgeschichte den dankwürdigen Dienst erwiesen, nach der
von dem geschickten Krismar gefertigten genauen Ko-
pey dieses Blatt von Seb. Roland in Holz schneiden
zu lassen, und in seinem Journal zur Kunstgeschichte †
den Lesern vor Augen zu legen.

Verschiedene Bibliotheken zu Cöln, und ihre gelehrte Besitzungen macht Gerke bekannt **, auf den ich
meine Leser verweise. Ich vermisse aber in dieser Reihe eine sonst nicht ganz unbedeutende, nemlich die Büchersammlung der dasigen Charthäuser, welche Martene
und Durand †† wiederholt die beste Cölnische Bibliothek nennen. Sie mögen sich in diesem Urtheile geirrt haben. Denn gewiß übertrift die Dom-Biblio-
thek alle übrigen in dieser vornehmen Stadt. Aber
so verächtlich Uffenbach * von dieser Charthäuser-Bibliothek redet, so hat doch gewiß auch er sich geirret,
oder sein unwissender Führer war schuld, daß er nichts
Sonderbares hier fand. Die beyden eben genannten
Benediktiner gestehen zwar selbst, daß die sehr grosse
Anzahl von Handschriften, gröstentheils neue, und a-
sketischen Inhaltes seye. Indessen nennen sie doch O-
riginalacten der Baselschen Kirchenversammlung, Urkunden des im fünften Jahrhundert gehaltenen Concil
zu Chalcedon, die gewiß für den Forscher der Kirchengeschichte von Bedeutung sind, und die Briefe eines
ehma-

† 2ter Theil S. 104.
** Voyage de deux Benedictins pag. 266 sq.
†† 3ter Th. S. 304 fg.
* 3ter Th. S. 749. fg.

ehmaligen Priores dieser Charthaus, der Heinrich (nicht Johannes, wie ihn die beeden Benediktiner nennen) Kalkare, die vermuthlich das Original von denen, in der Bibliothek der Johanniter zu Straßburg, aufbewahrte Copien sind.* Auch die zahlbare Menge von Handschriften scholastischer Schriftsteller verdient keinen verachtenden Seitenblick. Es sind vielleicht in dieser ansehnlichen Reihe noch verschiedene, die nie durch den Druck publizirt worden. Und denn wird sie mancher Gelehrter, nach seinen Absichten, nutzbar und bedeutend finden; wenigstens der, welcher die Geschichte der Theologie mit prüfendem Ernste studirt. Ueberhaupt ists wahrscheinlich, daß die Mehresten dieser Handschriften Werke ehemaliger Charthäuser, besonders aus dem 14ten und 15ten Jahrhundert, enthalten. Und da wären sie, mir wenigstens, nicht verdächtlich. Dieser stille Orden hat immer mehrere, als andere, Leute gehabt, die, auch bey mystischen Verirrungen, fromm gedacht, gefühlt und geschrieben, auch oft Zeugnisse, die der Protestante hochschätzt, hinterlassen haben.

Selbst des Surius und Johann Landsberg — so hieß er von seinem Geburtsort — Handschriften, die hier sind, käme ich nach Cöln, würde ich in dieser Bibliothek mit Sorgfalt aufsuchen und durchforschen. Des erstern, mit der Hofnung, auf Spuren zu kommen, nach welchen Nachrichten und Quellen er gesammelt und geschrieben hat; des letztern, weil ich einen vornehmen

Gelehrten

---

* S. Amort moralis certitudo pro Thoma Kempensi, &c. Aug. Vind. 1764. 4. pag. 133 sqq.

Gelehrten kenne, der an einer Geschichte landsbergischer Gelehrten und Schriftsteller arbeitet; und dem ich), durch meine aus diesen Handschriften etwa gesammelten Bemerkungen, einen beträchtlichen Dienst leisten könnte. Ich will hier nur dem Bibliothekar, — und vielleicht ists nicht unnöthig — einen Wink geben, daß oft Handschriften, und Sammlungen derselben, geringe geschätzet werden, die doch zu gewissem Zweck höchst nutzbar sind, und seine Aufmerksamkeit verdienen.

Constanz. Fürst Gerbert fand hier bey einem Canonikus, Bar. von Razenried, eine wichtige Sammlung von Handschriften, Urkunden, und gedruckten Schriften zur Geschichte verschiedener, zu verschiedenen Zeiten, in Costanz gehaltenen Synoden, und einen bedeutenden Codex aus dem dreyzehenden Jahrhundert, der eine Beschreibung der damals sehr weit begränzten Constanzischen Diöceß, enthält. Dieß läßt mich auf eine Privat-Bibliothek von gutem Werthe, rathen. Und in dem nahen Kloster Creuzlingen ist, nach eben dieses erhabnen Gelehrten Anzeige, eine Bibliothek, die einige Manuscripte, und seltene gedruckte Werke aus dem 15ten Jahrhundert bewahret.

Einsiedlen. (Maria Einsiedlen) Die Bibliothek daselbst ist reich an wichtigen alten Handschriften, und hat auch einen beträchtlichen Vorrath von gedruckten Büchern aus dem fünfzehnten Jahrhundert. So wenig, oder vielmehr gar nichts, Mabillon in der Beschreibung seiner Reyse durch Teutschland, von den

Schätzen

Schätzen dieser Büchersammlung spricht, so hat er sie doch genützt, und, wie ich aus Fürst Martin Gerberts Reisebeschreibung sehe, eine Beschreibung der Gegenden Roms, aus einem sehr alten Codex dieser Bibliothek, publizirt. In der letztgedachten Reisebeschreibung werden einige merkwürdige Manuskripte, und ein schätzbares Produkt der Just- und Schoiferischen Kunst, die sie bewahret, angezeigt. Letzteres ist das sechste Buch der Dekretalien auf Pergament 1465 fol. gedruckt. Dieß reiche Kloster zählete sehr gelehrte Männer unter seinen Aebten, unter denen Hartmann, und Augustinus der zwente (Reding) einen vorzüglichen Rang behaupten. Sonder Zweifel ist dieser Männer Gelehrsamkeit, und Liebe zu den Wissenschaften, auch für die Vermehrung der Bibliothek ihres Klosters, vortheilhaft gewesen.

Füssen, an Schwabens Gränzen gegen das Tyrol und Bayern. In diesem ansehnlichen Benediktinerkloster haben Mabillon, und Fürst Martin, eine Bibliothek gefunden, die mit einigen, zwar mehr neuen Handschriften versehen ist. Der izige Abt ist ein warmer Beförderer der Wissenschaften und Gelehrsamkeit, und bestrebt sich eifrig, unter seinen Untergebenen gute Kenntnisse auszubreiten, die Bibliothek durch Anschaffung wichtiger Werke zu bereichern, das vorher Verborgene und Ungebrauchte aus der schon lang vorhandenen Büchersammlung den dasigen Klostergeistlichen bekannter und nuzbar zu machen, und sie zum Eifer für die Handschriften und Bücherkunde anzutreiben.

Wenn

Wenn das Unternehmen im Fortgange seinem Anfange entspricht, so wird die Bibliotheck dieses Klosters eine der ansehnlichsten in diesen Gegenden werden.

Die Bibliotheken im Fürstlichen Stift Kempten verdienen allerdings hier eine Anzeige.

Es sind derer, von denen ich, obgleich nur kurz, sprechen werde, zwo, die bisher der Bekanntschaft der Fremden fast gänzlich entwischt sind. Die Stiftsbibliothek hat einen wackern Vorrath an wichtigen, auch kostbaren Ausgaben der Kirchenväter, und Concilien-Sammlungen, von andern grossen Sammlungen zur Kirchengeschichte, z. B. die Bollandisten, die grössern Werke der Französischen Benediktiner, Mabillons, Montfaucons ꝛc. einen feinen Vorrath von Landcharten und ganzen Atlanten. Was ich aber am meisten, mit gierigem Auge, und inniger Wonne hier durchforschet habe, ist ein grosser und dicker Band in Regal-Folio, in dem in reicher Anzahl grössere, kleinere und kleinste seltene Holzschnitte und Kupferstiche der ältesten und berühmtesten Meister in diesen Künsten zusammengesammelt sind, freylich ohne Ordnung, und mitten unter auch ungemein schlechte und unbedeutende Dinge. Wenn ein Heinecke diese Bibliothek besucht, und diese Sammlung gesehen hätte, so würde er gewiß seinem der Geschichte der Künste so vortheilhaften Zwecke gemäß, herrliche, sonst vergebens gesuchte Dinge gefunden haben, und zu den wichtigsten Entdeckungen und Bemerkungen geleitet worden seyn. Die zwote Bibliothek gehört dem Fürsten, und ist von dem letzt-

verstor-

verstorbenen Fürsten Honorius, dem Freund und Liebling der Musen und Grazien, mit Kenners Eifer, Geschicklichkeit und Geschmack angelegt, gesammelt, und bereichert worden. Sie ist ungemein reichhaltig, aufs beste geordnet, und eben deßwegen weit brauchbarer als die Stiftsbibliothek, der es wirklich an Ordnung fehlet. Sie ist in einem geräumigen Saale aufgestellt, und fällt nieblich und reizend ins Aug, zumal da die schönen Bände der Bücher einander gleich sind. Der Liebhaber der bildenden Künste, der Alterthümer und Münzwissenschaft findet hier die kostbarsten Werke und Sammlungen. Teutsche Geschichte, Kirchenhistorie, und Patristik sind die aufs beste und reicheste ausgefüllte Fächer, zumal in Rücksicht auf neue, grosse und trefliche Werke. Gerade am fürstlichen Wohnzimmer stehet diese wahrhaftig fürstliche Bibliothek. Nebenher auf der andern Seite des gedachten Wohnzimmers sind in einem andern Zimmer Pasten von alten Gemmen, die der letzt verstorbene Fürst aus Rom kommen lassen, als eine anschaulich belehrende Daktyliothek aufgestellt. Und von da kommt man sogleich in ein niebliches und beobachtungswürdiges Gemählde-Cabinet, das zwar nicht groß, aber kostbar und geschmackvoll ist, und herrliche Stücke der grösten ältern und neuern Künstler aufweiset. Auch ein trefliches Münzcabinet findet man hier. Der hochselige Fürst Honorius hat sich darüber von dem Evangelischen Prediger Dürr, in der nächstanliegenden Reichsstadt Kempten, ein Verzeichniß fertigen lassen, das mit Meisters Geschicklichkeit verfasset ist, und des öffentlichen Drukes gewiß würdig wäre. Lindau

Lindau. Warum haben gelehrte Reisende durchaus der Bibliothek dieser Reichsstadt vergessen? Sie ist gewiß sehenswürdig. Die grossen Rechtsgelehrten, Geschichtskundige und Diplomatiker, D. Valent. Heyder im vorigen Jahrhundert, Wegelin und Felß in unsern Zeiten, haben für dieselbe patriotische Sorge getragen. Vom ersten behaupte ich dieß aus Vermuthungen, die jeder, der den Mann kennet, gegründet finden wird. Von den zween letztern weiß ich es gewiß. In den letztern Zeiten sind derselben als Bibliothekare zween Männer vorgestanden, von denen ich mit Zuverläßigkeit rühmen kann, daß sie für ihre nutzbare Vermehrung mit Kenners Eifer gesorgt haben, nemlich der schon längst entschlafene Senior Riesch, und der noch lebende ehrwürdige Greiß, Pfarrer Porcelius. Den letztern kenn' ich als einen in der Litteratur und Bücherkunde ausnehmend geübten Gelehrten. Dieß alles muß schon ein günstiges Vorurtheil von der guten Beschaffenheit dieser Reichsstädtischen öffentlichen Bibliothek rege machen. Ich setze hinzu, daß Lindau's Regenten nicht karg im Aufwande zur Beförderung der Kenntnisse und Wissenschaften in ihrem Orte überhaupt, zur Vermehrung ihres öffentlichen Bücherschatzes ins besondere sind. Ich habe sie selbst unter der Anführung des mit dem damals ihm anvertrauten Schatze genau bekannten Porzelius durchforschet, diese öffentliche Büchersammlung. Und das Resultat meiner da gemachten Bemerkungen ist: Mit wichtigen, die Kirchen- zumal Reformationsgeschichte Lindau's, betreffenden handschriftlichen Nachrichten und Urkunden ist diese Bibliothek versehen; in jedem Fache der Gelehrsamkeit besitzet sie Hauptwerke und Sammlungen; sie ist in der besten und brauchbarsten Ordnung aufgestellt; und heiter, nieblich und angenehm ist ihr Wohnplatz. Das letztere ist in meinen Augen keine Kleinigkeit. Wenn der Aufseher einer öffentlichen Bibliothek von innerm grossen Werth, um ihrer Lage, elenden und abscheulichen Gebäudes, des deswegen unvertilglichen Staubes, und ihrer Dunkelheit willen sich scheuen muß, jemand dahin zu führen; eben darum erschrickt, wenn ein Fremder von ihm diesen Dienst fordert, wahrlich das ist schwer drückendes — jeder Stand hat seine eigene Plage — Bibliothekaren Creuz, und — doch genug hievon.

Memmingen. Meine Vaterstadt, die wohlthätige, geliebte Vaterstadt, hat eine ihren gelehrten Bestandtheilen nach ansehnliche, wichtige und bemerkenswürdige Bibliothek. Unter Schwabens Reichsstädten möchte nur Augsburg, und zwar nur im Reichthum der Manuscripten, eine diese übertreffende öffentliche Büchersammlung besitzen. Sie ist zwar nicht ganz von Handschriften entblößet. Allein so wichtig ist dieser Vorrath nicht, daß sie um dessentwillen besonderer Achtung werth wäre. Akten des Costanzischen Concils, von denen noch, ausser was mein seliger Vater in seinen Schriften genutzet, und edirt hat; das noch wenig ist, kein öffentlicher Gebrauch gemacht worden, und die so gar dem Hermann von der Hardt unbekannt und ungenützt geblieben sind; eine Menge päbstlicher Original-Bullen, die bis in die erste Helfte des dreyzehnten Jahrhundert zurücke gehen, bedeutende OriginalAkten des Schwäbischen Bundes, etliche Folianten Rabbinischer Schriften, von Wolfen hochgeschätzt, und beschrieben, sind wohl die wichtigsten Handschriften, die ich als Bibliothekar vorweisen kann. Aber von Produkten der ersten Buchdruckerpressen besitzet sie einen sehr reichen Vorrath, davon mein seliger Vater schon vor 64 Jahren, dem gelehrten Publikum eine bedeutende Anzeige mitgetheilet hat*, die aber noch sehr vermehrt werden könnte. Sie besitzt auch Incunabeln. Ich verstehe hier unter dieser Benennung nur die erste Versuche der Kunst, nur die tabellarischen. Ein höchst wichtiges Stück derselben hat sie besessen. Dasjenige, das mein Vater beschrieben hat. † Es ist weg, und so viel ich Spuren habe, in die ehemalige Prinz Eugenische Bibliothek gekommen. Nicht durch die Sorglosigkeit und Untreue eines Bibliothekars; lange vorher, ehe mein Vater zu diesem Geschäfte und Aufsicht beruffen war. Vermuthlich durch einen Diebstahl, von einem Manne begangen, dessen Körper schon lange vermodert ist, und in dessen Händen die Schlüssel zum öffentlichen Bücherfaale waren, und der ihn auch in geheim, ohne des Bibliothekars Gegenwart, besuchen konnte.

Man findet hier einige seltene alte deutsche gedruckte Bibeln, die Antwerpische Polyglotte, und für die

---

* Miscellanea Lipsiensia Tom. XII. pag. 66 sqq.
† Amoenitates literariæ Part. I. pag. 1 sqq.

148 Von Bibliotheken, und der nöthigen

die biblische Philologie sehr wichtige und kostbare Werke; beynahe alle Sammlungen der Scriptorum rerum Germanicarum; ältere und neuere, zum teutschen Jus publicum, die wichtigsten und kostbarsten Werke und Sammlungen der Vaterländischen Actorum publicorum vom Goldast, Lünig, Lundorp, Lehmann, Hortleber, Meiern, Senkenberg u. s. w. Rymeri acta & foedera, Concilien-Sammlungen, besonders die Mansische; obgleich diese jetzt noch nicht, so weit sie heraus ist, vollständig. Die Kirchengeschichte, und Gelehrtenhistorie, und was dahin einschlägt, das sind Fächer, die am besten hier versehen, und angefüllt sind. Für den Rechtsgelehrten ist durch die besten und kostbarsten Werke gesorget. Nur der Mediciner findet hier den kleinsten und ärmsten Vorrath. Aus der Bibliothek der Antonier, die hier ehemals ein ansehnliches und reiches Haus hatten, ist diese Stadtbibliothek erwachsen. Mitte von Caprariis, Präceptor dieses Hauses, hat sie zwischen 1460 und 1479 gestiftet. Hiesige ansehnliche Familien, und Gönner der Gelehrsamkeit, haben sie vermehrt, z. B. die Lupine, Schützen, Koche und Hermänner, und der Obern grosmüthige Milde, bereichert sie von Zeit zu Zeit mit ansehnlichen Zuwächsen. Dem vor 3 Jahren in Petersburg verstorbenen Staatsrath von Stählin hat sie wichtige und kostbare Geschenke zu danken, und selbst sein Testament war noch grosmüthig wohlthätig für sie. Er war ein hiesiger BurgersSohn, legte den Grund seiner ausgebreiteten Gelehrsamkeit im Lyceum seiner Vaterstadt, genoß auf Universitäten, und bis zur höhern Beförderung

rung in Petersburg Memmingische Stipendien, und des für junge Studierende sehr sorgsamen hiesigen Magistrats Unterstützung. Seine unserer öffentlichen Bibliothek gemachten Geschenke von sehr beträchtlicher Wichtigkeit und Seltenheit, bleiben ein unvergeßliches Denkmahl seiner warmen Vaterlandsliebe und Dankbarkeit. Auch eine Schulbibliothek haben wir hier, die ihrem Zweck und Bestimmung gemäß, immer vermehrt wird, und ebenfalls durch Vermächtniß von dem vortreflichen Herrn Staatsrath von Stählin einige Seltenheiten erhalten hat. Die Bibliothek der Creuzherren, vom Orden des heil. Geistes zu Rom in Saxea, ist zwar nicht so reichhaltig, als manche andere Klosterbibliotheken; allein der Aufmerksamkeit eines gelehrten Forschers, doch würdig. Gerken, den ich in dieselbe begleitet habe, hat ein Paar nicht unbedeutende Merkwürdigkeiten darinnen gefunden, und öffentlich in seiner Reisebeschreibung angezeigt. Man findet hier auch einige kostbare Werke (z. B. vom Buxdorf) zur Ebräischen, Thalmudischen und Rabbinischen Litteratur, die sonder allen Zweifel der Spitalmeister Ambrosius Siler, der von 1638 bis 1673 mit vielem Ruhme dieser Würde vorgestanden, dahin gebracht hat. Er war ein sehr gelehrter Mann, und in den orientalischen Sprachen, und in dem Thalmudischen und Rabbinischen besonders, ungemein erfahren. Ueber hundert Jahre vor ihm bekleidete diese Stelle Thomas Knod, dem ganz gewiß diese Bibliothek ihren Ursprung zu danken hat. Er war gelehrt, und ein eifriger Bücherliebhaber, davon ich viele ihm rühmliche, und mir angenehme Zeugniſſe, auf unſerer Stadtbibliothek finde.

Der ehemaligen Schelhorniſchen Bibliothek muß ich doch auch gedenken. Mein Vater hat ſie vom erſten Anfang ſeiner Studien an, geſammelt, und mit Sorgfalt und groſſem Glück vermehrt. Aus ihr ſind zahlreiche Colonien, daß ichs ſo nenne, in die Maſkoviſche, Palmiſche, Bünauiſche Bibliotheken, und in die Sammlungen der Cardinäle Quirini, und Paßionäi, noch beym Leben ihres Sammlers, ausgegangen. Allein immer wurden die dadurch verurſachten Lücken ſchleunigſt wieder erfüllt. Sie war reich an ganzen beſondern Sammlungen, z. B. an gedruckten Büchern aus dem 15ten Jahrhundert, an Albiniſchen Ausgaben, an gedruckten Briefen, an wichtigen BücherCatalogen, und hatte auch einen anſehnlichen Manuſkripten-Vorrath, beſonders Urkunden zur Schwäbiſchen Reformationsgeſchichte, und zu der Geſchichte des Tridentiniſchen Concils, auch eine reiche Menge eigenhändiger Briefe der berühmteſten Männer und Gelehrten aus 16, 17. und izigen Jahrhundert. Nach dem Tode des würdigen und gelehrten Sammlers, iſt dieſe Bibliothek in 4 Theile durch Erbſchaft zertrennt, und von dieſen zween Theile durch Verkauf zerſtreut worden. Ich habe zu meinem Antheil zu dem vierten Theil der gedruckten Bücher auch die ſämmtlichen Handſchriften erhalten, zu deren weitern Vermehrung ich bisher ſehr glücklich geweſen bin. Auch der mir von gedruckten Büchern zugefallene vierte Theil der väterlichen Bibliothek iſt ſo angewachſen, daß nun meine

Sammlung an Anzahl derjenigen gleich kommt, aus der sie stammt, und am Vorrath neuer philologischer, theologischer, historischer, diplomatischer, literarischer Bücher, auch an kostbarn, sie vielleicht übertrift.

Den verächtlichen Seitenblick, den ein gewisser neuerer Reisender auf die Bibliothek des Benediktiner-klosters Ochsenhausen geworfen, hat sie wahrlich nicht verdient. Sie ist eine der reichsten und ansehnlichsten Klosterbibliotheken in unsern Gegenden. Kostbare Ausgaben der Kirchenväter, Concilien-Sammlungen, die bekannten grossen Werke zur Geschichte des Ordens, die Bollandisten, wo mich mein Gedächtniß nicht trügt, Mabillonii acta, SS. Ord. S. Benedicti, gewiß; prächtige und grosse mathematische und dergleichen herrliche Werke, sind ihre erste Zierde; auch ist sie nicht leer an alten Handschriften, davon Fürst Martin und Gerke, in ihren Reisebeschreibungen einige Anzeige machen. Unter dem itzigen schon lange rühmlichst und glücklichst regierenden Abte, Romuald, einem gelehrten, und für die Aufnahme und Beförderung der Gelehrsamkeit warm eifernden Herrn, blüht ihr Glück besonders schön auf. Durch die grosmüthige Vorsorge dieses ersten Schwäbischen Prälaten, hat sie erst itzo einen ganz neu, prächtig und geschmackvoll erbauten Standort, erhalten.

Ottobeuren. Ich werde nicht irren, wenn ich der Bibliothek dieses Klosters, unter den Schwäbischen Bibliotheken, in Rücksicht auf ihren Reichthum, und

kostbare

koſtbare Beſitzungen, den erſten Rang anweiſe. Nur daß Burheim in einem Fache, nemlich an Produkten des erſten Bücherdrucks, ſie weit übertrift. Doch, ſie hat auch darinnen keinen Mangel. Ich beſitze eigenhändige wichtige Briefe zweyer ehmaligen ſehr gelehrter Ottobeuriſcher Benediktiner, ohngefehr von 1722 bis 1750 geſchrieben, aus denen ich viele ſolche ſchätzbare Seltenheiten, die dieſer Bibliothek eigen ſind, habe kennen gelernt. Und wenn ich zu dem ausgebreiteten Zwecke, zu dem der geſchicktarbeitſame Hirſching ſchreibt, hier ſchriebe, ſo könnte ich mich nicht enthalten, eine genaue Anzeige davon hieherzuſetzen. Von andern koſtbarn gedruckten groſſen Werken, und Samlungen kann ich eben das von dieſer Bibliothek ſagen, das ich eben von Ochſenhauſen angemerkt habe. Doch zweyer äufferſt ſeltener Werke, die man hier findet, muß ich beſonders gedenken. Das erſte iſt das berüchtigte Monaſticum Anglicanum vom Dobsworth und Dugdale in dreyen FolioBänden zu London 1655 bis 1673 herausgegeben. Dies Werk iſt, in Abſicht auf Engeland in dem Zwecke verfertiget, in dem Beſold 1636 ſeinen Prodromum, und die Monumenta rediviva Monaſteriorum præcipuorum in Ducatu Würtembergico ſitorum &c. in Rückſicht auf das Herzogthum Würtemberg, hat drucken laſſen. Man muß von der Geſchichte, den Schickſaalen, der Ungewißheit angeblicher anderer Ausgaben, und der Seltenheit dieſes Monaſticum, ſich zu unterrichten, den Clement Bibliotheque curieuſe Tom. VII. pag. 420 zu Rathe ziehen. Das zweyte iſt die brevis notitia

Monaſte-

Monasterii B. M. V. Ebracensis, S. Ord. Cisterc. in Franconia 1738. 4. Man findet davon Exemplare ohne Anzeige des Druckorts. Das in Ottobeuren nennt Rom, als den Druckort; vermuthlich aber ist dies nur eine erdichtete Angabe. Kostbar an Kupferstichen, und wichtig im Innhalt ist das Werk, und mit Recht zählt es Gerken in seinen Reisen 2ten Theil S. 360 unter die rarsten Bücher. Die Ursache seiner äussersten Seltenheit findet man richtig beym Clement Bibl. cur. Tom. VIII. pag. 3 sq. Die wichtigsten treflichen Handschriften der Ottobeurischen Bibliothek, über die ein genauer und brauchbarer Catalog da liegt, lernt man aus Mabillons, Fürst Martins und Gerkens Reisen, kennen. Doch bey dem letztern ist aus Mißverstand meiner mündlichen Erzählung, oder aus einem Gedächtnißfehler ein Irrthum mit eingeflossen. Nicht den Ottobeurischen unschätzbaren Codicem homiliarum, sondern das Rothische Exemplar des gedruckten Psalters von 1457; nicht durch meines Vaters, sondern durch meiner Unterhandlung, wollte Meermann um 200 Ducaten an sich bringen. Dem damaligen Bibliothekar und Archivar, izigen Prior in Roth, P. Benedikt Stadelhofer, gereicht es zur Ehre, daß das Kaufgeschäfte, das fast vollendet war, rückgängig geworden ist. Und so sehr ich mich dadurch in meiner Hofnung betrogen gesehen, so bin ich doch froh, und dank es diesem meinem würdigen Freunde, daß durch seinen Eifer und Vorsorge, dieser kostbare Schatz in unsern Gegenden geblieben, und seine Auswanderung verhindert worden ist.

154 Von Bibliotheken, und der nöthigen

Roggenburg, ein angesehenes Schwäbisches Prämonstratenser-Kloster, hat eine reiche und wohlgeordnete Bibliothek, die unter dem letztverstorbenen Abte Georg, einem gelehrten und berühmten Schriftsteller, vorzüglich aufzublühen angefangen hat, und die unter dem jezigen Prälaten Gilbert, einem warmen Freunde der Wissenschaften, und eifrigen Bücherliebhaber, zur ansehnlichsten Büchersammlung anwachsen wird. Ich habe in dieser Bibliothek kostbare, und grosse neuere historische Werke, und zumal eine feine Anzahl wichtiger Bücher für die Münzkunde, gefunden. Sie steht unter der Aufsicht eines Bibliothekars, der recht eigen zu seinem Amte geschaffen ist. P. Goberfried Nack heißt der gelehrte, fleißige, redlichste und dienstfertigste Mann.

Roth, nebst Burheim und Weingarten, mein Lieblingskloster. Man wird mir diesen Ausdruck verzeihen. Ich habe eine empfindsame Seele, die sich gerne über das Glück und Vergnügen, das sie genießt, öffentlich ausgießt. Hier hab' ich schon manche frohe, wonnevolle Tage zugebracht, zumal in dem belehrenden Umgang mit dem gelehrten Ben. Stadelhofer, dem man ausser einem Paar kleinerer Schriften, ein zur Geschichte unserer Gegend, zumal des mittlern Zeitalters, ausnehmend nuzbares und schäzbares Werk zu danken hat, nemlich: Historia imperialis & exempti Collegii Rothensis in Suevia, ex monumentis domesticis, & externis potissimam partem ineditis, eruta. Erst in diesem Jahr sind die zwey ersten Bände davon

zu Augs-

zu Augsburg in 4 herausgekommen. Sie gehen von der Stiftung 1126 an, bis auf das Jahr 1636. Was man bey vielen Klostergeschichten missen muß, und ungern misset, das findet man als einen schätzbarn Vorzug, in dieser für die Historie ungemein wichtigen und fruchtbaren Schrift. Die Urkunden, die zum Belege, und Beweiß der Erzählungen unentbehrlich, sind ganz gedruckt. Wäre ich hier Recensente, und dürfte ichs seyn, so würde ich mehrere Vorzüge dieser Geschichte aufzählen. Ihrem würdigen, fleißigen Verfasser hat die Bibliothek in Roth ihre gute Ordnung, und seinem Eifer und Vorsorge, einen beträchtlichen Zuwachs vieler kostbarer neuer historischer Werke, zu danken. An gedruckten Büchern aus dem 15ten Jahrhundert ist kein geringer Vorrath vorhanden, darunter der berühmte Psalter von 1457, ein wahrer Phönix unter den Büchern, den ersten Rang behauptet. Der jezige Abt, Wilibold Held, ein allen Gelehrten bekannter und verehrungswürdiger Name, nährt für die Gelehrsamkeit, und ihre Beförderung, das lebhafteste Feuer in seiner Seele; ist bey seiner Würde, und ihren Sorge- und Geschäftvollen, stets eifrig erfüllten Pflichten, selbst täglich im Studiren und gelehrten Unternehmungen, zum Erstaunen arbeitsam; Kenner und Liebhaber guter Bücher. Sie wird gewiß immer mehr bereichert werden, die Rothische Kloster-Bibliothek, durch die Vorsorge und unter der Aufsicht eines solchen Präsuls. Auch für die Orientalische Litteratur erwarte ich einen beträchtlichen Zuwachs von Büchern in dieser Sammlung. Denn ich kenne einen gelehrten

Einwoh-

Einwohner dieses Klosters, P. Norbert, der sich mit jugendlichem lebhaftem Eifer, unter seines Abtens Betrieb und Unterstützung, mit beglücktem Fortgang, auf diese sonst in deutschen Klöstern vernachläßigten Kenntnisse, legt, und dessen rühmlicher Fleiß die Anschaffung brauchbarer Werke hiezu, gewiß weiter befördern wird.

Schüssenried, auch ein Schwäbisches Prämonstratenser-Kloster, dessen Bibliothek als eine wichtige, und besehenswürdige gerühmt wird. Ich habe Hofnung, dieses Stift, und dessen Büchersaal bald selbst besuchen zu können. Ist sage ich nur: hier sind Riese, ein Vogel, ein Hafner; lauter bekannte Männer, von erprobter Gelehrsamkeit, und geläutertem Geschmack! Und diese stehen unter einem Abte, der ganz für die Wissenschaften, und ihre Beförderung, eingenommen ist. Und da sollte die Bibliothek vernachläßiget seyn können? Nicht für sie, und ihr weiteres Wachsthum die günstigste Hofnung aufleben?

Weingarten. Aus dem Mabillon, Gerbert, Jugler, Gerke und Zapf, und ihren Erzählungen, kennt man schon die herrliche Bibliothek, die in diesem Gwelfischen Stifte aufgestellt ist, und die an Handschriften aus den mittlern Zeiten einen unschätzbarn Vorrath aufweißt. Man darf auch nur des P. Gerard Heß, dermaligen Statthalters der Herrschaft Blumeneck, eines gelehrten Benedictiners vom ersten Rang, Prodromum monumentorum Guelficorum, und die Monumenta Guelfica selbst, davon izo der erste, historische

storische Theil heraus ist, lesen, um sich von der Menge herrlicher litterarischer Schätze, die in dieser Bibliothek aufbehalten sind, zu überzeugen.

Sie ist in der treflichsten und brauchbarsten Ordnung aufgestellt. Der seelige Gualbert Bommer, mein ewig unvergeßlicher Freund, hat sie mit Kenners Einsichten, und unermüdetem Fleiß so geordnet, über ihre kostbare Handschriften ein genaues und critisches Verzeichniß, nach der besten Methode verfertiget, das gewiß vor vielen andern Catalogen des Druckes würdig wäre. Der Schatz an Incunabeln im weiterm Begriffe, als ich oben bezeichnet habe, ist in dieser Büchersammlung ausnehmend reich, und auch darüber hat der unermüdet arbeitsame Bommer ein Verzeichniß zu liefern angefangen. Er ist aber nur mit dem ersten Bande fertig geworden, der 517 Folio Seiten stark ist, diejenige Schriften vom ersten Drucke beschreibt, die ohne Jahrzahl, Benennung des Druckers und des Druckorts herausgekommen sind, und mit Anmerkungen begleitet ist, die, wie ich mit Recht anderswo gerühmt habe, durchaus Forschers- und Kennersgeist verrathen.

Die Reihe der Bibliotheken, die ich hergezählt habe, ist klein. Das gestehe ich. Ganz meiner Absicht und meinem Versprüch gemäs. Denn nur einige Zusätze zu dem schon Bekannten wollte ich liefern, und etwa auf einige unbekannte, oder vergessene Bibliotheken aufmerksam machen. Ich habe auch meistens solche Büchersammlungen genennt, die ich selbst genau,

und

und aus eigener Erfahrung kenne. Bey denen hätte ich mich nun ungleich weiter ausbreiten können, als es geschehen ist. Allein ich würde mich von meinem Zwecke zu weit entfernet haben.

Noch von zwoen Kloster-Bibliotheken hätte ich billig sprechen sollen; und gerne hätte ich es gethan, wenn ich hier weitläuftig seyn dürfte. Es sind, ohne Streit, Kloster-Bibliotheken vom allerersten Range. Ich meyne die zu St. Blasy im Schwarzwald, und die zu Pollingen in Bayern. Man darf sich nur die Aebte, die iezo, seit geraumer Zeit, letzterer nahe bey fünfzig Jahren, diesen berühmten Klöstern vorstehen, ihre ausbündige Gelehrsamkeit, und ihren brennenden Eifer für die Ausbreitung der Wissenschaften, besonders unter ihren Untergebenen, denken, so weiß man schon, daß man von den Büchersammlungen ihrer Gotteshäuser nichts, als Grosses, zu erwarten hat. Weltbekannt sind sie ohnehin schon, und es ist unnöthig, sie erst anzuzeigen, und nur kurz von ihren Schätzen zu sprechen, das wäre für den Bibliothekar, für den ich schreibe, ein ganz unbedeutender Dienst. Doch! nur Etwas von der Bibliothek zu Pollingen, das weder Gerke, noch Zapf, die Neuesten, die von ihr Nachricht ertheilet haben, bemerken. Ich habe nirgend, auch in den angesehensten Büchersälen der Protestanten nicht, einen so reichen, und fast vollständigen, Vorrath von Disputationen und Programmen protestantischer Akademien, Gymnasien und Schulen, aus jedem Fach der Gelehrsamkeit und Wissenschaften, auch aus dem

exege-

exegetischen und theologischen, bis auf diese Zeit, beysammen gesammelt gefunden, als hier. Nach dem treflichen Probste Franziskus hat Gerhous Steigenberger das gröste Verdienst um diese Bibliothek, die gewiß wenige ihres gleichen hat. Allein, dieser würdige und gelehrte Mann, einer der ersten Bibliothekaren unserer Zeit — zuletzt hat er dieß Amt bey der Churfürstlichen Bibliothek in München verwaltet — lebt, seit dem fünften August dieses Jahrs, leider! nicht mehr auf Erden; und durch seinen frühen Tod hat die gelehrte Welt den empfindlichsten Verlust erlitten.

Warum nichts von der Herzoglichen Bibliothek in Stuttgart? Wovon alle Welt mit Erstaunen und Bewunderung spricht, davon darf man in einem so unbedeutenden Buche, als ich schreibe, wohl schweigen.

Kenntniß der Bibliotheken, zumal der reichsten, ordentlichsten und ansehnlichsten ist dem Bibliothekar unentbehrlich. Das bedarf keines eigenen Beweises. Man ist einig, daß diese Kenntniß jedem, der nach gründlicher Gelehrsamkeit strebet, dem ins besondere, dem die Literatur und Bücherkunde nah am Herzen liegt, höchst erforderlich und ersprießlich seyn. Warum nicht vornemlich dem Bücheraufseher? Darüber werde ich mich also nicht aufhalten, weil es unnöthig ist. Allein, wie ist diese Kenntniß zu erwerben? und wie muß sie vortheilhaft genutzt werden? Diese zwo Fragen will ich noch, nach Vermögen, beantworten. Man kann sich schon in seiner Studierstube eine nutzbare

bare Kenntniß dieser Art verschaffen. Gedruckte eigene Beschreibungen und Katalogen von ansehnlichen Bibliotheken, und ihr sorgfältiger Gebrauch, werden dazu trefliche Dienste leisten. Was ich oben vom Nutzen solcher Schriften gesagt habe, will ich hier nicht wiederholen. Es kann alles da Bemerkte sicher auf diesen Fall angewendet werden. Von vielen treflichen, sowohl öffentlichen, als Privatbibliotheken, missen wir noch gebruckte Verzeichnisse. Und ich mag dieß eben kein Unglück nennen. Das Bücherreich ist ohnehin fast zu stark von Verzeichnissen überschwemmt. Wenn man alle durchlesen will, wie viel unnützes Zeug, wie viel Einerley trift man an. Des unersetzlichen Zeitverlustes nicht zu gedenken. Ich habe oft gewünscht, und vielleicht wünschen es mehrere *mit mir*, daß wir von vielen Sammlungen, von denen wir grosse kostbare Catalogen haben, nur eine General-Anzeige ihrer Ordnung und Bestandtheile, hätten, begleitet von Bemerkungen der Sachen, die solchen Bibliotheken vor andern eigen sind, ihrer besondern Seltenheiten, verschiedene Ausgaben einerley Werke u. s. w.

Freylich rede ich hier nicht von Verzeichnissen, durch welche Bibliotheken zum Verkaufe angebothen werden. Die müssen, ihrer Bestimmung nach, alles anzeigen, was da ist, und was man an den andern Mann bringen will.

Auch Verzeichnisse, die blos in Handschriften vorhanden sind, sind hier nicht zu vergessen. Man kann

kann solche bey Besuchung der Bibliotheken selbst, und muß sie nutzen, weil dadurch der fruchtbare Vortheil eines solchen Besuches ausnehmend befördert und erleichtert wird. Sich, wenn man je keine ganze Abschrift nehmen kann, oder darf, daraus das Wichtigste und Vorzüglichste, und zumal das, was sonst ganz nicht, oder weniger bekannt ist, und nicht leicht, oder gar nicht anderswo angetroffen wird, auszeichnen, wird der auf sein Geschäfte, und die dazu erforderliche Kenntnisse aufmerksame Bibliothekar, nicht vergessen. Kann er geschriebene Verzeichnisse beträchtlicher Büchersammlungen zu genauem und längerm Gebrauch erhalten, so wird er selbst den Nutzen, den er daraus schöpfen kann, nicht vernachläßigen; und auch davon nach Befinden, doch nur, wenn er Recht und Erlaubniß darzu hat, eine Abschrift besorgen, wenigstens bedeutende Excerpten daraus sammeln. Ich habe ehedem mit grossem Vortheile in meines Vaters Bibliothek ein ausnehmend schätzbares geschriebenes Bücherverzeichniß genutzt, das bey des Besitzers Leben noch in die Palmische Bibliothek gekommen ist. Es war der reiche und instruktive Catalog der ehemaligen Bibliothek des Prinzen Eugenius von Savoyen, in fünf Bänden klein Folio, aus dem ich einen ansehnlichen Theil der Kaiserlichen Bibliothek zu Wien, — in diese ist gedachte unschätzbare Sammlung des grossen Helden gekommen — kennen gelernet, und der mir doch einigermassen, in Rücksicht auf die erste und kostbarste Büchersammlung in Europa den Mangel des Lambeks, und Nessels, da ich mich nur mit Reimmanns, und Reichards Auszü-

L gen,

gen, die so arm sind, begnügen mußte, ersetzet hat. Eine Erinnerung, die mir oben nicht beygefallen ist, will ich hier einrücken. Die Verzeichnisse öffentlicher Bibliotheken, so wie die Bekanntschaft mit öffentlichen Büchersammlungen, verdienen vor andern einen Vorzug. Ich bitte meine Leser, darüber die unten angezeigte Schrift zu Rath zu ziehen, um sich von der Richtigkeit dieser Bemerkung zu überzeugen. *

Wie in allen Sachen, so ist es auch mit Bibliotheken beschaffen. Eine hat vor der andern einen Vorzug, entweder durchaus, oder in besondern und einzelnen Stücken. Bey der Bibliothekenkunde darf diese Beobachtung, und ihre Anwendung, nicht vernachläßiget werden, auch alsdenn nicht, wenn man diese Kunde nur aus Verzeichnissen sich sammeln kann. Nun versteht sichs von selbst, daß zu dem Zwecke, von dem ich hier spreche, eine Auswahl, und ein Vorrang der Verzeichnisse beobachtet werden muß. Ich will hier eben nicht ins Detail mich einlassen. Ich kann auch, wegen des eng begrenzten Raums meiner Schrift, nicht. Genug an einem Beyspiel. Das oben bemerkte Verzeichniß der Leydenschen Universitäts-Bibliothek ist mehr, als tausendfältig fruchtbarer, als Sennerts Catalog von der Universitäts-Bibliothek zu Wittenberg, Wittenberg 1618. 4. (ein ekelhaftes Skelet) ob dieser gleich seltener ist. Wären die Catalogen der Kloster-Bibliotheken alle so beschaffen, wie z. B. die

hand-

---

* Mylii Bibliothecae Academicae Jenensis, gleich im Anfange der Vorrede.

handschriftlichen in Burheim, Pollingen, Roth, Weingarten, so müßte ich sie durchaus vor andern, zur Beförderung der Bibliothekenkunde, empfehlen. Allein wenige Verzeichnisse von Klosterbibliotheken sind durch den Druck publizirt. Und die mehresten geschriebenen, die ich gesehen habe, sind unmethodisch, unvollständig, und fast gar nicht genießbar, und also auch zu diesem Zwecke ganz unbrauchbar. Nebst den Verzeichnissen nenne ich als ein ersprießliches Mittel, Bibliotheken, zumal solche, die man nicht selbst besuchen und durchforschen kann, zu kennen, die Schriften grosser und geübter Gelehrten, die ansehnliche Bibliotheken besuchet, von ihrem Besuche öffentliche Rechenschaft gegeben, in ihren Werken und Sammlungen davon reichlichen, und allgemein nutzbarn Gebrauch gemachet, auch die Bibliotheken, als Quellen, woraus sie geschöpft haben, getreu angezeiget haben. Von Reisebeschreibungen, die hier brauchbar sind, darf ich hier weiter und wiederholend nicht mehr reden. Ich beziehe mich nur auf historische Werke, auf Sammlungen alter Geschichtsbücher, Chroniken und Annalen, Concilien und Kirchenväter, und auf die Herausgeber der Classischen Schriftsteller, die wichtige Codices und Editionen von Werth, und Seltenheit, benutzt haben, und die es nicht verschweigen, aus welchen Schätzen sie Hülfe geschöpft haben. Wenn Flacius bey seinem Catalogo testium, und eben Er, und seine Mitarbeiter bey den Centurien dieß nicht fast durchaus verschwiegen hätten, so könnten sie hier oben anstehen, und so würden wir vielleicht manche noch bestehende Bibliothek, nach wichtigen

tigen innerlichen Bestandtheilen, näher kennen. Auf die Sammlungen der Scriptorum rerum Germanicarum, auf die Werke und Sammlungen des Baluzens, du Chesne, Mabillons, Martene und Durand, le Moyne, Scheids, Senkenbergs, Westphalens, u. d. m. wird hier jeder Kenner selbst rathen. Aus den Vorreden der Parisischen Ausgaben der Kirchenväter, die man den Benediktinern zu Paris ex Congregatione St. Mauri zu danken hat, kann sehr reiche Bibliotheken-Notiz gesammelt werden. Auch eine kleinere Edition von einem Kirchenvater, deren Vorrede zu diesem Zweck sehr nutzbar ist, will ich nicht vergessen. Es ist die Bünemannische vom Laktanz. Und denn schliesse ich noch an — weitläuft darf ich nicht seyn; es ist genug, daß ich einen Wink gebe — die unschätzbare Ausgabe des Alkuins, die die Gelehrsamkeit, Arbeitsamkeit und Verdienste des jezigen Fürsten zu St. Emmeram in Regensburg, Frobenius Forsters, ewig unvergeßlich machen. Bey Ausgaben Classischer alter Schriftsteller will ich mich gar nicht aufhalten, ich könnte sonst nie fertig werden. Eine einzige führe ich zum Beyspiel an, nemlich Cortens Edition vom Sallust. Man weiß, wovon ich rede. Nicht von der Treflichkeit, und der Brauchbarkeit dieser Ausgaben an sich selbst; das gehört nicht hieher, sondern von der aus denselben, vornemlich aus ihren Vorreden, zu schöpfenden Notiz von manchen wichtigen Bibliotheken, die einen bedeutenden Vorrath wichtiger Ausgaben und Codicum besitzen. Selbst besuchen, wenn man kann, muß man die Bibliotheken, sich darinn verweilen, und

mit

mit forschendem Blicke ihren Inhalt bemerken. Und das ist zu der Kenntniß, deren Empfehlung ich dieses Kapitel gewiedmet habe, ein vorzüglich ergiebiges Hülfsmittel, wie sich von selbst versteht. Der Bibliothekar, wenn er kann, muß also reisen. Ueberhaupt sind für ihn gelehrte Reisen ausnehmend nutzbar, nicht bloß für seine Bibliothekenkunde, sondern auch zur Vermehrung und Befestigung anderer ihm unentbehrlicher Kenntnisse, und zur weitern Bereicherung des ihm anvertrauten Bücherschatzes. Ich weise dieser Bemerkung hier einen Platz an, weil ich ihr, wie ich wohl im Anfang gedachte, keinen eigenen Abschnitt wiedmen kann.

Die grösten Fürsten, auch Republiken und Städte, grosse und kleinere Herren, die gemeinnützige Bibliotheken stifteten, und auf ihre fruchtbare Vermehrung bedacht waren, haben zu solchem Zwecke, ihre gelehrten Gesandten mit beträchtlichen Kosten ausgeschickt. Auch Männer, denen nur ihre Privat-Büchersammlung, und ihr Wachsthum am Herzen lag, sind in diesem Stücke nicht saumselig geblieben.

Man weiß, daß Kaiser Maximilian I., die Könige von Frankreich, von Ludwig dem XII. an, di Medices, Lorenz ins besondere, Friedrich der Weise, Churfürst von Sachsen, der grosse August, Herzog von Braunschweig, daß ich nur einige Beyspiele von Fürsten anführe, beträchtliche Kosten auf die Reisen derer von ihnen, zur Bereicherung ihrer Bücherschätze, abgesandgesandten Gelehrten gewandt haben. Unter den Päbsten hat Nikolaus V. ein grosser Liebhaber und Beförderer der Wissenschaften, zwar nicht der erste Gründer der päbstlichen Bibliothek im Vatikan, aber doch der, der sie zuerst mit den kostbarsten Schätzen bereichert hat, und von dem ihr Ruhm Epoche macht, allenthalben hin, so gar in den weit entfernten Norden, die gelehrtesten Männer verschickt, um Handschriften von grossem Werth aufzusuchen. Die Cardinäle Mazarin, und Friederich Borromäo, sparten kein Geld, um die Reisen ihrer gelehrten Abgesandten, für die Bereicherung ihrer kostbaren Bibliotheken, fruchtbar zu machen. Tellier, Quirini, Passionäi, sind selbst zu diesem Zwecke gereiset, freylich der letzterer in gewisser Maaße, als ein Bibliotheken Plünderer. Tellier verband mit der Anschaffung kostbarer Bücher, noch einen andern Zweck seiner gelehrten Wanderungen. Er besuchte nemlich die angesehensten Bibliotheken, um seine Bücherkenntniß zu erweitern, und sich ein trefliches Muster der Einrichtung seiner eigenen Bibliothek, auszusuchen. * In unsern Zeiten hat ein Bayerischer Prälat vom ersten Rang, Franciskus zu Pollingen, dießfalls das ruhmwürdigste Beyspiel gegeben. Er schikte den Gerhous Steigenberger nach Frankreich und Italien, um für seine Kloster-Bibliothek die kostbarsten und seltensten Schriften aufzusuchen, und mit grossen Kosten anzuschaffen; und ein sieben Jahre durch daurender

Aufent-

* S. Maichel Introductio ad historiam literariam de praecipuis Bibliothecis Parisiensibus pag. 26. wo ein Gleiches zum Ruhm des unsterblichen Thuans gesagt wird.

Aufenthalt in diesen Ländern, war für die Vermehrung des herrlichen Bücherschatzes zu Pollingen, vortheilhafter, als der Aufenthalt des glücklichsten Werbers in fremden Ländern, für die Completirung eines Regiments. Denn Franziskus hatte in der Person seines gelehrten Abgesandten die beste Wahl getroffen, und den geübtesten und wachsamsten Bücherkenner, und Bücherausspäher, zu diesem Geschäfte bestimmt. Steigenbergers Schriften sind sattsame Zeugen seiner bedeutenden Kenntniß und Stärke in der Literatur. Sie sind so bekannt nicht, daß es überflüßig wäre, sie hier zu nennen. Ich setze ihre Titel aus dem Pollingischen Todtenbriefe, der den brüderlich verbundenen Klöstern das frühe Absterben dieses verdienstvollen Mannes anzeigt, vom 7 August 1787. hieher. Dissertation sur le veritable Auteur d'un ouvrage, intitulé: Flores Psalmorum, à Paris 1764. Vom Ursprung und Wachsthum der Churfürstlichen Bibliothek zu München, München 1784. Der Abt Vitale hat diese Schrift einer lateinischen Uebersetzung gewürdiget, und sie in diesem Kleide mit einigen eigenen Amerkungen zu Rom 1785 hervortretten lassen. Literarisch critische Abhandlung über die zwo alleraälteste deutsche Bibeln, welche in der Churfürstlichen Bibliothek in München aufbewahret werden. München 1787.

Von Gelehrten, die selbst ihre Kenntnisse zu bereichern, und die von ihnen errichteten Bibliotheken zu vermehren, ansehnliche Reisen unternommen haben, habe ich schon einige genannt. Noch eine kleine Reihe will

will ich hinzusetzen. Der bekannte Abt Johann Trit‐
heim, nach seiner Zeiten Gewohnheit von seinem Ge‐
burtsort so genannt, traf in seinem Kloster Sponheim,
als er die Abten-Würde daselbst erhielt, eine Biblio‐
thek von nur 48 Bänden, und über dieß von schlech‐
tem Werthe an. Er war einer der ersten Literatoren
in Teutschland. Das ist bekannt genug, und da wird
niemand sein Eifer, diese Büchersammlung sorgfältigst
zu vermehren, befremden. Für seine Zeiten war er
in diesem Geschäfte glücklich genug. Denn vom Jah‐
re 1483 bis 1502 hat er die vorgefundene geringe
Anzahl der Bücher bis auf 1646, und bis aufs Jahr
1506 bis auf 2000 gemehrt *. Und sein eigenes
Zeugniß berechtigt uns, dieses Glück seinen gelehrten
Reisen, und Bibliothekenbesuchen anzurechnen. Und
in Engeland hat fast 200 Jahre früher, der meinen
Lesern schon bekannte Richard von Bury, zu gleichem
Zwecke gelehrte Reisen genutzet †. Unter den Neuern
nenne ich den Bongars, Gudius, Rastgard, den ältern
Schurzfleisch und den treflichen Literator Christoph
Wolf. Ich will unten die Quellen anzeigen, woraus
ich diese Nachrichten geschöpfet habe. **

Ich

* Memoires Tom. XXXVIII. pag. 213 sg.

† Philobiblion beym Goldast pag. 442 sg.

** Von Bongars, S. Hottingeri Bibl. quadripart. p. 15. vom
Gudius Burmanns Vorrede zur oben angezeigten Samm‐
lung der Briefe des Gudius, und Sarrars vom Rastgaard,
Montefalconii Diarium Italicum pag. 25. vom C.S. Schurz‐
fleisch, seines Bruders Vorrede ad acta literaria, und vom
Wolf Clemmii Amœnitates Acad. Fasc. 22. pag. 9.

Ich weiß wohl, ich hätte mehrere Männer anführen können, die in ältern und neuern Zeiten in dem Zwecke, von dem ich rede, gelehrte Reisen glücklich unternommen haben. Allein ich habe Ursache, in solchen Nachrichten mich immer nur aufs Wichtigste einzuschränken. Die glücklichen gelehrten Wanderungen und Durchsuchungen der ansehnlichsten Bibliotheken vom Grabe, Mabillon, Massuet, Martene, Durand und Montfaucon, Fürst Martin Gerbert, Gerken ꝛc. unternommen, und die von diesen wachsamen Forschern gemachte Entdeckungen sonst verlohrner Schriften und Dokumente sind zu bekannt, als daß ich besonders davon zu sprechen, nöthig hätte. Nur noch zween Männer, die es gewiß verdienen, will ich hier aufstellen. Beyde teutsche; auch unter den Ausländern sehr berühmt. Der erste ist der ehemalige Göttingische berühmte Theologe Magnus Crusius, der 1751 als General-Superintendens, zu Harburg gestorben ist. Von der Wichtigkeit, und dem Gewinnst der Reisen dieses treflichen Literators, und von seinen Durchsuchungen der ansehnlichsten Bibliotheken in Frankreich, Engelland und Teutschland, hat Reimmann richtig geurtheilet. Die Stelle gehört so sehr hieher, daß ich sie abschreiben muß. Utinam eruditi omnes, qui exteras regiones perlustrant, eo animo, studio, ingenio, doctrina etiam & dexteritate, essent præditi, quo fuit Crusius, qui navis Orphiriticæ instar, gemmis & margaritis pretiosissimis onustus, domum reversus est, & sexcenta promsit de scriptoribus & scriptis editis & ineditis, perfectis & affectis, deperditis & superstitibus, rarioribus cumprimis. * Crusius hat von diesen auf Reisen gesammelten Schätzen, selbst der gelehrten Welt eine wichtige Nachricht ertheilet in der Dissertatio epistolica ad Wormium Episcopum, de scriptis quibusdam integris, fragmentisque hactenus ineditis, quæ in itinere Gallico, Anglicano atque Germanico reperire contigit, & nunc in lucem publicam edenda parat &c. M. Crusius Sleswicensis, V. D. M. Lipsiæ 1728. 4. Man muß erstaunen über die wichtigen Schätze, die der Mann auf seinen Reisen ausgespähet; über das ausserordentliche Glück, das ihn bey seinem Nachforschen begleitet, und über den Fleiß, mit dem er theils Originale selbst gesammelt, theils abgeschrieben hat. So kleine Schriften, als die eben bemerkte ist, verlieren sich leicht, und ich vermuthe, daß auch diese dieß Schicksal getroffen. Manchen Lesern, die ihrer mangeln müssen, möchte also eine Anzeige der vom Crusius glücklich gefundenen, und zum Druck bestimmten wichtigen Stücke aus derselben angenehm seyn. Für diese nun setze ich solche hieher, zwar nicht aller, sondern nur der wichtigsten Sachen. Die übrigen, denen an einer solchen Nachricht wenig gelegen ist, mögen dieß Blat überschlagen. Alles hat der glückliche Sammler zu öffentlichem Gebrauch und Publizirung durch den Druck bestimmt. Allein, ungeachtet er seine Ankündigung drey und zwanzig Jahre überlebt hat, so ist doch fast nichts von der Menge dieser gelehrten Schätze zum öffentlichen Vorschein gekommen. Wenigstens

* Catalog. Bibl. Reimm. Syst. crit. Tom. II. pag. 84.

nigstens weiß ich nichts, als das äusserst wenige, das ich am rechten Orte bemerken werde. Hier ist die Anzeige.

Die Genesis nach der griechischen Uebersetzung der sogenannten siebenzig Dollmetscher. Dieser Codex heißt der Cottonianische, weil das Original, davon Crusius eine Abschrift genommen hat, in der Cottonianischen Bibliothek aufbewahret wird. Er wird noch für älter geachtet, als die bekannten Alexandrinische und Vaticanische Codices, über deren Alter und Vorzüge unter den Critikern noch so sehr gestritten wird. Fragmente aus den fünf Büchern des Macarius Magnes wider die Lästerungen der Heyden gegen die Evangelien. Zwar ganz hat Crusius diese Fragmente nicht herausgegeben, aber doch in zweyen zu Göttingen 1744. und 1745. vertheidigten akademischen Disputationen, eine nähere Nachricht von denselben, und ziemlich ansehnliche Auszüge daraus, der gelehrten Welt mitgetheilet. Des Nicephorus Schrift wider die Bilder-Bekrieger, davon ein lehrreicher Auszug erscheinen sollte; zur neuen Ausgabe und Fortsetzung des Spicilegium Patrum, dadurch sich Grabe so verdient gemacht hat, aus der eigenen Handschrift des Grabe bedeutende Collectaneen und Anmerkungen, und vom Crusius gesammelte noch ungedruckte Schriften der Kirchenväter, besonders des Julius Afrikanus, Irenäus, Justinus Martyr, Hippolytus, u. s. w. Ein Supplement zu des Nicetas Bizantinischen Annalen; des Anastasius Sianita griechische Contemplationen über die 6 Tagwerke der Schöpfung, die noch ungedruckt

druckt sind. Gennabius wider die Juden, auch noch nie im Druck publizirt. Ein äusserst seltenes, selbst in Frankreich fast ganz verlohrnes Werk, das in zwoen Columnen, da eine den Französischen, die andere den Lateinischen Text enthält, zu Paris in der Königlichen Buchdruckerey 1722 gedruckt, aber sogleich unterdruckt, und dem Feuer zu verzehren übergeben worden. Es ist: Adjunctio Senatus consulto Parlamenti Parisiensis Decreta ad novam Conciliorum collectionem à P. J. Harduino S. J. confectam. Nur den lateinischen Text hatte Crusius abzuschreiben Zeit. Briefe der gelehrtesten Italiener, Franzosen, Engeländer, Dänen und Deutschen an den Grabe. Des Milo, eines Mönchen, noch ungedrucktes Werk an K. Carl den Kahlen, von der Schamhaftigkeit ꝛc. Anceruja Gespräch mit dem türkischen Sultan, vom Glauben an Christum. Davon hat Crusius in einem Programm, Göttingen 1745. noch nähere Nachricht und Auszüge mitgetheilet. J. J. Scaligers, N. Fabers, und P. Picherells exegetischcritische Anmerkungen über das N. Testament. Eine unschätzbare, und nirgends beysammen in so reichem Vorrath gefundene Sammlung theils noch ungedruckter, theils schon gedruckter, aber äusserst seltener Nachrichten und Urkunden zur Geschichte des Lutherthums in Frankreich. Wenn doch Crusius nur diesen Schatz hätte zu dem Zwecke nutzen können, zu dem er ihn gesammelt hat!

Der andere Teutsche, den ich hier noch aufzustellen versprochen habe, ist Daniel Maichel, ein ehemaliger

Kenntniß derselben.

maliger vortreflicher Lehrer auf der Universität zu Tübingen. Sein Werk, darinnen er von seinen gelehrten Reisen und Durchforschungen der herrlichsten Bibliotheken Nachricht gibt, habe ich schon mehrmals angeführt, wie ich hoffe, zum Vortheil meiner Leser genutzt, und werde es noch weiter dazu nutzen. Es beschäftiget sich nur mit den kostbarn Büchersammlungen, die Maichel in Paris angetroffen. Aber es ist das lehrreichste Muster für Gelehrte, die ihre Reisen, zur Bereicherung der Bibliothekenkunde unternehmen wollen.

Ich muß doch noch einige Bemerkungen anschliessen, die dem Bibliothekar nicht ganz unnützbar seyn werden. Das versteht sich von selbst, daß der flüchtige Besuch einer Bibliothek, zu seinem Vortheil wenig, oder fast gar nichts zu bedeuten hat. Man muß ihn wiederholen, und sich mit strengem Forschersgeist verweilen. Das habe ich schon gesagt. Ist der Bibliothekar, oder wer mir eine ansehnliche Büchersammlung ofnet, und zeigt, mit ihrem Inbegriffe bekannt, und zu Unterredungen fähig und willig, so kann gleich der Eintritt in die Bibliothek, und das erste Gespräch zur Hauptabsicht sehr nutzbar seyn. Mich hat eine vielfältige Erfahrung gelehret, daß es hier nöthig ist, durch Fragen dem Vorweiser den Mund zu ofnen. Man hat — und die muß man sich, wenn man kann, ehe man hingeht, verschaffen, und zur ersprießlichsten Vorbereitung gebrauchen — aus Büchern, aus Catalogen, und Reisebeschreibungen ins besondere, etwa schon eine vorläufige Kenntniß der Bibliothek, die man besucht.

besucht. Die darf nicht im Herzen verborgen bleiben, sondern muß, doch bescheiden, beredt, und Fragereich machen. Der Vorweiser besinnt sich nicht immer, und sogleich auf alles das Kostbare, Wichtige und Seltene, das die Bibliothek bemerkenswürdig macht; er kennt die eigene Bedürfnisse, Neigung und Geschmack des Besuchers nicht, der doch vornehmlich, diese zu befriedigen, den Büchervorrath durchforschen will; was kann solch einem Vorweiser mehr sichere Winke geben, uns durch seinen Dienst und Gefälligkeit nutzbar zu seyn, als unsere eigene höfliche und bescheidene Beredsamkeit? Diesen Weg haben die erfahrensten Männer bey ihren Besuchen ansehnlicher Bibliotheken, zu ihrem gröstem Nutzen betreten. Ich will nur den unvergeßlichen Uffenbach anführen. Er hat sich, zu seinen gelehrten Reisen, mit dem wachsamst forschenden Fleiß, und durch die ausgebreitetste Belesenheit, vorbereitet. Etliche Quartbände, von seiner eigenen Hand, besitze ich, in die er sorgfältigst eingezeichnet hat, wornach er, hin und her, in Bibliotheken zu fragen habe, und was er in denselben finden werde. Und da kam er denn in die Büchersäle mit einer seinem Besuch, und für den Vorweiser zur angenehmsten Erleichterung, nutzbarer Bekanntschaft.

Nicht alles auf einmal muß der, der Bibliotheken besucht, zu sehen begehren. Er wäre sich dadurch zu gründlichen Einsichten selbst hinderlich, und dem dienstfertigsten Bibliothekar lästig. Aus eben diesem Grund sind die schon empfohlnen wiederholten Besuche nothwen-

nothwendig. Einige, sowohl öffentliche als Privat-Bibliotheken excelliren in gewissen Sammlungen, und haben davon einen nahe zur Vollständigkeit gebrachten Vorrath. Hottinger * hat schon einige dergleichen, die izo noch bestehen, ausgezeichnet. Z. B. die kaiserliche zu Wien, die im Vatikan zu Rom, die Bodleianische zu Oxford, die Leybnische Universitäts-Bibliothek, die Churfürstliche zu München, die Florentinische, die Augsburgische Stadtbibliothek, in welchen der reichste Vorrath von den kostbarsten Handschriften aufbewahret wird. Auch Maichel hat nicht vergessen, bey denen von ihm besuchten Bibliotheken in Paris, ihren vorzüglichsten Vorrath anzumerken. †

Hirsching breitet sich bey seinen Beschreibungen teutscher Bibliotheken über diesen Punkt auch reichlich aus. Zwo Bibliotheken setze ich hier hinzu, die, in gewissen Sammlungen, nirgend ihres gleichen haben. Welcher Kenner räth nicht von selbst auf die vortrefliche Herzoglich Würtembergische Bibliotheck, die im Vorrath an Bibeln, ganzen und einzelnen Stücken derselben, in allen Sprachen, alle andere weit übertrift?

Des Grafen von Rewizky Sammlung von griechischen und römischen classischen Schriftstellern, und ihren Ausgaben, ist sonder Zweifel in diesem Fache die allerherrlichste und vollständigste. Wenn man Bibliotheken besucht, so muß dieß Vorzügliche derselben mit forschendem Ernste bemerket werden.

---

* Bibl. Quadripart. pag. 31. sq.
† Introd. in hist. lit. pag. 132. sq.

In Kloster-Bibliotheken, zumal der Benediktiner, trift man gemeiniglich den stärksten Vorrath von Ausgaben der Kirchenväter, besonders der lateinischen, an, und vorzüglich, es müßte nur eine in neuern Zeiten erst errichtete seyn, sind die Kloster-Bibliotheken mit Büchern vom ersten Drucke sehr reich versehen. Viele dieser Bibliotheken haben die Produkte der ersten Buchdrucker von ihren Meistern, als Geschenke und Stiftungen, erhalten, als wie die zu Burheim; aus ihnen sind die Handschriften, nach denen die ersten Ausgaben gefertiget waren, mitgetheilt worden; in Klöstern lebten die mehresten Minikulatoren und Rubrikatoren, und das wird jeder Vernünftige als eine Ursache erkennen, warum in solchen Bibliotheken vornemlich die ersten Produkte des Bücherdrucks zu suchen sind. Von bedeutenden Handschriften der alten Classiker findet man in Kloster-Büchersammlungen nicht viel; auch wenige biblische Codices in den Originalsprachen; hingegen mehrere alte lateinische Handschriften der Bibel. Was die Classiker betrift, so haben Italiener, zumal zur Zeit des Baselschen Concils, aufgeraumt. Aber von Kirchenvätern, Scholastikern, und ältern Mystikern, haben manche einen beträchtlichen handschriftlichen Vorrath, so wie von Martyrologien, Nekrologien, Calendarien und Ritualen. Gewiß findet man in Klöstern noch schätzbare historische Handschriften, aus dem mittlern Zeitalter vornemlich. Aber nicht leicht sind diese in den Bibliotheken aufgestellt, sondern mehrentheils hat sie der Abt bey sich, oder sie sind in den Archiven bewahret, dazu freylich dem Fremden der Zutritt nicht leicht gestattet wird.

Keine

Keine Kloster - Bibliothek, so verächtlich sie zu seyn scheinet, muß der gelehrte Reisende, wenn er sie besuchen kann, versäumen, oder flüchtig über sie hinschielen. Ich habe in mancher derselben wichtige Sachen gefunden, die selbst ihren Besitzern unbekannt waren, und die gewiß niemand da gesucht hätte. Ein einziges Beyspiel! In Wangen, bey den Kapuzinern, von einem Bruder, und seinem Amanuensis, einem jungen Rehe, in die Bibliothek geführt, traf ich eine der ersten gedruckten deutschen Bibeln an, ohne Jahrszahl und Benennung des Druckers und Ortes. Die kurze Zeit gestattete mir nicht, eine genaue Notiz davon zu nehmen. Das weiß ich aber gewiß, daß sie eine der seltensten, und bisher noch unbekanntesten deutschen Bibeln ist, und daß ich, um ihretwillen, sie näher zu kennen, wenn ich kann, noch eine gelehrte Wallfahrt nach diesem Kapuzinerkloster verrichten werde.

Vor Zeiten konnten die gelehrten Reisende die Kloster-Bibliotheken, zumal in denen Gegenden, in denen ich lebe, wenig benutzen, weil die Mönche, unter deren besondern Aufsicht sie stunden, schlechte Studien, und noch schlechtere Bibliothekariats - Geschicklichkeit besaßen. Izo sieht es dießfalls besser, und aufgeklärter aus, doch nicht so durchaus in allen Klöstern. Es ist ein wahres Glück *, wenn die Aufsicht einer Klosterbibliothek

---

* Wenn ein Leser diese Stelle schon in einer gewissen periodischen Schrift findet, so muß er mich nicht für einen gelehrten Dieb halten, und mich eines unerlaubten Plagiums beschuldigen.

Bibliothek einem dazu tauglichen Manne anvertrauet wird. Aber — darf ichs sagen? Es ist eben noch nicht so allgemein, so wenig, als bey andern grossen und öffentlichen Bücherschätzen, die oft die ungeschicktesten Aufseher haben.

Die Kenntnisse, die zu diesem Geschäfte gehören, werden, vom Anfang des Studirens an, vernachläßiget: man rechnet sie unter die unnützen Kleinigkeiten, die entweder der Bemühung eines Gelehrten ganz unwürdig sind, oder die, wenns die Noth erforbert, leichte, und zum Zeitvertreibe, können gesammlet werden. Man ist gefühllos gegen den wahren Nutzen und das Vergnügen, das sie, auch dem geschärftesten und schönsten Geiste, verschaffen können. Daher ists einem Abte oft sehr schwer, in der Zahl seiner Söhne, einen zu einem solchen Amte brauchbaren Mann, der mit Lust und Glück arbeitet, zu finden; und er muß, bey Uebertragung desselben, oft, ohne Rücksicht auf Tauglichkeit, wählen. Zu dem kommt, daß die Besuchung der Bibliothek, und die Bekanntschaft mit derselben, ein fast nur auf Einen Mann eingeschränktes Recht ist. Ausser dem Bibliothekar, und etwa einigen Vornehmen im Kloster, kommen die andern Ordensbrüder selten, oder gar nicht dahin, und es bleiben die Schätze ihrer Büchersammlung, an denen doch alle Antheil haben sollen, immer fremde,

und

schuldigen. Ich schreibe mich nur selbst ab. Und dazu habe ich ein Recht; denn ich bin Verfasser jenes anonymischen Aufsazes, aus welchem ich hier, wie ich glaube, treffend, diese Stelle wiederhole.

und so ist ihnen auch die Gelegenheit entrissen, sich geschickt zu machen, etwa einstens selbst mit Nutzen und Ruhm die Würde eines Bibliothekar zu bekleiden. Auch ist die allzuoftmalige und eilende Abänderung in diesem Amte die Ursache, daß geschickte Klosterbibliothekare selten sind. Ein Mann voll Eifer hat oft kaum angefangen, sich einem so wichtigen Geschäfte zu widmen, so wird er schon wieder weggerufen, und ein anderer muß an seine Stelle treten, zu lernen anfangen, und bald wieder zurücke kehren. Es gehören Jahre, und in diesen tägliche Besuchung, Durchforschung und Benutzung der Bibliothek dazu, bis der Mann zu einer solchen Bekanntschaft des ihm anvertrauten Schatzes kommt, daß er Anspruch auf den Ruhm eines würdigen und brauchbarn Bibliothekars machen kann. Jezo, ich wiederhole es, sind die meisten Klosterbibliotheken dieser Gegenden der Aufsicht geschickter und gelehrter Vorsteher anvertrauet, und, was noch mehr ist, das ehedem gewöhnliche Zurückhalten, die bedenkliche Sorglichkeit, die protestantischen Gelehrten oft den Besuch der Klosterbibliotheken erschwert, oder doch unbrauchbar gemacht haben, sind fast gänzlich weggeschwunden. Ich wenigstens, der ich gewiß nicht saumselig in Besuchung unserer nahen Klosterbibliotheken bin, kenne die geübtesten, leutseligsten und dienstfertigsten Klosterbibliothekare in unsern Gegenden. Auch in Bayern habe ich solche liebenswürdige, und dem gelehrten Reisenden treflich nutzbare Männer angetroffen, z. B. in Wessobronn, Pollingen, Dissen rc.

Warum hier von dieser Sache? Weil doch Klosterbibliotheken für den reisenden Literator von höchster Wichtigkeit sind, und weil, sie recht zu kennen und zu nutzen, der Dienst ihrer Bibliothekare unentbehrlich ist. Man merkt gleich, ob ein Bibliothekar in seinem Fache und Geschäfte einheimisch ist. Solch einen Klosterbibliothekar zum Freund zu haben, und bey ihm Belehrungen, auch ausser dem Besuch der ihm anvertrauten Bibliothek selbst, suchen und nutzen zu können, ist ein grosser Vortheil für jeden andern Bibliothekar und Literator. Gemeiniglich — mich hat dieß schätzbare und vortheilhafte Erfahrung gelehrt — sind diese Männer, wenn sie einmal Lust zu ihrem Geschäfte gewonnen haben, die sorgfältigsten Ausspäher sonst verlohrner, längst vergessener, aber wichtiger Seltenheiten, und ihre Nachforschung hat schon vieles Bedeutende entdecket, das sonst immer unbekannt geblieben wäre. Diesen Wink versteht der für sein Geschäfte eingenommene Bibliothekar, ohne daß ich nöthig hätte, ihn durch nähere Bedeutungen kenntbarer zu machen. Aber Eines muß ich hier doch noch anmerken. Man muß bey dem Besuche der Klosterbibliotheken, und bey Gebrauche der Belehrungen und Dienstfertigkeit ihrer Vorsteher, seine Lüsternheit mäßigen und beherrschen. Spolien aus den Klöstern zu sammeln, ist itzt, zur Ehre ihrer Bewohner, keine Zeit mehr. Aber von ihren Doubletten einen erlaubten und rechtmäßigen Gewinnst zu machen, und durch Umtauschungen, dazu scheint unsere Zeit recht vorzüglich tauglich zu seyn. Ich habe davon die angenehmste Erfahrung. Freylich,

die

Kenntniß derselben.

die Klosterbibliothekare haben für sich kein Recht, auch nur das geringste Blatt des ihnen anvertrauten Vorraths zu vertauschen, oder sonst zu veräussern; wär es auch zehnfältig da. Und, wo kann ein Bibliothekar solch Recht vor sich haben? Die anvertraute Bibliothek ist ja nicht sein Eigenthum. Er ist nur als Verwalter über sie gesetzt. Indessen wissen sie, wo sie die Erlaubniß erhalten können, das was ihrer Bibliothek unnöthig und überflüßig ist, gegen andere Erwerbungen entlassen zu dürfen. Und ein rechtschaffener Kloster-Obere, und alle, die hier was zu sagen haben, werden des erprobten, treuen Bibliothekars Antrag und Empfehlung zu einem Umtausch, oder Verkauf einer entbehrlichen Sache, nicht ungern entsprechen. Ich möchte fast hieraus eine besondere Regel für den reisenden Bibliothekar ziehen. Aber es ist nicht nöthig; jeder Denkende kann sie sich selbst machen.

Noch was. In manchen Klöstern sind zu Besorgung der Bibliothek mehrere Männer angestellt, zwar nicht als eigentliche Bibliothekare, sondern als Gehülfen des ordentlichen Bibliothekars. Das ist auch für den Fremden bey seinem Besuch ungemein vortheilhaft, zumal wenn diese Gehülfen junge lebhafte Leute, und zur Aufsuchung und Vorweisung vorzüglich wichtiger Stücke fertig sind. Aber das Kloster selbst hat in Rücksicht auf seinen Bücherschatz davon den ersprießlichsten Nutzen. Unter der Anleitung des geübten Bibliothekars lernen diese junge Männer ihre Bibliothek kennen, bekommen Geschmack und Lust für die Beschäf-

182 Von Bibliotheken, und der nöthigen

Beschäftigungen auf derselben, und für die Literatur; sind Bibliothekariats-Zöglinge, und können geschickt zubereitet werden, einstens selbst brauchbare Bücheraufseher zu seyn. Nur muß der eigentliche Bibliothekar nicht gegen sie zurückhaltend, neidisch, stolz und gebieterisch seyn. Er muß ihnen seine eigene Kenntnisse mittheilen, sie zur genauen Bekanntschaft mit den vorhandenen Schätzen anleiten, und auf alle mögliche Weise Eifer und Liebe für die Literatur in ihre Seele flößen; sie nicht blos zum hin und hertragen der Bücher, und zu andern dergleichen Nebengeschäften gebrauchen. Auch müssen zu solchen Gehülfen keine Leute gebraucht werden, die zu nichts tauglich sind, als nur zu den letztgenannten Verrichtungen; keine Layenbrüder, die keine Studien haben, und sich nur mit dem äusserlichen Ansehen der Bibliothek belustigen können. Es sey mir erlaubt, hier einen frommen warmen Wunsch in Hinsicht auf taugliche Klosterbibliothekare zu äußern. Möchten doch diese Leute — das können ihre Obern thun — in den Stand gesetzt werden (indem ein Mabillon in seinem Kloster zu St. Germain des Pres lebte, und dadurch der nußbarste und verdienstvollste Schriftsteller und Sammler wurde) ohne alle Amtsgeschäfte und andern Beruf, als sich mit der Bibliothek, und der Literatur, und andern Wissenschaften zu beschäftigen, von jüngern Mitgliedern aus Pflicht unterstützet, von beschwerlichen und hindernden Ordenspflichten befreyet, bey allen ihren Bedürfnissen, auch mit Kosten zu Reisen, der nöthigen Hülfe gewürdiget.*

Ich

* S. Walchs Vorrede zum ersten Theil der freyen Uebersetzung der Kirchengeschichte des Herrn von Mosheim. S. 148 sq.

Ich finde noch eine Bemerkung für den forschenden Literator hier nöthig. Was in Klöstern eigentlich Prälatur, oder Priorat, oder dem ähnlich heißt, kurz die Wohnung des ersten Klostervorstehers, muß der reisende Gelehrte, wo ihm je ein Zutritt dahin gegönnet wird, nicht vernachläßigen. Der erste Klostervorsteher hat oft die wichtigsten Kostbarkeiten der allgemeinen Bibliothek unter seinen Augen, sammelt für sich, und seine Nachkommen in der erhabenen Würde, eine besondere bedeutende Bibliothek, bewahrt ein Münz- Gemählde- und Kupferstich-Kabinet, gegen welche Dinge kein Bibliothekar gleichgültig seyn kann. So ists, daß ich nur ein Beyspiel anführe, in Ottobeuren, wo, ausser dem Schaße alter Münzen, der Prälat ein mit Kenners Einsicht und Geschmack von ihm selbst gesammeltes herrliches und reiches Kupferstich-Kabinet in seiner Prälatur, in etlichen Zimmern hinter einander, bewahrt.

Nicht bloß die öffentlichen und Kloster-Bibliotheken sind des reisenden Bibliothekars Aufmerksamkeit würdig, und ihr Besuch und genaue Kenntniß ihm nußbar, sondern auch Privat Büchersammlungen, Buchläden, und die Gewölbe der Antiquarier und Auctionatoren. Ich seße noch hinzu: Es ist ihm das Nachforschen bey Künstlern, Handwerkern und Krämern, die zu ihren Handthierungen und Geschäften Pergament und Papier aufsuchen und brauchen, oft sehr vortheilhaft. Man findet hier vielmals angenehme Gelegenheit, wichtige Schriften, auch alte Handschriften,

oder

oder doch Fragmente davon, vom Untergang zu retten. Uffenbach hatte hierin ein seltenes Glück, davon man in meines Vaters Lebensbeschreibung dieses grossen Mäcens, und in der Abhandlung von dessen Studio bibliothecario die Beweise findet. Auch des in künstlichen Arbeiten sich übenden Frauenzimmers ist nicht zu vergessen. Ich selbst habe von der Spitzkugel eine wichtige Originalurkunde Ludwig des Bayers, und ein Paar Brevien Pabst Nicolaus V; und aus dem zu gleichen Diensten für eine geschickte Arbeiterin bestimmten Pergamenten-Vorrath ein ganzes mir schätzbares Diurnale, das im Kloster Thierhaupten 1524 geschrieben worden, gerettet, und durch wohlfeilen Ankauf mir eigen gemacht.

Auf Bücherverlassenschaften verstorbener Gelehrten, wenn sie auch schon ausgesucht sind, und schon lange im Staub liegen, richte der reisende Literator sein nachforschendes Augenmerk. Manche Erben vernachlässigen solche Verlassenschaften, und weisen ihnen einen Aufenthalt an, wo sie selbst den Gelehrten ihres Wohnorts verborgen bleiben. Oft, wenn diese Erbschaften zum öffentlichem Verkauf ausgeboten worden, bleibt dieser von ohngefehr stecken, und noch immer etwas zurücke, das des Kenners Aufmerksamkeit, und Erwerbung werth ist. Einige von glücklichen und geübten Sammlern zurückgelassene Bibliotheken sind im Anfang zum Verkauf im Ganzen beysammen bestimmet, und diese Absicht wird durch ihren theuren Werth, und durch andere Umstände vereitelt. Denn kommt

doch

doch für den Literator noch eine erwünschte Zeit, einzelne wichtige Stücke daraus zu erhalten. Und solch eine Gelegenheit sollte der reisende Gelehrte vernachläßigen, und sich entwischen laßen?

Dem Leser, und mir, das Verdrüßliche der Wiederholungen zu ersparen, laße ich hier noch andere Erinnerungen von denen Sachen, die bey Besuchung der Bibliotheken besondere Aufmerksamkeit verdienen, weg, weil ich in folgenden Kapiteln davon zu sprechen, Gelegenheit finden werde.

Vom Nutzen, Zweck, und vortheilhafter Richtung gelehrter Reisen, weiß ich noch keine eigne Schrift, die Genüge leisten könnte, zu nennen. Doch, daß ich meine Leser nicht völlig unbefriedigt laße, so weise ich sie abermal auf den unschätzbaren Fränkischen Catalog der Bünauischen Bibliothek, wo eine ansehnliche Reihe von Schriften dieser Art, aufgeführet wird *, ob ich gleich aus eigner Erfahrung weiß, daß die daselbst genannten Autoren, und ihre Bemerkungen, den Durst eines Gierigen dießfalls nicht sattsam stillen. Von einigen kann ich indeß nicht ganz schweigen.

Johann Caspar Löscher behandelt in der Dissertation de Peregrinationibus litterariis, Wittenb. 1697 die Sache ungemein flüchtig. Mit mehrerm Nutzen und Vergnügen wird man den von Franken angezeigten Brief des berühmten Georg Richters lesen. Und

M 5   in des

---

* Tom. I. pag. 1739 sq.

186 Von Bibliotheken, und der nöthigen ɾc.

In des Maresius Brieffammlung, zeichnen sich im ersten Buche der fünf und dreyßigste, und der drey und vierzigste Brief, die Frank vergessen hat, diesfalls aus. Auch J. Lipsii Epistola ad Phil. Lanoyum de ratione cum fructu peregrinandi, & præsertim in Italia, * ist lesenswerth. Im Baudelot † möchte die Vorrede, der darauf folgende Brief, und in der Mitte des Werkgens, die Abhandlung von den Handschriften, einen Vorzug verdienen.

* In Lackmanns Miscellaneis literariis pag. 157 sg.

† de l'Utilité des Voyages, & de l'Avantage que la Recherche des Antiquités procuré aux Savans, par Mr. Baudelot de Dairval, à Paris 1686. 8. 2 Volumina. Frank zeigt eine neuere Ausgabe von 1693. 12. an, deren Gebrauch mir versaget ist.

Viertes

Viertes Kapitel.

Von den Handschriften, die in Bibliotheken aufbewahret werden, und aufbewahret zu werden verdienen. Von der Bibliothekare Aufmerksamkeit auf dieselbe, und ihrer ihm nöthigen Kenntniß; nebst andern hieher gehörigen nutzbaren Anmerkungen.

Handschriften sind ein wichtiger, wohl gar der kostbarste Bestandtheil einer ansehnlichen Bibliothek. Der Bücheraufseher muß ihnen die strengste Aufmerksamkeit widmen, und er hat darzu Kenntnisse nöthig, die mancher anderer Gelehrte entbehren kann, und die nur mit dem unabläßigsten, und mühsamsten Fleiß können erhalten werden. Er braucht eine tiefe Beurtheilungs- und Forschungskraft, und muß sich mit unsäglicher Mühe mit Dingen abgeben, die andern Kleinigkeiten scheinen, dem Kenner und Beurtheiler der Handschriften aber von der bedeutendsten Wichtigkeit sind, und die er also, um die ihm anvertraute Schätze vortheilhaft benutzen, und ihren wahren Werth richtig, und bestimmt beurtheilen zu können, durchaus nicht vernachläßigen darf.

Treu besorgt für die ihm anvertraute Bibliothek wird er, wie in andern Stücken, auch für die Vermehrung des Handschriftenvorraths in derselben sorgen.

Ich werde darüber in der Folge einige, wie ich hoffe, nicht unbedeutende Erinnerungen machen. Itzt setze ich das leichtere voraus.

Man

Von Handschriften, die in Bibliotheken

Man rechnet billig gedruckte Bücher mit gelehrter Männer eigenhändigen Anmerkungen, unter die schätzbaren Besitzungen einer Büchersammlung, und man darf solche zu den Manuskripten zählen. Auf die muß also ein Bibliothekar allerdings aufmerksam seyn, und mit solchen den Schatz, der seiner Aufsicht anvertrauet ist, nach aller Möglichkeit zu bereichern suchen. Die gelehrten Männer, die gedruckten Schriften ihre Glossen beyschreiben, verbessern oft glücklich begangene Fehler, berichtigen genauer vorgetragene Behauptungen, setzen deutlichere, wichtigere und mehrere Gründe, neue und stärkere Beweise, auch brauchbare Citationen hinzu; erklären den Sinn des Verfassers, der oft unbestimmt, und dunkel daliegt, und, wenn von einem Werke mehrere Ausgaben vorhanden sind, die sich durch verschiedene Lesarten, Auslassung ganzer Stellen, Veränderungen, unterscheiden, bemerken sie dieses, oft, zumal bey alten Klaßikern, Kirchenvätern und Geschichtsbüchern, mit Beziehung auf die Handschriften, die sie nutzen konnten. Das ist genug gesagt, Schriften dieser Art, zu sorgfältiger Aufsuchung und Hochschätzung zu empfehlen. Sie sind freylich von verschiedenem Werthe, worauf der Bibliothekar mit Vorsichtigkeit sehen muß. War der Mann, der ein Buch mit seinen eigenhändigen Bemerkungen bereichert hat, ein Gelehrter von tiefem Forschungsgeiste, aufgeklärtem Verstande, und gesundem Geschmacke, hat er sich mit Recht den Ruhm eines gründlichen Critikers erworben, weiß man, daß er in dem Fache der Wissenschaften, zu dem das überschriebne Buch gehöret, vorzügliche Kenntnisse und Geschicklichkeit besaß, und daß er reichen und wichtigen Vorrath und Hülfsmittel, zumal solche, deren andere Gelehrte mangeln müssen, benutzen können, und würklich benutzet hat, so haben gewiß seine Randglossen einen vorzüglichen Werth. Aus solchen Gründen werden besonders die Schriften, denen ein Vossius, Heinsius, Lipsius, Scaliger, Meursius, Baluzius, und dergleichen grosse Männer, ihre Bemerkungen beygefüget haben, hochgeschätzt und sorgfältig gesucht. Bey alten classischen Schriftstellern, Kirchenvätern, und bey Geschichtsbüchern aus dem mittlern Zeitalter, verdienen die eigenhändig hinzugeschriebenen Anmerkungen solcher Männer, die entweder den Schriftsteller selbst herausgegeben, oder doch an dessen Ausgabe, an deren Vollziehung sie gehindert worden, gearbeitet haben, eine auszeichnende Achtung, so wie die historischen Werke, in die ein geübter, belesener, und mit Urkunden bekannter Geschichtsforscher seine Zusätze eingezeichnet hat. Ich besitze von der letztern Art die erste gedruckte Ausgabe des sogenannten Urspergischen Zeitbuches, mit des grossen Conrad Peutingers zwar kurzen, aber bedeutenden Nebenbemerkungen, die billig darum höchst schätzbar sind, weil man diesem genauen und arbeitsamen Mann diese erste Ausgabe zu danken hat. Wahrscheinlich waren diese Glossen für einen künftigen neuen Druck des gedachten Zeitbuches bestimmt. Wenn Männer, die zu der Zeit gelebt haben, in welche die Begebenheiten fallen, die in einem historischen Werke erzählt werden, und die erzählte Sachen vorzüglich richtig wissen konnten, mit eigener Hand

einen

einen Umstand berichtigen, bestätigen, oder die Geschichte verneinen, so wird jeder vernünftig denkender Gelehrte ihre Anmerkungen der Aufmerksamkeit würdig achten. Und daß ich noch einmal der alten Claßiker gedenke, so sind diejenigen gedruckten Ausgaben davon ausnehmend bedeutend, die mit wichtigen Handschriften genau, und mit critischem Fleiße sind verglichen worden, und denen das Resultat solcher Vergleichungen beygeschrieben ist. Man findet nicht leichte einen so reichen Vorrath dieser Art beysammen, als der trefliche Polyhistor J. A. Fabriz zu Hamburg gesammelt hat.* Die eigenhändige Berichtigungen, Zusätze und Verbesserungen gründlicher Gelehrter einem Exemplare ihrer gedruckten Schriften beygeschrieben, wenn sie nicht in einer neuen Ausgabe schon publizirt sind, können auch nicht vernachläßiget werden. In der öffentlichen Bibliothek, deren Aufseher zu seyn, ich das mir höchst schätzbare Glück geniesse, findet sich ein sehr wichtiges Werk dieser Art, das sie aus der Verlassenschaft seines Verfassers, als ein dankwürdiges Vermächtniß erhalten hat. Es ist meines Landsmannes Georg Wachters, auf dessen ausgebreiteten und daurenden Ruhm meine Vaterstadt stolz seyn kann, grösseres Glossarium Germanicum, durchaus mit seinen eigenhändigen, nett und leserlich geschriebenen, für den Forscher teutscher Sprache, und Alterthümer wichtigen Zusätzen, bereichert, welche bedeutende Verbesserungen, und Berichtigungen, auch viele ganz neue Artikel, die in der gedruckten Ausgabe weggeblieben waren, enthalten. Es

ist wahr,

* Bibliotheca J. A. Fabricii Pars IV. pag. 172 – 195.

ist wahr, Wachter hat sich bey seinen Untersuchungen, und Wortforschungen oft von einem spielenden Witze zu sehr übermeistern lassen, und davon zeigen sich auch in dieser Handschrift viele Merkmale. Allein die Menge reichhaltiger, wichtiger, und mit genauer Prüfung hingeschriebner Bemerkungen, überwiegt diese leicht zu übersehende Fehler weit. Ich zähle hieher auch besonders, und mit Recht, die Lehrbücher akademischer Professoren, die sie zum Gebrauche bey ihren Vorlesungen, mit ihren handschriftlichen Anmerkungen bereichert haben.

Der Bibliothekar, der solche wichtige Seltenheiten recht nutzen will, muß geübt seyn in der Lesung fremder Handschriften, und in Entwicklung der Siglen und Abbreviaturen. Theils haben die Männer, die gedruckte Bücher mit ihren Bemerkungen überschrieben haben, überhaupt schlecht und unleserlich geschrieben, oder mit Vorsatz, des Raumes, und der Zeit zu schonen, eilend, und in den kleinsten Zügen ihre Zusätze hingezeichnet; theils haben sie sich aus gleichen Ursachen, nur einiger Siglen, Abkürzungen, oft nur eines Anfangsbuchstabens, oder einzelner Silben bedienet; theils haben sie ganz eigne, sonst ungewöhnliche willkührliche Zeichen gebraucht. Da ist es freylich ausnehmend schwer, den Inhalt und Verstand der Glosse zu erfahren. Allein man kennt doch Vortheile, durch die man sich zu richtiger Lesung derselben geschickt machen kann. Ich habe mit gutem Erfolge in diesem Falle zu eigenhändigen Briefen der Glossatoren meine Zuflucht genommen, aus denen die Züge ihrer Buch-

staben

ſtaben mir genauer bekannt wurden. Auch die wiederholte genaue Beſichtigung der unleſerlichen Stelle, ihre Vergleichung mit andern Stellen in dem nemlichen, oder auch einem andern, von eben dem Gelehrten überſchriebenen Buche, ſind zu dieſem Dienſte tauglich. Viermal konnte ich oft die Anmerkung nicht richtig leſen, das fünfte mal gelang es.

Kann man ſolche Bücher, von denen hier die Rede iſt, nicht zum Eigenthum der Bibliothek, der man vorſtehet, erhalten, ſo hat man doch oft das Glück, und die Gelegenheit, ſie gelehnt zu erhalten. Von denen hineingeſchriebenen Anmerkungen eine richtige Abſchrift ſelbſt zu machen, oder von einem andern geübten Schreiber fertigen zu laſſen, wird ein Dienſt ſeyn, den ein treuer, und ſorgfältiger Bibliothekar, der anvertrauten Bücherſammlung nicht weigern kann. Aber da möchte ich doch nicht rathen, die Gloſſen in das vorhandene Exemplar eines Buches, an den Ort, wo ſie hin gehören, zu ſchreiben, weil doch dadurch das Buch unanſehnlich, und buntſcheckigt wird, und oft, wegen des kleinen Raums alles klein, abgekürzt, gedrängt, unleſerlich, angezeichnet werden muß. Hintenhin auf leere Blätter, oder wenn dieſe mangeln, auf einige Blätter, die ins Buch gelegt werden, mit Bezeichnung der Seiten und Stellen, dahin ſolche Bemerkungen gehören, ſie aufzeichnen, iſt das Beſte; oder wenn ſolcher Beyſätze ein groſſer, und fürs ganze Buch hinreichender Reichthum vorhanden iſt, ſo kann man das Buch mit weiſſen Blättern durchſchleſſen laſſen,

sen, und dahin die Bemerkungen eintragen. Doch, ich muß gestehen, ein so durchschoßnes Buch ist nicht nach meinem Geschmacke.

Wer begierig ist, Bibliotheken, in welchen solche glossirte Bücher ehedem aufbewahret worden, und Bücherverzeichnisse, die dergleichen anzeigen, kennen zu lernen, den verweise ich vornemlich auf die von meinem unvergeßlichen Vater herausgegebene Selecta Commercii epistolaris Uffenbachiani Part. III. und die vorangesetzte Abhandlung de studio Uffenbachii bibliothecario p. LXXXV. fgg. auf Maichelii Introductio in hist. lit. de præcipuis Bibliothecis Parisiensibus, und auf Jordans Histoire d'un Voyage litteraire fait en 1723. en France &c. welche letztere hin und wieder davon sehr wichtige und brauchbare Nachrichten geben. Ein ganz neues Bücherverzeichniß von bedeutender Wichtigkeit kann ich hier nicht mit Stillschweigen übergehen, da in demselben eine ausnehmend grosse Menge solcher schätzbarer Bücher, dergleichen nirgend sonst in so reicher Anzahl zusammengesammelt sich je befunden haben, oder sich noch befinden, angezeiget sind. Es ist der von dem würdigen und gelehrten Aufseher der Bibliothek zu St. Markus in Venedig, Morell, verfertigte, und oben schon bemerkte Catalogus Bibliothecæ Pinellianæ. Es kann meinen Lesern nicht unangenehm seyn, hier aus diesem Verzeichnisse die Ausgaben der Autoren angezeigt zu sehen, die sich in der Pinellischen Bibliothek, mit den Randglossen der gelehrtesten Männer, gezieret, befinden.

ben. Der Catalog wird in Teutschland nicht in vielen Händen seyn. Ueberdieß wird die Bibliothek, die er beschreibt, käuflich angeboten. Zum Ankauf der ganzen — so vermuthe ich nach Erfahrung — zeigt sich nicht leicht, oder ganz spat, ein Käuffer. Die Bücher werden auf diesen Fall einzeln entlassen. Ich werde gewiß durch meine Anzeige manchem Gelehrten, nach seinen eignen und besondern Absichten und Unternehmungen, einen angenehmen Gefallen erweisen. Hier also aus Morells treflicher und lehrreicher Vorrede zu den ersten drey Bänden, die die lateinischen Schriftsteller enthalten, diese Anzeige: Ptolomäi Geographie mit Nikl. Sophiani Anmerkungen; Aristides mit des Wilh. Canters; Plutarchs wahrscheinlich mit Murets; Stobäus mit des Salmasius; Dion. Longin mit Nik. Heinsius; Catull, Tibull und Properz mit des Alex. Synklitikus; Apollonius Rhodius mit Rob. Creyosthons; Hesychius mit Joh. Arcerii, Pet. Frankens und Arn. Drackenborchs; Pausanias mit Aug. von Staverens; Demet. Phalereus mit Georg Arhauds; Frontin mit des ältern Pet. Burmanns; Merkurius Trismegistus, Aristophanes Xenophon, Theocrit, Dionysius der Geograph, Plutarch, Synesius, Demetrius Phalereus, Hesychius, Virgil, Horaz, Claudian, Statius, Silius Italicus, Makrobius, Vibius Sequestris, Georg Elmacinus, mit verschiedener Ungenannter. Morell vermuthet, daß die Glossen bey dem letztgenannten Schriftsteller, eine Arbeit des grossen Kenners der Arabischen Sprache und Litteratur, Erpenius seyen, und denn wäre sie gewiß von sehr schätzbarem Werthe. Noch

aufbewahrt zu werden verdienen.

Noch eine, doch nur ganz kurze, Anzeige von Büchern dieser Art, die den Handschriften gleich zu schätzen sind, und von Bibliotheken, die davon einen vorzüglichen Vorrath, er zeichne sich durch die Menge oder durch die Wichtigkeit aus, besitzen, setze ich hinzu. Die Rathsbibliothek in Leipzig hat einen herrlichen Schatz von solchen Schriften: und wenn sie dergleichen sonst nichts hätte, als den treflichen Ptolemäus bey Christ. Wecheln 1546. 4. zu Paris gedruckt, und mit schätzbaren Marginal-Noten, die wahrscheinlich vom H. Stephanus kommen, beschrieben, so verdiente sie hier eine besondere Anzeige. An sich ist diese ganz griechische Ausgabe des alten Geographen äusserst selten; und man kann die Exemplare, die man davon in Bibliotheken vorfindet, fast an den Fingern herzählen. Ueber dieß ist sie noch immer die beste, die wir haben. Denn ist, wie jeder forschende Literator weiß, die Anzahl der gedruckten Ausgaben des Ptolemäus ausnehmend geringe: und ich glaube, daß die Ausgaben eines Classiker, die so wenig vervielfältiget sind, mit bedeutenden, zumal critischen geschriebenen Randglossen von grossen und geübten Männern versehen, von vorzüglichem Werthe, und der Aufmerksamkeit vor andern, den Handschriften gleich zu schätzenden Büchern würdig sind, da sie einem neuen Herausgeber den vortreflichsten Dienst leisten können. Auch sind die Randglossen selbst, von denen hier die Rede ist, von ganz ausnehmendem Werth. Sie bemerken die verschiedenen Lesearten, verbessern den gedruckten Text des Wechelins, enthalten, zur Erläuterung des alten Geographen, Anmerkungen aus den besten alten Schriftstellern, dem Strabo, dem Stephan von Byzanz, Eustathius, Arrianus, Scylax, Plinius, Mela, und andern, gesammelt, und sind von der niedlichsten Hand, und ausnehmend rein, geschrieben. *

Auch die Universitäts-Bibliothek zu Leipzig bewahret einen Vorrath Schriften dergleichen Art, darunter sich die griechische Ausgabe der Reden des Isokrates vom Demetrius Chalcondylas 1493 zu Mayland herausgegeben, durch des Peter Mosellanus eigenhändige Randglossen, auszeichnet **; so wie ehedem auf eben diesem berühmten Musensitze, die Börnerische Bibliothek, in diesem Stücke vor andern einen Vorzug behauptete, † in der vornemlich eben des Demetrius Suidas, Mayland 1499 fol. mit eines anonymischen Critikers, und des geübten Palmerius beygeschriebenen Noten, bedeutend sind.

Die öffentliche Büchersammlung der Jenaischen Akademie bewahrt einen kostbarn Schatz an dem ersten Theile der Lutherischen teutschen Bibelübersetzung des A. T. 1539 mit Luthers eigenhändigen Bemerkungen und

---

* Raidelii comm. crit. lit. de Cl. Ptolomæi Geographia ejusque Codicibus tam mssc. quam typis expressis. Norimb. 1737. 4. pag. 17. sq. wo auch eine Probe dieser Randglossen eingerückt ist. Will eignet diesen Aufsatz dem Pr. Nagel zu, in dem Nürnbergischen Gelehrtenlexicon, 3 Theil S. 7.

** S. Bœrneri lib. de doctis hominibus Græcis literarum Græcarum in Italia restauratoribus, pag. 196.

† Loc. cit. pag. 159. 191.

aufbewahrt zu werden verdienen. 197

und Verbesserungen; wie vom N. T. 1540 mit gleichen Randglossen des seligen Reformators. **

Und gerade hier schliesse ich an, was ich, unter andern solchen Schriften, in der ehemaligen Solgerischen Bibliothek, die nun einen ansehnlichen Theil der Nürnbergischen Stadtbibliothek ausmacht, vor allen andern dieser Gattung, hochschätze, und was jeder Kenner sehen und prüfen zu können, begierig seyn wird. Es ist die vom Gerbel zu Hagenau 1521. 4. nach der Signatur, 8. nach dem Format, besorgte Ausgabe des griechischen N. T. mit Luthers eigener Hand bezeichnet, deren genaue Einsicht vielleicht den gelehrten Streit: Nach welcher Ausgabe Luther das N. T. übersetzt habe, bald entscheiden lehrte ††. Zwar, ob Luther nur seinen Namen in dieses Exemplar hineingezeichnet, oder, ob ers auch mit eigenen Randglossen versehen habe, kann ich nicht gewiß sagen. Denn in dem Verzeichniß, worauf ich mich unten beziehe, ist davon nicht bestimmt genug gesprochen. Nur im letztern Falle würde dieses Exemplar als merkwürdig hieher gehören.

Die churfürstliche Bibliothek zu München besitzet einen nicht geringen Vorrath so lehrreich überschriebner gedruckter Bücher, darunter diejenigen aus der Bibliothek des berühmten J. A. Widmanstads, die ganz dahin gekommen ist, wohl einen besondern Vorzug behaupten.

** S. Mylii memorabilia Bibliothecae academicae Jenensis, pag. 273. 289.
†† Bibliotheca Solgeriana Part. II. pag. 6.

haupten. Wibmanstadt hat in die Bücher seines Vorraths sowohl Nachrichten, die die Geschichte seines Lebens, und seiner gelehrten Arbeiten betreffen, als auch andere wichtige, zumal die Orientalische Litteratur erläuternde Anmerkungen, angezeichnet. Ich besitze davon sehr schätzbare und zahlreiche Ercerpten, und habe auch ehemals öffentlich einen Gebrauch davon gemacht * Vielleicht ist die trefliche herzogliche Bibliothek in Weimar diejenige, und also die Einzige, die von Büchern dieser Gattung den reichsten Vorrath besitzet. Ich beziehe mich, zum Beweise, auf einen vornehmen Gelehrten, den unsere Zeiten unter ihre grösten Kenner wahrer literarischer Schätze, und unter die geübtesten Critiker, zählen. †

Ich gerathe in Versuchung, und kann ihr nicht widerstehen, hier nochmals meiner eigenen Büchersammlung zu gedenken. Auch in dieser sind einige nicht zu verachtende gedruckte Werke, von wackern und im Reiche der Wissenschaften angesehenen Männern, glossirt. Der schätzbarn Glossen Peutingers bey der von ihm veranstalteten Ausgabe des sogenannten Urspergischen Chronologisten habe ich schon gedacht. Die erste Ausgabe aus der Baselschen Officin des Andreas

Cratan-

---

* In den Beyträgen zur Erläuterung der Geschichte, besonders der Schwäbischen Gelehrten- und Kirchengeschichte 2 St. S. 173 fg. Und in der Sammlung für die Geschichte, vornemlich zur Kirchen- und Gelehrtengeschichte, 1 B. S. 1 sqq.

† D'Ausse de Villoison Epistolæ Vinarienses, Turici 1783 4. Pagg. 36. 66. 100 sq.

aufbewahrt zu werden verdienen.

Cratanders 1521. gr. 4. vom Softanz, von der man Bünemann* und Freytag† nachsehen muß, besitze ich, mit mir sehr schätzbaren, und jedem critischen Leser, auch etwa künftigen neuen Herausgebern dieses Kirchenvaters, sehr brauchbarn handschriftlichen Randbemerkungen. Sie sind von meinem sel. Vater, mit grossem und prüfendem Fleisse, gesammlet, theils aus einem Paar Handschriften aus dem 14ten Jahrhundert, theils aus den seltensten ältern gedruckten Ausgaben. In frühern Jahren war Critik ein Hauptstudium des seligen, fleißigen, und mit allen dazu erforderlichen Kenntnissen begabten Mannes. Sogenannte Autographen Luthers, und seiner Zeitgenossen, in dem Begrif, in dem Olearius, Hermann von der Hardt, und ihres gleichen diese Benennung genommen haben, mit gleichzeitigen, zumal historischen handschriftlichen Erläuterungen und Bemerkungen, am Rande begleitet, sind mir in ansehnlicher Menge eigen. Vor andern so beschriebnen gedruckten Werken, die ich selbst besitze, schätze ich sehr hoch des Camerars Leben des Melanchthons, vom Vögelin zu Leipzig 1566. gr. 8. gedruckt, und die aus eben dieser Officin herausgetretenen Briefe des Melanchthons an den Camerar, eben daselbst 1569 in gleichem Format. Beyde sind durchaus von einem Gelehrten damaliger Zeit, mit ungemein wichtigen, und vorzüglich die Geschichte erläuternden handschriftlichen Anmerkungen am Rande versehen**.

Nicht

---

* Præfatio ad edit. Lactantii N. 22.
† Apparatus literarius Tom. II. pag. 854.
** Diese Bemerkungen sind auch vortreflich nutzbar zur Vermehrung

Nicht zu vergessen des G. J. Vossens zweyer Bücher de veterum poetarum temporibus, qui sunt de poetis graecis & latinis, Amstelod. ex typogr. Jo. Blaev. 1672. 4. Ich darf, um den Werth dieses Exemplars zu empfehlen, nur sagen: Der gelehrte, belesene, und geübte Gisb. Cuper, war ehedem Besitzer desselben; wollte dieß Werk des Vossens neu und erweitert herausgeben; ließ sich daher dieß Exemplar durchschießen, und beschrieb es am Rand des Druckes, und auf den durchschossenen Blättern, mit seinen, mit Fleiß gesammelten und überdachten Anmerkungen. Die Handschrift ist durchaus leserlich, das immer, bey Schriften dieser Art, ein nicht geringer Vorzug ist.

Bey Auktionen, oder dem Verkaufe des nachgelassenen Büchervorraths berühmter und geübter Gelehrten, muß der Büchersammler auf diesen Punkt mit denken. Zwar selten, und fast gar nie, ist es in den Verzeichnissen angezeigt, daß die feil gebotene Bücher, und welche? mit des gewesenen Besitzers Randglossen versehen seyen. Indessen bey vielen kann man es vermuthen, oder weiß es aus Nachrichten, oder eigener Erfahrung. Ist der Mann, dessen zurückgelassene Bibliothek dem Verkauf bestimmt ist, ein geübter Gelehrter gewesen, hat er in einem gewissen Fache der

Gelehr-

---

mehrung und der Berichtigung der Schlüssel zu den Melanchthonischen Briefen, die man dem J. Strumasius und Röber, besonders über die Briefe des Melanchthons an den Camerarius, zu danken hat. Ersterer stehet in Thomasii historia sapientiae & stultitiae pag. 154. der letztere in Röders historia colloquii Wormatiensis pag. 99 sqq.

aufbewahrt zu werden verdienen.

Gelehrsamkeit eine vorzügliche Stärke besessen, und weiß man, daß er den Büchern in seinem Vorrathe eigene Anmerkungen beyzuzeichnen gewohnt war, so wird man nicht vergessen, beym Einkauf auch darauf sein Augenmerk zu richten. Ich will ein Paar Beyspiele anführen. Hier in Memmingen lebte in dem ersten Viertel dieses Jahrhunderts ein Superintendens, Georg Wachter, ein auch in der gelehrten Welt nicht unbekannter Theologe, ein Mann von tiefer und gründlicher Gelehrsamkeit, und geübtem Scharfsinn; in der griechischen Literatur, in der Kirchengeschichte und Patristik ganz besonders erfahren. Er war gewohnt, denen Büchern, die er besaß, seine Bemerkungen beyzuzeichnen, die sich mit Verbesserungen, Berichtigungen, Erweiterungen, Widerlegungen, auch Citationen, die gewiß sehr bedeutend sind, beschäftigen. Ich bin ungemein gierig auf die ehemaligen gelehrten Besitzungen dieses verdienstvollen Mannes, und habe aus der zurükgelassenen Bibliothek eines selig entschlafenen Collegen, an den ein Theil derselben, als Erbschaft gekommen ist, davon manches sehr Wichtige an mich gebracht, das mir zur Erweiterung meiner Kenntnisse, eben um der beygeschriebenen Bemerkungen willen, ausnehmend nutzbar ist.

Die Friken in Ulm — Schade! daß, wenigstens in unserer Gegend, kein Gelehrter aus diesem, um die Gelehrsamkeit so groß verdienten Geschlechte, mehr lebt! — Männer, die in der gelehrten Geschichte, in der Kirchenhistorie, und Historie der Philosophie, in

N 5 den

den kirchlichen Alterthümern, und Patristik, sich eine auszeichnende Stärke erworben hatten, haben den Büchern, die sie gesammelt, zumal denen, die zu den eben genannten Wissenschaften gehören, wichtige Noten beygeschrieben. Alle waren Kalligraphen, und ihre Handschriften fallen nieblich ins Auge, zumal deß, der der gelehrteste und berühmteste unter ihnen war, des Seniors Johannes Frikens. Erst vor wenig Jahren ist ein ansehnlicher Rest ihrer gelehrten Verlassenschaften durch ein Buchhändler-Verzeichniß feil geboten worden. Daraus habe ich mir verschiedene, besonders zur Gelehrtengeschichte gehörige Schriften durch Ankauf eigen gemacht, und damit die schon aus einem frühern Verkauf aus des Johannes Frikens Bibliothek in meine Sammlung gekommene Bücher dieser Art, glücklich vermehrt. Ich finde darinnen die brauchbarsten beygeschriebnen Bemerkungen. Von Kennern wahrer gelehrten Schätze besorge ich den Vorwurf, daß ich zu viel aus der Sache, von der ich bisher gesprochen habe, mache, nicht. Bey Lesern, die anders urtheilen, mag mich ein Mann vertheidigen, dessen Ausspruch gewiß jedem Gelehrten verehrungswürdig ist, Gottl. Siegfried Bayer. Er schreibt: Illorum, qui ad libros aliqua notarunt, optavi dudum, ut singularis index ederetur, qui essent, quibusve locis exstarent, quod adhuc mihi persuadeo, non sine fructu futurum. His sane instruendae sunt bibliothecae; his multo evadunt celebriores, quam omni reliqua pompa. *

Man

* Commercii epist. Uffenbach. Part. III. Comment. de studio Uffenb. biblioth. p. XC.

Man hat auch von solchen handschriftlichen Anmerkungen gelehrter Männer schon vielmal öffentlichen Gebrauch gemacht, freylich auf eine sehr verschiedene Weise, nemlich mit Redlichkeit und Ruhm, oder mit Begehung eines Diebstahls, und also zur eignen Schande. Letzteres berühre ich nur, ohne Beyspiele anzuführen, ob ich gleich ein ganz neues aufstellen könnte, davon ich eben den sichtbarsten Beweis vor meinen Augen habe. Diebe dieser Art sind in denen Schriften des Jac. Thomasius, J. A. Fabrizens, Crenius und anderer von gelehrten Dieben fast ganz vergessen. Sie sind freylich schwerer zu entdecken, als andere ihrer Collegen, die gedruckte Autoren, oder ganze Handschriften plündern; und sie können also desto unverschämter sündigen.

Vom erstern will ich nur wenige Beyspiele anführen. Crenius hat des Rivetus Anmerkungen zu des Bergius Praxis catholica, eben desselben Noten zu Genebrards Commentar über die Psalmen; und die ungleich wichtigere Glossen des Pet. Scrivers zum Juvenal, nach Pithöus Ausgabe, Paris 1585. 8. publizirt. * Die Acta literaria, quibus Anecdota animadversionum spicilegia e codd. mfs. quorundam eruta, comprehenduntur, die H. L. Schurzfleisch herausgegeben, enthalten die Anmerkungen, die J. Scaliger der Ausgabe des griechischen N. T. vom Beza 1582 beygeschrieben, und die von andern sonst schon

gedruck-

---

* Animadversiones philolog. & hist. part. P. II. pag. 27 sq. Part. VI. pag. 157 sqq. Part. XIII. pag 1 sqq.

gedruckten Anmerkungen des Scaligers über das N.
T. unterschieden sind. Dan. Heinsius Anmerkungen
zum Epiphanius, u. a. m. Im literarischen Wochen-
blatte findet man des seligen Kanzlers von Mosheims
Anmerkungen und Verbesserungen, die er zu seiner lateinischen Ausgabe von Cudworths Systema intellec-
tuali eigenhändig geschrieben hat.

Doch dieß sind nur Kleinigkeiten gegen den unschätzbaren Dienst, den ein vornehmer Staatsmann, der
oben gerühmte Anffe von Villoisson, der gelehrten Welt
erst vor wenigen Jahren geleistet hat. Seine Epistolae Vinarienses sind bloß in dem für jeden Literator
wohlthätigen, und gemeinnützigen Zweck geschrieben,
verborgene Schätze öffentlich bekannt zu machen, und
sie dem vortheilhaften Gebrauche der Gelehrten zu widmen. Aus der Herzoglichen Bibliothek zu Weimar
hat dieser geübte Kenner einen herrlichen Vorrath von
Bemerkungen, die die gelehrtesten Männer gewissen
gedruckten Büchern beygeschrieben haben, gesammelt,
und solche in diesen Briefen publizirt. Ich will davon
nur das Wichtigste nennen, das der Philologe, und
Critiker, als das dankwürdigste Geschenke, ausneh-
nehmend hoch schätzen wird. Randglossen zu des Non-
nius Dionysiacis, nach der Ausgabe Hanau 1605. 8.
Das Exemplar, dem diese Bemerkungen beygeschrieben sind, hat ehedem dem Meursius zugehört, und der
könnte ihr Verfasser seyn. Allein daran zweifelt Villoisson, besonders darum, weil diese Bemerkungen tie-
fern critischen Scharfsinn verrathen, als man sonst in

den

aufbewahrt zu werden verdienen.

den Arbeiten des Meursius beobachtet. Verschiedene Lesearten über Homers Odyssee, wahrscheinlich vom Nik. Heinsius gesammelt. J. Scaligers Anmerkungen über den Hipparch, den Viktorius zu Florenz 1567 fol. herausgegeben. Eben dieses Skaligers, und C. S. Schurzfleischs Noten zu der allerersten Ausgabe des Josephus, die zu Basel 1544 aus des H. Frobenius, und N. Episcopus Officin ans Licht getreten ist: J. Skaligers Verbesserungen zur Sylburgischen Ausgabe des Clemens von Alexandrien. Eines ungenannten Bemerkungen zu den Werken des ebengedachten Kirchenvaters, nach der Ausgabe Florenz 1550. fol. die man dem Viktorius zu danken hat. Und endlich J. Skaligers Noten zum Ammonius, nach der vom Felician zu Venedig 1545 besorgten Edition.

Möchte ein so trefliches Beyspiel mehrere geschickte Gelehrte, Bibliothekare vornemlich, die dazu Gelegenheit, und Hülfsmittel haben, reizen, der gelehrten Welt gleiche gemeinnützige Dienste zu leisten, und zwar gerade nach dem meisterhaften Muster eines Villoissons! Dazu gehört freylich tiefe philologische Gelehrsamkeit, gründlich prüfende Urtheilskraft, und ein feiner critischer Geschmack. Nicht alle Randglossen, nicht einmal alle von den gelehrtesten Männern, den Büchern beygeschrieben, sind brauchbar, und der öffentlichen Bekanntmachung würdig. Zu dem findet man vieles in solchen handschriftlichen Bemerkungen, das jezo zu spat käme, und das schon von andern, aus eigenen Untersuchungen und Entdeckungen, in neuern Zeiten bekannt

kannt gemacht worden ist. Ohne weit ausgebreitete Belesenheit, und starke Bekanntschaft mit vielen, recht vielen Schriften, darf sich also auch niemand an solch ein Geschäfte wagen.

Es war meine eigne Schriftstellers-Bedürfniß, daß ich diese leichtere Bemerkungen in diesem Kapitel von den Handschriften, vorausgesetzet habe. Ich gestehe es offenherzig. Wer bahnt sich nicht gerne durchs Leichte einen angenehmen Weg zum Schweren?

Nun von Handschriften, von benen eigentlich, die man Codices nennt. Denn von geschriebenen Briefen der Gelehrten werde ich in einem Zusatze zu diesem Kapitel, und von Diplomen, weiter unten sprechen. Der Bibliothekar kann der Wissenschaft, was für Handschriften, vornemlich von Bedeutung, in der Welt noch vorhanden sind, und wo sie aufbewahret werden, nicht wohl mangeln. Ich will zum Beweise hievon nur etwas, nicht alles, sagen. Diese Bekanntschaft lehrt ihn die Handschriften, die seiner Aufsicht anvertrauet sind, nach ihrem größern, oder geringern Werthe, nach ihrer mehrern, oder wenigern Seltenheit, näher kennen. Sie macht ihm Lust, die Schätze, die unter seinen Händen sind, mit andern ähnlichen zu vergleichen, und zeigt ihm die Gelegenheit, diese Begierde stillen zu können. Sie bereichert seine Kenntniß in der Geschichte der Gelehrsamkeit und der Wissenschaften, auch seine Schriftstellerkunde, und entdeckt ihm manche wichtige Hülfsmittel zur Beförderung seiner Studien, Untersuchun-

gen,

gen, und eigenen gelehrten Arbeiten. Auf viele Schriften trift er, die er sonst für völlig verlohren geachtet hat, und die doch noch irgendwo zu finden sind; und wenn er bey dieser Wissenschaft eine ausgebreitete Bekanntschaft mit gedruckten Büchern, besitzet, so lehrt sie ihn manche schätzbare Bücher kennen, die noch nicht öffentlich publiziret, und dieser Ehre doch höchst würdig sind.

Verzeichnisse von Handschriften sind gewiß ein schätzbares Mittel, ihn zu dieser Wissenschaft zu leiten. Von diesen muß ich also izo zuerst reden. Abermal ist zur allgemeinen Ueberficht solcher Verzeichnisse der Catalog der Bünauischen Bibliothek zu empfehlen. Den werde ich wohl noch oft citiren müssen, wenn ich nicht die Hauptquelle richtiger Kenntnisse für den Bibliothekar verschweigen will. Im ersten Tom findet man zerstreut im dritten und vierten Kapitel des vierten Buches die Verzeichnisse der Handschriften vieler öffentlichen sowohl als Privat-Bibliotheken, angezeigt, und der erste Abschnitt des sechsten Buches eben dieses Kapitels stellt General-Verzeichnisse der Handschriften, wie der andere Abschnitt besondere Beschreibungen einzeler Codices, auf.

Der arbeitsame Jesuite Labbe ist meines Wissens der erste, der einen Versuch gewagt hat, ein allgemeines Verzeichniß von Handschriften, meistens von denen, die in verschiedenen Bibliotheken in Frankreich aufbewahret werden, zu liefern. Es kam zu Paris 1653. 4. heraus, unter dem Titel: Specimen novae

vae Bibliothecae mſs. librorum ſ. antiquorum lectionum Latinarum et Graecarum in quatuor partes tributarum. Accedunt Supplementa X. cum coronide libraria, ſive bibliotheca bibliothecarum, catalogorum, indicum &c. Allein, man hat richtig geurtheilet, da man dieſes Verzeichniß groſſer Unvollkommenheit beſchuldiget hat. Unter gleichem General-Titel: nova Bibliotheca manu ſcriptorum librobrorum, gab eben dieſer geſchäftige Mann ein Werk in zween Folio-Bänden zu Paris 1657 heraus. Man darf, ungeachtet der Auffchrift, darinnen nichts ſuchen, das eigentlich hieher gehört. Denn es enthält eine Sammlung alter, bis dahin meiſt noch ungedruckter Chroniken, und anderer Schriften.

Spitzel, ein ehmaliger verdienter Senior des geiſtlichen Miniſteriums in Augſpurg, in der Literatur gründlicher, als in der Theologie, aber wegen ſeiner Frömmigkeit auch von Katholicken, einem Baillet, und Niceron, öffentlich gerühmt, hat für ſeine Zeit in dieſem Fache viel geleiſtet, ob er gleich ſeinen Fleiß nur auf die Theologiſchen Handſchriften eingeſchränkt hat. Man dankt ihm ein reiches Verzeichniß der Theologiſchen Handſchriften, die in den Bibliotheken zu Augsburg, Baſel, in der Kaiſerlichen zu Wien, zu Conſtantinopel, in der Mediciſchen zu Florenz, in der Königlichen zu Paris, im Eſcurial, zu Leyden, zu München, zu Oxfort, zu Padua, zu Rom im Vatikan, zu Utrecht, zu Venedig zu finden ſind, und das er aus ſchon vorher gedruckten Catalogen dieſer Bibliotheken

geſam-

gesammelt hat. Dieses Verzeichniß ist zu Augsburg 1668. 8. unter der Aufschrift : Sacra Bibliothecarum illustrium retecta , s. MSS. theologicorum in præcipuis Europæ Bibliothecis extantium, designatio, herausgekommen, und ist von einer Einleitung, und einem Anhange, die für den Literator lesenswürdig sind, begleitet.

Doch das reicheste und vollständigste Werk dieser Art, hat die gelehrte Welt dem erstaunlichen Fleiße des gelehrten, und eines ewigen dankbaren Andenkens würdigen Benediktiners Montfaucons; und der dabey genoßnen Unterstützung und Beyhülfe seines Ordensbruders, Johann le Maistre, zu danken. Es ist: Bibliotheca Bibliothecarum Manuscriptorum nova: ubi quæ innumeris pene manuscriptorum bibliothecis continentur, ad quodvis literaturæ genus spectantia, & notatu digna describuntur, & indicantur. Autore B. de Montfaucon, &c. Parisiis 1739. zween starke Bände in groß Folio. Ich besitze auch dieses kostbare Werk selbst, und würde es näher beschreiben, wenn mich nicht zween Gelehrte dieser Mühe schon überhoben hätten, nemlich Baumgarten, und der berühmte Diplomatiker, der Benediktiner Taßin. Der letztere handelt davon in der Gelehrten Geschichte der Congregation von St. Maur, Benediktiner-Ordens; * der erstere, und zwar genauer und lehrreicher für den Litera-

---

* 2ter Band S. 340 fg. nach der teutschen Uebersetzung, Frfrt und Leipz. 1744. 4.

210 Von Handschriften, die in Bibliotheken

Literator, in den Nachrichten von merkwürdigen Büchern. **

Unter den Verzeichnissen, die die Handschriften, die in verschiedenen Bibliotheken einzelner Königreiche und Länder aufbehalten sind, herzählen, sind bekannter massen die Catalogi librorum manuscriptorum Angliæ & Hiberniæ in unum collecti, cum indice Alphabetico. Oxoniæ e Theatro Scheldoniano 1697 groß Folio von auszeichnendem Werthe. Dies kostbare und seltene Werk, wenn mans nicht selbst vor Augen hat, wie ich — unsere hiesige Stadt-Bibliothek besitzt es — und also nur fremder Anzeige, die oft nicht sicher und hinreichend genug ist, trauen muß, kann man am besten aus dem Baumgarten †† und Clement *** kennen lernen. Es hat Zusäße und Erläuterungen erhalten in dem Commercio epistolico Uffenbachiano †††, die ich aus einer öffentlich noch unbenutzten Handschrift des seligen Herrn von Uffenbachs, noch sehr erweitern könnte.

Augsburg behauptet den Ruhm, das erste Manuscripten Verzeichniß, das den Vorrath einer einzelnen Bibliothek besonders anzeigt, geliefert zu haben. Zuerst hat H. Wolf nur auf ein Paar Bogen einen Catalog der in der öffentlichen Bibliothek zu Augsburg damals vorhandenen Griechischen Handschriften herausgegeben, Augsburg 1575. 4. aus der Officin des
Mich.

** 6ter Band S. 227 fg.
†† Nachrichten von einer Hällischen Bibliothek 7 B. S. 466 fg.
*** Biblioth. curieuse Tom. VI. pag. 401.
††† Vol. I. pag. 187 sq. 199 sq.

aufbewahrt zu werden verdienen. 211

Mich. Mangers. Dieß kann freylich dem Bibliothekar zu dem Zwecke, von dem ich rede, nicht sonderlich nutzbar seyn. Denn ausserdem, daß es äusserst selten ist, und sich fast völlig verlohren hat, zeigt es die Titel der Handschriften nur äusserst flüchtig und kurz an. Und denn hat sich nach Wolfens Zeit, durch Höschels Betrieb, und des grossen Marx Welsers, und anderer eifrigen Augspurgischen Mäcenaten Vorsorge; der Griechischen Handschriften Vorrath in der öffentlichen Bibliothek dieser berühmten Reichsstadt sehr vermehrt. Indessen ist auch dieß magere Verzeichniß ein unvergeßlicher Beweiß, mit welch warmem und patriotischem Eifer die damaligen Regenten der Stadt Augsburg für die allgemeine Beförderung und Ausbreitung wahrer Gelehrsamkeit besorgt gewesen. Denn es ist auf ihren Befehl publizirt worden, in der Absicht, wie auf dem Titel steht, daß der Gebrauch der Handschriften Gelehrten und Buchdruckern gewiedmet werde. *

Höschels Verzeichniß der Griechischen Manuskripten in der öffentlichen Augsburgischen Bibliothek ist reichhaltiger, und die Anzeigen darinn sind vollständiger. Es ist aus der berühmten Privat-Typographie ad insigne Pinus 1595. 4. zum Vorschein gekommen, und prächtig gedruckt. Clement † hat sehr genau davon

---

* Quem (Catalogum) heißts auf dem Titel, ea respublica (Augustana) ideo edendum curavit, ut eos vel viris doctis interpretandos, vel diligentibus typographis conferendos, modo de iis sarctis tectis suo tempore restituendis, caveant, ad augenda rei literariae commoda, communicaret.

† Bibl. curieuse Tom. VI. pag. 404 sq.

von gehandelt. Auch diesem ist auf der Rückseite eine ähnliche grosmüthige Anerbietung an Gelehrte und Buchdrucker vorgesetzt, die, ob sie gleich schon andere Literatoren in ihren Schriften wiederholet haben, ich doch unten hinsetzen will. **

Reiser, den seine sonderbare Schicksaale so bekannt, als seine Gelehrsamkeit, Fleiß und Verdienste berühmt gemacht haben, hat bey seinem Verzeichnisse der Augspurgischen Handschriften, einen weitern Plan als seine zween Vorgänger, gewählet. Er zählt nicht bloß die Griechischen wie jene, sondern auch die Lateinischen Codices, die in der trefflichen öffentlichen Bibliothek zu Augspurg bewahret werden, auf. Er schränket sich bey seiner Anzeige nicht bloß auf die theologischen Handschriften ein, sondern bemerkt, was aus jedem Fache der Gelehrsamkeit handschriftlich vorhanden ist. Er mischt zuweilen zwar kurze, aber belehrende literarische Anmerkungen, ein. Eines wünschte ich, daß er es bey den Griechischen Autoren aus des Höschels Verzeichniß genau wiederholet, und bey den Lateinischen aus eigener Kenntniß hinzugefüget hätte, nemlich die Anzeige von denen Handschriften, die schon im Drucke öffentlich publizirt worden. Diejenigen gelehrten Männer hat er zwar nicht vergessen, die bey ihren Ausgaben alter Schriftsteller, die Handschriften der Augspurgischen Bibliothek genützet haben, unter denen Höschel den ersten Rang

---

** Quisquis Reip. litterariae faves, sive lector, sive typographe, horum omnium codicum, sive interpretandi, sive conferendi, sive edendi, ita tibi futura copia est, si de iis incolumibus restituendis caveris.

Rang behauptet. Das ſetze ich hinzu, daß man in den allgemeinen Verzeichniſſen der Augsburgiſchen Bibliothek, die man dem Heniſch und Ehingern zu danken hat, auch die Handſchriften angezeigt findet.

Mehr als ein bloſſes Verzeichniß der in der öffentlichen Bibliothek zu Augſpurg aufbewahrten Handſchriften zu liefern, iſt der Zweck und das Geſchäfte des, des beſten Ruhmes würdigen Rektor Mertens. Von ſeinen leſenswerthen Einladungsſchriften de Auguſtanæ Bibliothecæ cimeliis, ſind mir nur zwey Diatriben bekannt. Und vielleicht ſind noch nicht mehrere davon zum öffentlichen Vorſchein gekommen. Jeder ächte Kenner wird nach der Fortſetzung derſelben lüſtern ſeyn. Die zwote Diatribe nur, gehört hieher. Ich hätte ihrer Anzeige freylich erſt unten einen Platz anweiſen können, wo ich genaue, und dem Bibliothekar zu ſeinen Kenntniſſen höchſt nutzbare Beſchreibungen der Handſchriften anpreiſen werde. Allein, da ſie von handſchriftlichen Schätzen der Augsburgiſchen Bibliothek handelt, ſo reihe ich ſie nicht unrichtig in die Handſchriften-Verzeichniſſe dieſer höchſtſchätzbaren Bücherſammlung an. Man findet hier nicht bloßen magern Titel-Cram. Drey Griechiſche Codices, und einen Hebräiſchen beſchreibt ſie genau, nach ihrer äuſſerlichen Beſchaffenheit, und den Charakteren ihres Alters, das für den, der Handſchriften nach ihrem Alter kennen, und richtig beurtheilen lernen will, ein ausnehmend ſchätzbarer Dienſt iſt. Von fünf Griechiſchen Handſchriften ſind Schriftproben in Kupfer geſtochen, beygefügt; dergleichen, wie ich schon noch näher zeigen werde, dem Bibliothekar zur Handschriftenkenntniß ganz unentbehrlich sind. Der Canzler Herwart hat, wie bekannt ist, ein Verzeichniß der Griechischen Handschriften in der Churfürstlichen Bibliothek zu München veranstaltet, das, nach Baillets richtigem Urtheil, von einem geübten Bücherkenner, gefertiget ist. Es ist zu Ingolstadt 1602. in 4 gedruckt, und nur sehr selten zu finden. Der Jesuite Rader hat es fortgesetzt, und durch die Dienstfertigkeit des grossen Oefelins war mein seliger Vater in Stand gesetzet, diese Fortsetzung dem gelehrten Publikum gedruckt mitzutheilen. *

Den Lateinischen Handschriften, die in der ebengedachten Bibliothek aufbewahret werden, hat Oefelin seinen unermüdeten gelehrten Fleiß gewiedmet. Er hat sie in gute und brauchbare Ordnung gebracht, und darüber in klein Folio Recensionen verfertiget, die dem öffentlichen Drucke bestimmet waren, aber bisher diese Ehre noch nicht erhalten haben. †

Wer die auszeichnende Gelehrsamkeit, und bibliothekarische Geschicklichkeit des seligen Oefelins kennet, wird gierig die Publizirung dieser seiner gelehrten Verlassenschaft wünschen.

Ich will eben nicht alle besondere Handschriften-Verzeichnisse herzählen. Man kennt sie schon aus dem

ange-

* Commerc. epist. Uffenb. P. I. pag. 106 sq.
† S. Bachlery Rede zum Andenken des Herrn von Oefele. München 1781. 4. S. 33. sq. und 83 sq.

angeführten Bünauischen Catalog, auch aus dem Moshof, Jugler und andern. Indessen glaube ich doch, keine unnütze Arbeit zu unternehmen, wenn ich noch von andern wichtigen, die ich selbst, wie die schon angeführte, besitze, spreche. Wie sie mir in die Hände kommen, ohne besondere Ordnung, die hier entbehrlich ist, so will ich sie anzeigen. Immer behält unter den Büchern dieser Art das Verzeichniß der Handschriften in der Bibliothek des seligen Uffenbachs einen vorzüglichen Rang, und Werth. Es ist zu Halle im Magdeburgischen 1720 in Folio herausgekommen, mit der Aufschrift: Bibliotheca Uffenbachiana mſsta, ſeu Catalogus, & Recenſio mſstorum Codicum, qui in Bibliotheca Z. C. ab Uffenbach Trajecti ad Mœnum adſervantur, & in varias Claſſes diſtinguuntur; quarum priores J. H. Majus Fil. Prof. ord. Gieſſ. recenſuit, reliquas Poſſeſſor ipſe digeſſit, qui omnem etiam hanc ſuppellectilem literariam ſuam ad uſus publicos offert. Man weiß, mit welchem unermüdeten Eifer, und günstigem Glücke, auch grossem Aufwande Uffenbach seine reiche Manuscripten-Sammlung zusammengebracht hat. Codices von ausnehmendem Werthe, und vorzüglichster Brauchbarkeit, auch nicht geringer Seltenheit, sind in dieselbe gekommen. Die Männer, die dieß ihr Verzeichniß gefertiget haben, waren die geschicktesten und geübtesten in solchem Geschäfte, nemlich der jüngere J. H. May, Carl Dadichi aus Antiochien, Uffenbach selbst, und M. G. C. Draudt. Der Erste hat die Ebräischen und Griechischen; der Zweyte die übrigen Orientalischen;

der Dritte die Lateinischen und andere Handschriften recensirt, und dem Vierten hat man das vollständige und brauchbare Register zu danken. Dieß ist schon hinreichend, einen vortheilhaften Begriff von diesem Verzeichnisse, zu erwecken. Auch der grossen Anzahl der in der ehemaligen Bibliothek des ewig unvergeßlichen Uffenbachs vorhanden gewesenen Manuscripten ist nicht zu vergessen. Sie reichet an 2000 Bände, die aber nicht alle in diesem Catalog beschrieben sind. Denn es sollte noch ein Zwenter Band hinzu kommen, das aber durch das Unglück des Verlegers gehindert worden *.

Schade! daß der gröste Theil eines so unvergleichlichen Handschriften-Vorraths gänzlich zerstreuet worden, die Hebräischen ausgenommen, die J. Chr. Wolf an sich gekauft hat, und die nach dessen Tode in die öffentliche Bibliothek zu Hamburg gekommen sind.†

Der selige Hocker, ein gelehrter, und in der Bücherkunde wohlgeübter Mann, hat seinem Heilsbronnischen Antiquitäten-Schatz, Nürnberg 1731. fol. ein reiches Verzeichniß der in der Bibliothek des damals noch blühenden Gymnasiums, im Kloster Heilsbronn, aufbewahrten Bücher, davon hernach nur ein Theil, nemlich der Bareuthische Antheil, in die Erlangische Universitäts-Bibliothek gekommen ist, beygefügt. Hieher gehört nur der Manuscripten-Catalog. Ich weiß ganz

* S. Commerc. epist. Uffenb. Part. II. Vita Uffenbachii, p. CXVII.

† S. eben angeführte Briefsammlung P. I. pag. 58.

ganz wohl, daß diese Arbeit in den lateinischen Actis Eruditorum 1732 im Monat Feber getadelt, und der Unordnung beschuldiget worden. Ich kann auch dieses Urtheil nicht ungegründet nennen. Indessen hat doch gewiß diß Hockerische Verzeichniß einen billig zu schätzenden Werth, und ist für den Bibliothekar ungemein brauchbar. Hoker zeiget den Inhalt der Handschriften mehrentheils sehr genau an. Und denn bemerkt er bestimmt die Charaktere, die zur Beurtheilung des Alters eines Codex, genau beobachtet werden müssen, welches man bey unzählig vielen Handschriften-Verzeichnissen misset. Freylich ist dieß nicht so oft geschehen, als der lernbegierige Liebhaber wünschte.

Der Zweyte Theil der Bibliothecæ principalis Ecclesiæ, & Monasterii Ord. S. Benedicti ad S. Emmeramum. Ratisbonæ 1748. 8. ist der Anzeige der Handschriften gewidmet, die in gedachtem Reichsstift aufbewahrt werden. Nur eine Menge Manuscripten dem Titel nach kennen zu lernen, ist er brauchbar. Sonst — die Anzeige des Innhalts, der Bullen und Diplomen, die aber nicht hieher gehöret, ausgenommen — hat er kein Verdienst. Der ehemalige Fürst Johann Baptist, der dieses Verzeichniß verfertiget hat, — selbst? oder durch die Hände seiner Untergebenen, das weiß ich nicht zu entscheiden — sagt in der Vorrede, er habe dabey den Catalog der Manuscripten-Bibliothek des Alex. Petav, die dem grösten Theile nach izo im Vatican stehet, zum Muster erwählet. Mich hat der Augenschein, und die Vergleichung anderſt belehrt. Das Regensburgiſche Verzeichniß iſt nach den Materien, das Petaviſche aber nach dem Alphabethe geordnet. Doch der Fürſt ſagt: aliquo modo? Auch das finde ich, bey genauer Vergleichung, ungegründet. Was andere Augen ſehen, kann ich nicht errathen.

Sehr genau, inſtructiv, und dem Bibliothekar vorzüglich brauchbar, iſt die Notitia Codicum manuſcriptorum Bibliothecæ Kraftianæ, Ulmæ 1739. 8., ob ſie gleich nur eine jugendliche Arbeit des ſeeligen G. J. Häberlins iſt. Man muß aber nicht vergeſſen dabey den dritten Theil der Amœnitatum litterariarum meines ſeeligen Vaters, der dem fleißigen Häberlin hier vorgearbeitet hat, zu Rathe zu ziehen. Jugler hat ſchon den Catalog der Bibliothek des Canzler Ludwigs, den Michaelis zu Halle 1745 in dreyen Octavbänden herausgegeben hat, angeführet *, allein blos angeführet. Und er verdienet doch, wegen ſeiner Treflichkeit, einer nähern Bemerkung. Ich rede hier nur von dem dritten Bande, der die Handſchriften enthält. Die Vorrede verſchaft eine kurze Ueberſicht der Handſchriften in jedem Fache der Gelehrſamkeit. Die Anmerkungen beym Verzeichniſſe ſelbſt ſind durchaus belehrend, bezeichnen die eigentliche Brauchbarkeit der Manuſcripten, und bemerken, was davon noch nicht durch den Druck publizirt worden iſt. Vor allem ſind die Charakteriſchen Beſchreibungen der pergamentnen Handſchriften, leſenswerth. Den 1749 noch nicht verkauften, und damals noch nicht zerſtreuten Reſt dieſer

* S. 112.

dieser Handschriften-Sammlung hat Baumgarten besonders, und ungemein nutzbar beschrieben, in den Nachrichten von einigen schätzbaren Handschriften der zahlreichen Bibliothek des berühmten Kanzlers von Ludwig, die zum Verkauf noch vorräthig sind. Halle 1749. 8. Baumgartens gewohnte Genauigkeit, staunenswürdige Belesenheit, unermüdeten und glücklichen Forschungsfleiß, darf man sich nur denken, und man wird gewiß seyn, daß diese Nachrichten von bedeutender Brauchbarkeit sind. Der geübte Bibliothekar der Republik Bern J. R. Sinner, hat der gelehrten Welt einen unschätzbaren Dienst, durch den Catalogus Codicum manuscriptorum Bibliothecae Bernensis, geleistet. Dieses meisterhafte Verzeichniß ist in dreyen groß Octav-Bänden zu Bern 1760, 1770 und 1772 ungemein nieblich gedruckt, zum Vorschein gekommen. Die Vorreden vor jedem Theile zeichnen sich durch die schätzbarsten Bemerkungen, die die Kenntniß, und richtige Beurtheilung alter Handschriften betreffen, zumal die vor dem ersten Theil, ungemein aus. Die Anmerkungen im Catalog selbst sind zur Beförderung dieses Studiums sehr wichtig und präciß, und man findet darinnen besonders fleißig angezeigt, welche Schriften noch nicht durch den Dienst der Presse öffentlich bekannt worden. Nur der erste Band ist mit in Kupfer gestochenen Proben alter Handschriften, und ihrer Charaktere, aus dem sechsten bis zu dem vierzehnten Jahrhundert, begleitet. Man hat zwar verschiedene Verzeichnisse der Handschriften in der Mediceischen Bibliothek zu thek zu Floren, die man aus dem Jugler * und Baumgarten, †. näher kennen lernet. Allein ich kann aus eigner Bekanntschaft, und Gebrauch, hier nur von einem derselben reden, zwar nicht von dem ganzen, sondern nur von einem Theile desselben, den der Vorredner und Herausgeber, der Canonikus Jullanelli selbst, nur eine Epitome nennet. Hier ist der Titul: Bibliothecæ Ebraicæ Græcæ Florentinæ, s. Bibliothecæ Medicæ Laurentianæ Catalogus, ab A. M. Bisconio digestus, atque editus, complectens codices orientales omnes, & XXXIII. priores Codices Græcos plutei IV. duobus tomis in unum compactis. Florentiæ ex Cæsareo typographio Præsidum approbatione, 1757. 8.

Zuerst werden die Griechischen, und benn die Hebräischen Codices beschrieben. Ihr Innhalt ist ungemein genau bezeichnet, und bey den mehrsten das Alter bestimmt, das oft ganz unpartheyisch, und mit sattsamen Gründen gegen die Behauptungen anderer, vornemlich des Ernsts und Langs billig tiefer herunter gesetzt wird. Mehr, als man je in andern Handschriften-Verzeichnissen findet, sind die so genannten Anekdoten, oder sonst noch nicht gebruckten, und benn, was schon im Drucke, wo, und von wem, publizirt worden, bemerkt. Auch machen dieses kostbare Werkgen die verschiedenen nieblich in Kupfer gestochenen griechischen Schriftproben, die mitten im Texte eingedruckt sind,

dem

* S. 298 fg. Supplementen S. 39.
† Nachrichten von merkwürdigen Büchern 6 B. S 517 fg.

dem Bibliothekar, und jedem Forscher alter Schriften, ganz vorzüglich brauchbar.

Joach. Fellers Catalogus Codicum mss. Bibliothecæ Paulinæ in Academia Lipsiensi, von dem ich die zwote vermehrte und verbesserte Ausgabe, Leipzig 1686. 12. besitze, verdient nur um seiner Ordnung willen, bemerkt zu werden. Sonst enthält er nur ein leeres Titelregister. Zudem sind, wie auch Clericus * angemerkt hat, die mehresten angezeigten Handschriften aus den neuern Zeiten, und von Schriftstellern aus den Scholastischen Jahrhunderten, in denen das barbarische Latein herrschte. Fast lauter lateinische Codices, wenige Griechische, und Deutsche, mit untermischt.

Ich habe schon oben des Herrn von Murrs Memorabilia Bibliothecarum publicarum Norimbergensium &c. angeführt. Allein, ich muß meine Leser noch einmal an dieselbe erinnern. Sie enthalten ein ungemein reiches, und mit Genauigkeit verfertigtes Verzeichniß kostbarer Handschriften in verschiedenen Sprachen, und aus verschiedenem Zeitalter, und liefern auffer denen schon bemerkten, in Kupfer gestochenen Handschriften Proben berühmter Männer, ein Paar aus schätzbaren Codicibus.

Viele, und vielleicht gerade die wichtigsten Verzeichnisse, die hieher gehören, habe ich nicht genannt. Wenn

* Bibl. univers. Tom. I. pag. 448 sq. wo auch die wichtigsten in diesem Verzeichniß bemerkten Handschriften ausgezeichnet sind.

Wenn das ein Fehler ist, so wird er doch verzeihlich seyn. Ich begehe ihn, um einen noch grössern zu vermeiden. Wenn ich z. B. von dem Lambekischen, Assemannischen, Chaßleyischen, und dergleichen Verzeichnissen sprechen wollte, so müßte ich entweder aus bloßer Zurückerinnerung an ehmalige Lektüre, und wie unzuverläßig, und gefahrvoll zu irren, wäre dieß? oder bloß nach Zeugnissen anderer reden. Keines von beeden gefällt mir. Auch das leßtere nicht, wenn ich gleich das Zeugniß des redlichsten, und geübtesten Mannes vor mir habe. Denn ohne genaue Prüfung kann doch kein fremdes Zeugniß sicher angenommen werden. Und zu solcher Prüfung habe ich jezo die Gelegenheit und Mittel nicht. Auch manches Verzeichniß, das ich selbst besiße, und seinen Werth untersuchen kann, hab ich weggelassen, weil es mir nicht wichtig genug schien, und weil in einem Buche, wie dieses seyn soll, nicht alles mit unnöthiger Weitläuftigkeit ausgekramet werden darf. Ich habe schon gesagt, wozu ein Bibliothekar solche Verzeichniße nüßen kann. Jezo seße ich noch einige besondere Bemerkungen hinzu, die, wie ich hoffen kann, hier nicht am unrechten Orte stehen. Sie sollen sichere Merkmale angeben, durch die sich ein Manuskripten-Catalog an Vorzug und Brauchbarkeit vor andern auszeichnet. Selten findet man diese Merkmale alle in einem Handschriften-Verzeichniße; einige derselben misset man wohl fast durchaus, oder trift sie nur in sehr geringer Anzahl an. Ueberhaupt kann ich fast gewiß sagen, keine Schriften sind unvollständiger, und fürs Ganze unzureichender, als die in dem Drucke schon *aufbewahrt zu werden verdienen.* 223

schon publizirten Manuskripten - Catalogen, auch die besten und geschätztesten nicht ausgenommen. Ordnung, die bey jedem Bücher-Verzeichniß, daß es andern nutzbar werde, unentbehrlich ist, zeichnet auch die Handschriften-Anzeigen in ihrer Brauchbarkeit aus; Ordnung nach dem Innhalte, und dem Fach der Wissenschaften, in das die Handschrift gehöret; nach den Sprachen, nach dem Zeitalter, und nach der Materie, auf die sie geschrieben ist. Dieß alles aber kann man nur bey Verzeichnissen eines reichen Vorraths erwarten. Das versteht sich von selbst. Der Inhalt eines Coder muß genau angezeigt seyn. Das ist aber nur bey Schriften nöthig, die noch nicht durch den Dienst der Presse publizirt worden, und schon bekannt genug, oder die in dem vorhandenen Manuskript, von andern Handschriften, oder gedruckten Ausgaben, unterschieden sind, seys in Varianten, oder Auslassungen, oder Zusätzen, und dergleichen. Die genaue Anzeige solch einer Verschiedenheit macht den Catalog, den sie enthalten, ungemein brauchbar. Das Verzeichniß muß so viel als möglich ist, das Alter des Coder anzeigen; das kann freylich, mit Gewißheit, nicht immer aus sichern Merkmalen geschehen. Denn müssen doch die Stelle der gewissen Kennzeichen, Conjekturen vertreten. So leer, und seichte die Conjektur hingeschrieben, ist wohl dem Literator kein dankwürdiger und nutzbarer Dienst. Also müssen überdachte und geprüfte Gründe ihr zur Seite stehen, die der Leser wieder überdenken, und prüfen kann und soll, wenn er je von der angezeigten Handschrift ein richtiges Urtheil fällen will. Genau sey die äusserliche Beschaffenheit des Codex charakterisirt. Auf was für eine Materie ist der Codex geschrieben? Was hat das Pergament, oder Papier für eine Farbe? Ist es dick oder dünn? Hat das Papier Zeichen, und welche? Diese Fragen, die für den Forscher von grosser Bedeutung sind, sind in einem guten Verzeichnisse nicht vernachläßiget. Auch die Art, Grösse, Farbe der Buchstaben, die Zierrathen, Bilder, Gemählde in der Handschrift, die Interpunktion, oder ihre Abwesenheit, bemerkt ein brauchbarer Catalog, so, wie die Anzeige, ob der Codex von einer, von zwoen, oder mehreren Händen, zu einer, oder in verschiedenen Zeiten geschrieben ist; ob sich der Schreiber genannt habe, oder aus Kennzeichen gewiß, oder nur vermuthlich angezeigt werden könne; ob die Handschrift vom Verfasser des Buchs selbst ist, oder doch unter seiner Aufsicht gefertiget worden; oder nach Vollendung, seiner Durchsicht genossen habe? Ob sie Lituren, Correktionen, Abänderungen hat; ob sie von einem andern Codex, und von welchem? oder gar in späterer Zeit aus einem schon gedruckten Exemplar, abgeschrieben; ob der Codex ganz, oder defekt, und zerstümmelt ist? Jeder Kenner weiß, daß an diesen Dingen ungemein viel zur genauen Kenntniß eines Manuskripts gelegen, und daß ihre Bemerkung für den Literator ausnehmend belehrend ist, und daß daher ein Catalog, der sie nicht vergißt, einen vorzüglichen Werth habe.

Ist die Seltenheit und der Werth eines Codex angezeigt, seine Geschichte erzählt, und ob er unter

die

die gehöre, die noch nicht gedruckt sind, ob ihn schon critische Männer mit andern Handschriften, oder gedruckten Büchern verglichen haben, bemerkt, so wächst dadurch die Brauchbarkeit des Catalogs. Schriften-Proben in Kupfer gestochen demselben beygefügt, erhöhen noch mehr seinen Werth. Ich würde dies alles mit Beyspielen erläutern, und Catalogen nennen, die sich durch solche Stüke auszeichnen; allein es ist überflüßig, da ich schon bey der Anzeige einiger Manuskripten-Verzeichnisse solche bemerkt habe, und also meine Leser dahin verweisen kann.

Izo komme ich auf ein anderes, dem Bibliothekar unentbehrliches Hülfsmittel, zur Handschriften-kenntniß zu gelangen, und sich darinnen zu üben. Es ist ungleich wichtiger, und zum besten Zwecke tauglicher, als das, davon ich bisher gesprochen habe. Man hat Beschreibungen einzelner Handschriften, die sehr genau und umständlich sind. Diese mit prüfendem Nachdenken zu gebrauchen, ist dem Bibliothekar wesentliche Pflicht.

Ich könnte hier ungemein weit ausschweiffen, wenn ich alle mir bekannte Beyspiele anführen wollte. Ich sondere aber mit Bedacht nur einige aus.

Unter den neuern Schriften nenne ich vor andern Michaelis orientalische und exegetische Bibliothek, die izo unter dem Titul einer neuen orientalischen und exegetischen Bibliothek fortgesetzet wird, und das Repertorium

torium für biblische und morgenländische Litteratur, von dem Eichhorns allgemeine Bibliothek der biblischen Litteratur, Fortsetzung ist. In beeden periodischen Schriften findet man sehr wichtige, genaue und lehrreiche Beschreibungen von Handschriften, die in dieses Fach der Wissenschaften gehören. Auch die Bibliothek der Litteratur, und Kunst, davon ich izo zwey Stücke — Göttingen 1786 und 1787. 8. — habe, hat genaue Recensionen von bedeutenden Handschriften zum Zwecke. Wenigstens ist im ersten Stücke eine ungemein lesenswürdige Nachricht von einer merkwürdigen Handschrift der Iliade des Homer in der Venetianischen St. Markus-Bibliothek, eingerückt, die man einem jungen teutschen Gelehrten, H. Siebenkees, der sich zu Venedig aufhält, zu danken hat.

Daß man in Mabillons und Montfaucons diplomatischen und palaeographischen Werken, genaue Beschreibungen gewisser alter Handschriften antrift, wird jeder Kenner selbst vermuthen; so wie in dem Chronicon Gottwicense, dessen eigentlicher Bearbeiter, nach der neuern Anzeige des Herrn H. R. Meusels, Johann Franz Hahn ist, ob diesem der Abt Bessel in der Vorrede gleich nur einigen, gleichwohl sehr wichtigen Antheil, zuschreibt. *

Ich

---

* Nec silentio praeterire, commeritisve landibus privare licet, sagt der Abt, egregiam opem & operam, quam dum ante triennium, apud nos ad tempus commorabatur in hoc opere condendo, in emandandis Amanuensium apographis, in regendis Chalcographis, aliisque quam plurimis, nobis

Ich kenne keine Schrift, die sich mit Beschreibung eines einzelnen Codex, so genau und gründlich beschäftige, und so ausnehmend brauchbar sey, als Brenkmanns Historia Pandectarum, seu fatum exemplaris Florentini. Accedit gemina Dissertatio de Amalphi. Trajecti ad Rhenum 1722. 4; davon besonders das erste und zweyte Buch zu dem Zwecke, von dem ich rede, sorgfältig muß gelesen und genutzet werden. Man muß aber damit die drey Prälusionen des seeligen Justizraths Gebauer, die ich unten † anzeige, vergleichen. An diese reihe ich Schannats Beschreibung dreyer sehr alter Handschriften, die in dem Archive zu Fulda aufbewahrt werden. Sie sollen ehedem dem heiligen Bonifacius zugehört haben, und auf dem Felde, wo dieser unkluge Heydenbekehrer unter der Wuth der Friesen den Märtyrtod erlitten hat, nahe bey Dokum, gefunden worden seyn. ** Christ. Schlegels lateinischer Brief de Codice Willigisano ††, ist hier nicht zu vergessen.

Drey

bis commodavit, vir juvandae reipublicae literariae factus, D. F. I. Hahn, nunc reverendissimo ac celsissimo S. R. I. Principi, ac Domino, Friderico Carolo, Episcopo Bambergensi & Herbipolensi &c. a secretioribus epistolis, & consiliis ecclesiasticis —. Meusels Anzeige, die vermuthlich auf genaue Wissenschaft sich gründet. S. Historische Litteratur. 1784. S. 293.

† Manuscripti cujusdam Brenckmanniani de Orthographia Pandectarum Specimina III. im zweyten Bande der exercitat. Acad. varii argumenti Gebaueri, die D. Weißmantel zu Erfurt 1776. und 1777. 4. zusammenherausgegeben hat. S. 707 – 734.

** Schannats Vindemiae literariae Collect. L. S. 707 fgg.

†† Ist ein Anhang zu Cypriani Catal. Codd. Mss. Bibl. Gothana, Lipsiae 1714. 4.

Drey neuer Critiker verdienen wegen meisterhaften Beschreibungen einen ausnehmenden Rang. Es sind, ich zeichne sie nach dem Zeitalter ihrer hieher gehörenden Schriften an, der seelige Chorherr Breitinger, Herr M. Reuß, izo in Göttingen, und der gelehrte Herr Bibliothekar im Reichsstift zu St. Emmeram in Regensburg, P. Colmann Sanftl. Breitingers Epistola ad Card. Quirinum de antiquissimo Turicensis Bibliothecæ Græco Psalmorum libro in membrana purpurea, titulis aureis ac litteris argenteis, exarato, ist zu Zürch 1748. 4. gedruckt. Reuß hat seine Beschreibung einiger Handschriften, aus der Universitäts-Bibliothek zu Tübingen, nebst Anzeigen der verschiedenen Lesarten zu Tübingen 1778. 8. herausgegeben. P. Colomann Sanftls Dissertatio in aureum ac pervetustum SS. Evangeliorum Codicem, ms. Monasterii S. Emmerami Ratisbonæ, kam zu Regensburg 1786. aus der Presse. Alle drey haben die Codices, von denen sie reden, genau beschrieben; die Handschriften sind von beträchtlichem Alterthum und Werth, und verdienen vor andern, dem Alterthumsforscher bekannt zu seyn. Die Bemerkungen, die diese geübte Männer bey dieser Gelegenheit beybringen, sind wichtig, und leiten den, der alte Handschriften beurtheilen, lesen und nützen will, zu ausnehmend unentbehrlichen Kenntnissen. Alle drey haben das Verdienst, daß sie in Kupferstichen Proben aus ihren Manuskripten liefern, und zu einer anschaulichen Kenntniß verhelfen.

Der Leser wird von selbst errathen, warum ich dergleichen besondere Beschreibungen empfehle. Der Biblio-

Bibliothekar kann sich daraus wichtige Regeln zur richtigen Kenntniß, und Beurtheilung der alten Handschriften, abziehen, und lernt zu seinem Vortheil die rechte Anwendung derselben, bey denen ihm unter das Gesichte kommenden Handschriften, so wie die Geschicklichkeit, die ihm anvertrauten Manuskripte, so wie es seyn soll, zu beschreiben, und in sein Bibliotheks-Verzeichniß, einzutragen. Gewiß ein Nuzen, gegen den er nicht gleichgültig seyn kann!

Ich habe schon einige Bücher angeführt, die mit in Kupfer gestochenen Schriftproben begleitet sind. Diese Proben, wenn sie genau sind, sind für den Handschriftenforscher von ausnehmender Brauchbarkeit. Allein, an solcher Genauigkeit fehlet es vielen unter denselben; sey es des Zeichners, oder des Kupferstechers Schuld. Selbst im Chronikon Gottwicense, das sonst einen entschiedenen Werth hat, sind nicht alle Proben zuverläßig. Ich will hier nur ein Beyspiel anführen, und zugleich meinen Gewährsmann, der gewiß gültig ist, weil er auf Erfahrung, den Augenschein, und die genaueste Vergleichung, sein Urtheil gründet, nennen. Das Chronicon liefert von dem Regensburgischen berühmten Codex der Evangelien, vom Anfang der Vorrede des Hieronymus an den Pabst Damasus einen Kupferstich zur Probe. Nach demselben haben die zween Benediktiner, die sich durch ihre neue Diplomatik ein unvergeßliches Verdienst erworben haben, von dem Regensburgischen Codex geurtheilt. Und ihr Urtheil konnte freylich nicht günstig ausfal-

ausfallen, da es nicht auf die eigne Einsicht des Coder, sondern nur auf die vom Abt Beßel gegründet ist. Sanftl * versichert, — und wer wird dem scharfprüfenden Mann nicht glauben — daß diese Probe an Gröſſe und Schönheit der Buchstaben, bey weitem nicht mit dem Original übereinstimme.

Schriftproben aus allen Jahrhunderten, so weit man sie haben kann, findet man auſſer den schon bemerkten, vorzüglich in Montfaucons griechischer Paläographie, in Mabillons Diplomatik, und den Supplement zu derselben, in dem treflichen Werke der beyden Benediktiner, und in dem ebengenannten Chronicon Gottwicense. Auch Walther hat seinem diplomatischen Lexicon, und Scheuchzer der unten bemerkten Schrift †, Proben dieser Art beygefügt.

Doch noch einige Bücher setze ich hinzu, die recht schöne Proben alter Schriften aufstellen. Das kostbare Werk des Herrn Knittels, das einige Kapitel des Briefes Pauli an die Römer, nach der Gothischen Ueberſetzung des Ulphilas, nebst einem ausnehmend schätzbaren Commentar enthält, liefert nicht nur den Text selbst mit Gothischen Buchstaben, sondern auch in niedlichen Kupfertafeln, aus verschiedenen Codicibus, Gothische, alt Gallische, Teutsche, auch alt Teutsche, aus Ottfriebs Zeiten, Lateinische, Griechische Schriftproben.

* Differtat. S. 40. (k).
† Alphabethi ex diplomatibus & codicibus Thuricensibus specimen publicatum à J. J. Scheuchzer, & J. Lochmann Chalcographo, Tiguri 1730. fol.

aufbewahrt zu werden verdienen. 231

ben. Vorzüglich schätzbar ist für den Alterthumsforscher der Anblick derjenigen Kupferstiche, die zur anschaulichen Kenntniß eines sogenannten Codex rescriptus leiten, da man sonst dergleichen nicht viel zu Gesichte kriegt.

In den Monumentis Guelficis des Verdienstvollen P. Gerard Heßens, sind zwar nur wenige solcher alter Schriftproben zu sehen; aber sie sind mir vor andern schätzbar, und ich wiederhole ihre Uebersicht oft, weil ich die Originalien, aus denen sie nachgezeichnet sind, selbst gesehen habe, und sie so ziemlich genau mit ihnen übereinstimmend finde. Ueber zwanzig Schriftproben aus dem 15ten und 16ten Jahrhundert hat der gelehrte Eusebius Amort dem Werkgen, das ich unten anzeige * beystechen lassen. Sie sind Beweise der Ungleichheit der Schriften in einem, oder doch einander sehr nahen Zeitaltern, die in Büchern merkbarer ist, als in Diplomen. Unter den neuern Beschreibungen gelehrter Reisen, verdienen des Fürsten von St. Blasy, und Gerkens, hier eine Anpreisung. Zwar auch nicht viele, aber wichtige und genaue alte Schriftproben sind denselben in Kupfer gestochen, beygefüget.

In unsern Zeiten fängt man wieder an, ganze Codices, nach den vorhandenen Originalien, genau abdrucken zu lassen, das für den Forscher alter Schriften ein ausnehmend behaglicher Dienst ist. Ich sage

P 4 mit

* Deductio critica, qua juxta sanioris critica leges moraliter certum redditur V. Th. Kempensem librorum de imitatione Christi authorem esse &c. Aug. Vindelic. 1761. 4.

mit Bedacht, man fängt wieder an, solche Ausgaben nach den Originalien abdrucken zu lassen. Denn frühere Beyspiele habe ich zwar selbst nicht gesehen, kenne sie aber aus fremder Anzeige, die ich unten benennen will. * So hat D. Woide den bekannten Alexandrinischen Codex nach der Urschrift publizirt, und vom D. Kipling erwartet die gelehrte Welt auf diese Weise die berühmte Handschrift der Evangelisten und der Apostolischen Geschichte, die Beza der Universität Cambridge geschenket hat.

Das ist ungezweifelt gewiß, daß zur Kenntniß der Handschriften, sie lesen und nutzen zu können, dem Bibliothekar Bekanntschaft mit den in Manuskripten vorkommenden Abkürzungen unentbehrlich ist, seyen es Noten, Siglen, oder eigentlich sogenannte Abbreviaturen. Man hat ganze Codices, die mit Tironischen Noten geschrieben sind. † Auch mitten unter ordentlicher Schrift stehen oft dergleichen Tironische Zeichen. Carpentier ** ist hier so wenig zu gebrauchen, als Porta ††. Von dem Werke des zuerst genannten hat schon

* Gözens Merkwürdigkeiten der Königlichen Bibliothek zu Dresden. 2 B. S. 262. Virgilii Opera &c. Bipont. 1783 8. Vol. II. notitia literaria pag. 335 sqq.

† S. Mabillon de re diplomatica Pag. 48. 52. Chronicon Gottwicense pag. 23. sq. Sinner Cat. Codd. mss. Bibl. Bern. Tom. I. pag. 23.

** Alphabetum Tironianum, seu Notæ Tironis explicandi Methodus cum pluribus Ludovici pii chartis, quæ iisdem notis exaratæ sunt &c. Paris 1747. fol.

†† Portæ Libri IV. de occultis litterarum notis, seu artis animi sensa occulte aliis significandi &c. Montisbelligardi 1593. 8.

aufbewahrt zu werden verdienen. 233

schon der geübteste Handschriften-Kenner unserer Zeiten, Gatterer, so geurtheilet. * Und der letztere, der ein halbes Jahrhundert früher geschrieben hat, als Carpentier, gedenkt kaum mit einer Sylbe der Tyronischen Schrift, geschweige, daß er Proben derselben aufstellen sollte. Wenn er also hier von andern citirt wird, so geschiehts ohne hinlängliche Bekanntschaft mit dem Inhalt seiner Schrift.

Ich glaube fast, der erste, wenigstens kenne ich keinen ältern, der dergleichen gesammelt, und der gelehrten Welt mitgetheilet hat, ist J. Gruter. Diese Sammlung kam zuerst 1603 zu Frankfurt in Folio † einzeln heraus; hernach hat sie Gräve der kostbaren neuen Ausgabe der Gruterischen Sammlung alter Inskriptionen, Amsterdam 1707 fol. beygefüget. Beym Mabillon ** findet man einen eigenen Kupferstich mit Tironischen Noten angefüllt. Aber mehr leisten die zween Benediktiner in dem neuen diplomatischen Werke im dritten Bande. Alles werden aber die vom Herzoglich Gothaischen ersten geheimen Archivar, Lichtenberg, versprochene Lexicon Tironianum, und die dabey gestochenen Kupferplatten übertreffen, wenn sie einmal werden publizirt seyn.

P 5 Beson-

* Allgemeine historische Bibliothek I. Band S. 192.
† Notæ Tullii Tironis & Annæi Senecæ, f. Characteres, quibus utebantur Romani Veteres in Scriptura compendiaria, ubi littera verbum facit. Opus mirabile, & quod præterea optimi glossarii vicem præstare possit. Francof. 1603. f.
** Libr. de re diplomatica f. 457.

234 Von Handschriften, die in Bibliotheken

Besondere Noten, und ihre Erklärung finden sich in der Bibliothek zu Gottwich in einer Handschrift aus dem zwölften Jahrhundert, auf Pergament. Sie haben fast einen ähnlichen Zweck, als die Correkturzeichen, die dem Setzer in der Buchdruckerey, am Rande des Korrektur-Bogen, anzeigen, was er ändern muß. Das Chronicon Gottwicense hat sie aus gedachtem Codex öffentlich bekannt gemacht. †

Auch Siglen findet man nicht nur in Diplomen, sondern auch in andern Handschriften. Sie sind, wie bekannt genug ist, einer, oder mehrere Buchstaben, die eine einzelne Sylbe, oder ein ganzes Wort bezeichnen. Ich habe nicht nöthig, die Schriften umständlich anzuführen, aus denen man sie genau kann kennen lernen. Man findet sie in einem der schätzbarsten Werke, die zur Diplomatik Anleitung geben, das zur Erlernung dieser Wissenschaft das beste und tauglichste ist, und das einzige seiner Art, das das vollkommenste zu seinem Zwecke seyn wird, wenn es nach dem warmen Wunsche der Kenner fortgesetzt wird, und seine Vollendung erreichet, nemlich in Gatterers Elementis artis diplomaticæ universalis. * Die bekannten Samlungen der Inskriptionen, die Schriften, die zur Münzwissenschaft führen, oder Münzen-Sammlungen, auch einzelne Münzen beschreiben, nebst einigen Verbal-Wörterbüchern, können die Bibliothekare auch hier nutzen. Unter den Inskriptionen-Sammlungen zeichne ich

† F. 24. sqq.
* Vol. I. Pag. 60.

ne ich hier nur diejenige an, die Apianus und Amantius ans Licht gestellet haben, weil es die allererste ist. Inscriptiones sacrosanctæ vetustatis non illæ quidem Romanæ, sed totius fere orbis summo studio ac maximis impensis conquisitæ. Ingolstadii in ædibus P. Apiani Anno MDXXXIII. fol. Gleich auf die Zueignungsschrift, und die Briefe und Gedichte an die Sammler, kommen diese Siglen und ihre Erklärungen in reicher Anzahl. Ihnen sind die Noten der Zahlen und Gewichte, nebst denen, die in römischen Gesetzen und Edikten üblich waren, und in Handschriften oft vorkommen, beygefügt. Sie sind theils aus andern Schriften, theils mit Auswahl aus alten Monumenten vom Apianus und Amantius gesammelt. Wie's allen Entwicklern alter Siglen noch gehet, so ists auch diesen zween sonst geübten und glücklichen Forschern ergangen. Sie haben nicht immer richtig die Sache in ihren Erklärungen getroffen. Noch bleibt manche Deutung einer Sigla eine bloße Muthmaßung, und man trift immer in Handschriften, gedruckten Büchern, Holzschnitten, Kupferstichen eine Menge noch unerrathener und unerklärter Siglen an. Selbst die Sammlung, von der ich eben gesprochen habe, weist eine solche auf, die keiner von denen, die sie beschrieben, bemerkt zu haben scheinet, und die mir bey recht enfriger Nachforschung noch ein Räthsel ist. Es sind in denen in Kupfer gestochenen Leisten des Werks die Buchstaben G. A. B., die vermuthlich den Kupferstecher bezeichnen.

Die

Die Abbreviaturen sind von den Noten und Siglen unterschieden. Man versteht unter dieser Benennung abgekürzte Sylben und Worte, bey denen mehrentheils nur die Consonanten in Rechnung kommen, da die Vokale selten, doch fast immer gewiß, wenn sie den Anfang eines Worts ausmachen, erscheinen. Das Waltherische Lexicon diplomaticum leistet da die besten Dienste. Das Chronicon Gottwicense bringt bey Beschreibung der Handschriften, nach dem Zeitalter, in welchem sie geschrieben sind, belehrende Beyspiele an, besonders aber verdienen die mitten im Text in Kupfer gestochenen, aus dem eilften Jahrhundert, alle Aufmerksamkeit. * Doch ist auch Hokers Alphabeth aus denen Heilsbronnischen Handschriften gesammelt, und hinter die Vorrede der Bibliotheca Heilsbronnensis gedruckt, nicht ganz unbrauchbar, so kleinhaltig es ist, und so billig Pfeiffer † behaupten kann, daß Hoker nicht alle Abkürzungen richtig gelesen, und erklärt habe. Auch der eben genannte genau forschende Pfeiffer, ein Mann, der recht eigen geschaffen ist, Bibliothekar zu seyn, liefert einige Abbreviaturen-Proben

* F. 51.

† Beyträge zur Kenntniß alter Bücher und Handschriften. 1. St. S. 69. Ich hätte diese mit vieler Genauigkeit geschriebene Beyträge schon oben nennen sollen. Handschriften, die ehedem in der Heilsbronnischen Bibliothek waren, und nachher nach Erlang gekommen sind, und die Hoker schon beschrieben hat, beschreibet sie mit mehrerer Bestimtheit, und müssen also neben dem Hoker zu besserer Berichtigung seiner Angaben und Behauptungen allerdings gebraucht werden.

Proben *, wie auch Schlegel †. Der zweyten Kupfertafel in den Gatterischen Elementen ist hier nicht zu vergessen.

Die Geschicklichkeit, richtig und fertig alte Handschriften lesen zu können, wird jeder als ein dem Bibliothekar unentbehrliches Talent, schätzen. Und gerade dazu sind die Sachen, mit denen ich eben meine Leser unterhalten habe, überaus nützliche Hülfsmittel. Aber sie fordern ein strenges Studium, und einen anhaltenden täglichen Fleiß. Ihre Kenntniß und Fertigkeit in denselben gehen parallel mit Sprachenkenntniß, und Fertigkeit. Wenn man lange nicht sich mit ihnen beschäftiget, so verliert sich die beste Fertigkeit wieder, oder mindert sich doch. Ich habe das selbst erfahren, und erfahre es noch. Eine lange Pause entwöhnt hier das Aug und Gedächtniß. Wenn ich eine Zeitlang die Uebung in dieser Lektur auf die Seite setze, und nun wieder zu ihr zurücke kehre; so braucht's schon stärkere Anstrengung des Gesichtes, ernsteres Forschen und Rathen, kurz, es geht langsamer, und stockt öfter, als bey täglichen Gewohnheit und Uebung. Täglich, auch nur ein Stündgen, auf die genaue Lesung, und studirende Beobachtung solcher Proben gewendet, wird hingegen die Fertigkeit immer gegenwärtig erhalten. Einen Rath kann ich hier nicht verschweigen, sollte er gleich nur unter die Trivial-Bemerkungen gehören. Es wird mir erlaubt seyn, mich da auf meine eigene

Erfah-

---

* In angeführter Schrift I St. S. 6, 69, 140, 196. II St. S. 330.

† Epistola de Codice Willigisano pag. 6.

Erfahrung zu beziehen. Walthers diplomatisches Lexicon, ein Werk, das als das erste und beste seiner Art, den Teutschen Ehre macht, kann hier vortrefliche Dienste leisten. Ich lese Blatt vor Blatt. Ich lese nur die alte Schriftproben, und bedecke die gegenüberstehende Deutung derselben. Wenn ich so mit einem Blatte fertig geworden bin, dann erst wende ich das Aug auf den erklärenden Text, um zu sehen, ob ich durchaus richtig gelesen habe, um den etwa im Lesen begangenen Fehler zu verbessern, und das zu berichtigen, wo ich ungewiß geblieben bin, oder gar nicht habe fortkommen können. Und so verhalte ich mich bey diesem Lernen, und bey dieser Uebung in Rücksicht auf alte Skriptur, eben so, wie Männer von Einsicht und Erfahrung die alten Classiker, um sie zu verstehen, zu lesen rathen, da nemlich der Leser erst nach eigenem Versuch die begleitenden und erklärenden Noten zu Hülfe nimmt. Es ist höchst rathsam, erst nach solchen Vorbereitungen und Uebungen, sich an die Lesung der Handschriften selbst zu wagen. Die darf man freylich nicht vernachläßigen, wenn man nicht einen Acker und Werkzeuge, ihn zu bearbeiten, besitzen soll ohne Gebrauch; eine Kenntniß haben ohne Anwendung und Nutzen. Diese Arbeit ist freylich schwerer, als die vorige nur zubereitende. Bey ersten habe ich nur einzele Buchstaben, einzelne Sylben und Worte, lesen lernen. Itzt kommts aufs Lesen ganzer Perioden, und ganzer Handschriften im Zusammenhange an. Ich werde oft zu meinen vorbereitenden Hülfsmitteln zurücke kehren, und bey ihnen Hülfe suchen müssen. Immer also gut, wenn ich stets beyr eignen Lesung einer alten Schrift, oder eines ganzen Codex, ein so unentbehrliches Hülfsmittel zur Hand habe. Aber noch einen Weg zur Erleichterung muß ich anzeigen. Ist die Handschrift, die ich vor mir habe, ein Werk, das schon gedruckt ist, z. B. eine Schrift eines alten Classikers, so lege ich eine gute gedruckte Ausgabe neben sie hin, und selten läßt mich diese, wo ich für mich selbst nicht fortkommen kann, ohne Hülfe. Es muß aber wohl eine Ausgabe seyn, die selbst nach einer, oder mehrern Handschriften, wenn gleich nicht nach der, die ich eben vor mir habe, genau abgedruckt ist. Die Albinischen Editionen haben hier einen bedeutenden Vorzug. Es ist noch nicht lange, daß ich zur genauen Durchlesung einer alten Handschrift, die den Valerius Maximus enthält, die Albinische Ausgabe dieses Classikers 1503. 8. vortheilhaft genutzt habe, und desto sicherer nutzen konnte, da ganz gewiß mein Codex eine Abschrift eines vom Albus gebrauchten ist.

Man muß, wenn man zu fertiger Uebung kommen will, in einem Codex nicht bloß einzelne Stellen, sondern den Codex ganz durchlesen. Langsam, genau, wiederholt muß diese Lektur vorgenommen werden. Die Stellen, Buchstaben, Sylben, Worte zumal, müssen oft wieder ernstlich beobachtet, und wieder gelesen werden, die im Anfange unleserlich waren, und den Fortgang der Lektur einige Zeit gehindert haben. Das Zurückerinnern an eine vorher schon gegenwärtige, zweyfelhafte, oder gar unleserliche Stelle, und ihr neues Aufsu-

Aufsuchen, Beobachten, und Vergleichung, wird auch ersprießliche Dienste leisten. Und da versteht sich von selbst, daß ich Stellen dieser Art anzeichnen muß, um sogleich, wo sie mir nutzen können, sie wieder zur Untersuchung und Vergleichung unter das Gesichte zu kriegen.

Mehrere Handschriften von verschiedener Art, Zeitalter und Schreibern muß man durchlesen, und studiren, wenn man dazu Gelegenheit und Mittel hat. Ich muß hier schon, so sehr ich sonst das Buntscheckigte scheue, eine lateinische Stelle einschalten, die dem Durchforscher alter Handschriften, einen beobachtungswürdigen Rath ertheilet. Sie kommt von einem Manne, der sich durch unverdrossenen Fleiß in diesem Geschäfte eine vorzügliche Fertigkeit erworben hat, und ist ein Rath, durch eigne Erfahrung, als guter Befolgungswerther Rath, bestätigt. Hier ist die Stelle: Conjiciebam primo oculos in locos, in quibus integræ adhuc extabant literæ *, & qui sine incommodo legi poterant. Ac ne in his quidem locis res sua difficultate carebat. Etenim verba distincta erant intervallis omnino nullis, totaque mea versio Gothica erat quasi unum Pasuk. Perdifficilis & plane lubricus labor, hac rerum facie, suas cuique verbo tribuere literas. Facile enim est, à recta, literas in singula, quæ constituunt, verba distribuendi, ratione aberrare. Quo quidem errore

---

* Von einem Codex rescriptus ist hier die Rede, nemlich von dem vortreflichen in Wolfenbüttel, der die Gothische Uebersetzung einiger Kapitel des Briefes an die Römer enthält.

aufbewahrt zu werden verdienen. 241

rore commiſſo, effuſus omnis, in quo deſudavimus, labor eſt. Hæſiſſem hac in ſalebra ſæpius, niſi mathematicorum calculi, juncti cum linguæ ingenio, me expediſſent. Exantlato & hoc labore, intendebam oculorum aciem in dimidiatos, craſſioribusque liturarum tenebris occultatos atque circumfuſos locos. Quo quidem in negotio pendere ſæpius cogebar ex cœli ſolisque temperatione. Lumen enim, quod in harum literarum receſſus penetraret, cujus fulgore collucerent illuſtrarenturque tenues dimidiatarum literarum reliquiæ, Toletana obrutæ ſcriptura, non Chleantis lucerna, non diluculum, non crepuſculum, non lucis dubiæ dies hibernus, ſed ſolus, cum altiſſimus erat, ſol poterat accendere. Cujus quidem radii ne aciem ſenſumque oculorum vincerent, ab aulæis modificandi, temperandique erant. Multum quoque codicis ſitus ad cognoſcendam ſcripturam adflictam, valebat. Modo, ut ſolis luce undique colluſtrarentur membranæ, curandum, modo iis apricantibus officiendum erat. Et ſic addendo deducendoque lumine diſcebam, quantum ſolis cuique lituræ dandum, negandumque foret. Quæ quidem omnia non præceptis, ſed uſu & exercitatione adipiſcuntur. Atque hæc tandem lucis uſura moderationeque ſenſim ſenſimque e tenebris ſuis, inque lucem ſe efferebat totam, liturarum effuſa nocte, ſcriptura Gothica. —

Dandum erat interdum, vel potius nimium ſæpe, oculis nimia intentione ſubinde hebeſcentibus,

bus, aliquid remiſſionis. Atque adeo, cum aliquando hos inter labores tetram caliginem, ſubito pupillam tegentem, ſentirem perhorreſceremque; deponebam de manibus per aliquot menſes infidam textorique ſuo minantem telam. — Novies & amplius non modo omnia textus mei Gothici verba, verum etiam literas ſingulas notarumque fragmenta minutiſſima, ſumma, qua potui, fide atque diligentia perſcrutatus ſum, cavique omni ſtudio, ne quid harum rerum vel incuria perderet, vel phantaſia ementiretur mea. *

Dieſe lange Erzählung, hoffe ich, ſteht hier nicht am unrechten Orte. Ich habe ſie für Leſer abgeſchrieben, die das koſtbare Buch, woraus ſie genommen iſt, nicht bey Handen haben. Nicht bloß dem Anfänger, ſondern auch dem geübten Manuſkriptenforſcher, ertheilt ſie einen bedeutenden Rath, und lehrt ihn auch phyſiſche Vortheile, bey Leſung alter Schriften, nicht zu vernachläßigen, kennen. Was Augenſpiegel und Vergröſſerungsgläſer hier für Dienſte leiſten, kann ich nicht aus eigener Erfahrung ſagen. Denn ich habe in meinem Leben keins dergleichen zu gebrauchen mich genöthiget gefunden, und bey der izo noch daurenden Schärfe meines Geſichtes, kann ich hoffen, ſolcher nie bedürftig zu werden. Die Vergröſſerungsgläſer möchten hier wohl nicht allzutauglich ſeyn; weil doch auf
den

---

* Knittels Vorrede zur Ausgabe einiger Kapitel aus dem Briefe an die Römer nach der Gothiſchen Ueberſetzung des Ulphilas. S. 8 ſqq.

aufbewahrt zu werden verdienen.

den eigentlichen Charakter des Buchstabens, wie er in der Handschrift würklich da ist, bey dieser Kenntniß vieles ankommt. Ich muß ihn, wenn ich richtig sehen will, nicht kleiner und nicht grösser, nicht dicker und nicht dünner, sehen, als er würklich ist. Denn da kommts ja nicht bloß aufs richtige Lesen des Worts, sondern auf die Kenntniß der Schrift, und ihren eigenen Charakter an.

Ich schliesse hier sogleich eine Bemerkung an, zu der mich die Stelle des Herrn Knittels leitet. Ein so genannter Codex reskriptus ist schwerer zu lesen, als andere. Man darf nur wissen, was ein Codex reskriptus heißt; so wird man von selbst auf die Schwierigkeiten, bey seinem Lesen, und auf ihre Ursachen schliessen können. Der Mangel an Pergament, und die Sparsamkeit, sind am Entstehen solcher Handschriften, Schuld. Man brauchte, wie bekannt genug ist, dazu schon überschriebene Blätter. Die alte Schrift wurde ausgelöscht, und an ihre Stelle eine neue von ganz anderm Inhalt, aufgetragen. So ganz konnten die alten Buchstaben nicht durchaus vertilget werden, daß nicht ihre Spuren unter den neuen sich dem Auge des Lesers zeigen sollten. Und das schaft gewiß keine geringe Schwürigkeit. Doch der Leser kann sich davon durch den Augenschein überzeugen. Wenn er auch nicht selbst Gelegenheit hat, solche Codices zu sehen, so darf er nur die davon vorhandenen Schriftproben prüfen. Es ist genug, daß ich ihn auf ein Beyspiel weise. Auf das, das mir eben izo am nächsten ist. Auf die

Von Handschriften, die in Bibliotheken

die Kupferstiche hinter dem eben gerühmten Werke, das man dem Herrn Knittel zu danken hat.

Andere Schwierigkeiten, die ein gewaltsames, und langes Stocken, im Lesen verursachen, will ich auch hier, obgleich nur kurz, gedenken. Die ältesten Schriften sind an einander hangend, ohne Absatz der Worte 2c. und ohne Distinktionen und Interpunktionen geschrieben. Die alte Schriftart hat sich von Zeit zu Zeit verändert. In den Alphabethen haben einige Buchstaben, eine nur schwer zu unterscheidende Aehnlichkeit mit einander. Lakunen, Lituren, Auslassungen, Verschreibungen, die auf des Schreibers Schuld haften, kommen in Menge vor. Man findet in einem Codex mannigfaltige Handschriften, und also Abwechselungen, weil sie nicht von einer gleichen Hand gefertiget sind. Das alles muß das Lesen, und Fortkommen bey demselben, sehr erschweren. Bey den aneinanderhängenden Skripturen, ohne Distinction, und Interpunktion, habe ich mir durch das unbillig verachtete Buchstabieren, wo ich freylich oft wieder von neuem anfangen, und wiederholen mußte, bis ich eine richtige Sylbe traf, ein ganzes Wort, ganze Zeilen unbezweifelt fand, und durch das laute Lesen mit Ton und Accent, am besten geholfen. In von Zeit zu Zeit abgeänderten Schreibarten, sind die gedruckten Probeschriften, mit ihren Deutungen begleitet, behagliche Hülfsmittel. Bey sich fast gleichen Buchstaben muß man sich helfen, wie sich der hilft, der orientalische Sprachen lernt, in denen dergleichen Aehnlichkeit so gewöhnlich ist;

durch

aufbewahrt zu werden verdienen.

durch öfteres übersehen, durch genaue Vergleichung eines mit dem andern, durch die Bemerkung eines geringen Striches, Pünktgens, einer dickern oder dünnern, krümmern oder geradern Linie, u. d. m. die den Unterschied eines Buchstaben von dem andern bestimmen. Bey andern Schwierigkeiten ist wiederholte Lektür am brauchbarsten, die oft ganz unvermuthet, zur richtigen Einsicht hilft; wie auch die strenge Aufmerksamkeit auf den Context. Freylich wird man es hier oft bey Conjekturen und einem Gerathewohl, müssen bewenden lassen. Noch etwas! Ich will oft ein ganzes Wort erzwingen, und es ist eine Abbreviatur. Da ist denn gewiß die genaue Bekanntschaft mit Noten, Siglen und Abbreviaturen, unentbehrlich, und da sind also die oben schon berührten Hülfsmittel zu gebrauchen.

Die Kenntniß der Sprache, in welcher der Codex geschrieben ist, ist bey diesem Geschäfte unentbehrlich; und keiner muß sich ans Lesen einer alten Handschrift, ohne diese gründliche Wissenschaft, wagen. Da ist bloße Alphabethen- und Buchstabenkunde gewiß nicht hinreichend, so wenig diese hinlangt, einen Schriftsteller zu verstehen, und zu nutzen. Ich muß die Sprache verstehen, und einen sattsamen Wörter-Reichthum von derselben in meiner Gewalt haben. Ist mir diese Wissenschaft eigen, und meinem Gedächtniß, bey Durchsicht einer alten Handschrift, gegenwärtig, so wirds mir helffen, die unleserlichste Schrift, zu entziffern.

Das Griechische und Lateinische der alten Classiker

versieht

versteht gewiß jeder Gelehrte; auch so viel von den Grundsprachen der heiligen Schrift, als er zur Hülfe beym Lesen alter Handschriften, die einen solchen Schriftsteller enthalten, und bey aufstoßenden Schwierigkeiten, nöthig hat. Davon rede ich nun nicht. Ich richte vornemlich hier mein Augenmerk auf Schriften des späteren Zeitalters, besonders der mittlern Jahrhunderte, der Zeiten der verdorbenen und geänderten Griechischen und Lateinischen Sprachen. Aus diesen Zeiten sind noch ungemein viele Codices, zumal Lateinische, aufbehalten; historischen, scholastischen, mystischen Inhaltes insbesondere. Sie haben ihre eigene Sprache, eigene Worte, die in reinen und eleganten Schriftstellern gewiß nie vorkommen. Ein so unbekanntes, und unverstandenes Wort ist oft die Ursache, daß der Leser einer alten Handschrift, darinnen es stehet, nicht fortkommen kann. Ist er aber mit dieser Sprache bekannt, so wirds ihm leichter seyn, fertig fortzulesen. Er muß zu diesem Zwecke die Hülfsmittel nutzen, die ihn zu dieser Bekanntschaft leiten. Unter denen stehen des Cange Griechische und Lateinische Wörterbücher des mittlern Zeitalters, oben an. Und in Hinsicht auf die barbarischen Wörter in historischen alten Handschriften, kan ich vor allen die Register des Herrn von Gudenus, hinter seinen diplomatischen Sammlungen empfehlen. Sie sind zwar kurz, und geben bloß die Bedeutung der Worte an; aber zu dem Zwecke, zu dem sie der Forscher alter Manuskripten gebrauchen will, sind sie hinreichend. Auch die Kirchenväter, die Ritualbücher, die Ordensregeln, haben ihre eigene Sprache, bey

che, bey welchen die Unwissenheit oft ein langes Sto⸗
cken im Lesen alter Handschriften, verursachet. Bey al⸗
len diesen nehme ich besonders zum Suicer (Thesaurus Ecclesiasticus) J. A. Schmidt (Lexicon Eccle-
siasticum) und dem schon genannten du Cange meine
Zuflucht.

Man trift auch auf Teutsche alte Handschriften,
wenn gleich nicht auf so viele, als in andern Sprachen,
und nicht von so hohem Alter. Ihre Sprache ist ganz
verschieden von der jezigen teutschen Sprache, theils
im Ganzen, theils aus spätern Zeiten in einzeln jetzt
ganz verlornen Wörten. Daß die Unwissenheit hier
im Lesen einen sehr aufhaltenden Anstoß schaffe, und
hingegen die Bekanntschaft damit das fertige Fortlesen
erleichtere, versteht sich von selbst. Ich könnte meh⸗
rere Schriften nennen, die hier Hülfe verschaffen, al⸗
lein ich will nur die wichtigsten und unentbehrlichsten
anzeigen; keine, die ich nicht selbst besitze, und gebrau⸗
che. Folgende sinds: Henischii Thesaurus linguæ
& sapientiæ Germanicæ. Pars I. Aug. Vind. 1616.
fol. Es ist bekannt, daß der zweyte Theil dieses
schätzbaren Wörterbuchs, das auch sehr selten ist, nie
zum Vorschein gekommen ist. Es geht nur bis zum
Buchstaben H. Seinen Werth und Brauchbarkeit
erheben die Leipziger Critische Beyträge * ausnehmend.
Schottels ausführliche Arbeit von der Teutschen Haupt⸗
sprache, ꝛc. Braunschweig 1663. 4. Besonders ist
der

* I B. S. 571 Aus Brückers Ehrentempel lerne ich, daß man
diesen wichtigen Aufsatz dem seeligen Prof. Lotter zu danken
hat.

der zweyte, fünfte und sechste Tractat des fünften Buches hier brauchbar.

Goldasten muß ich hier billig eine Stelle geben. Er verdient sie um verschiedener reichhaltiger Anmerkungen willen, mit denen er die von ihm herausgegebenen Scriptores rerum Alemannicarum, deren neue Edition Frankfurt und Leipzig 1730. fol. man Senkenbergen verdanket, begleitet hat, die zur Kenntniß veralteter Teutschen Worte, ausnehmend brauchbar sind. Aber noch mehr um der Noten willen, durch die er, als erster Herausgeber, drey alte Teutsche Gedichte erläutert hat, und die zu diesem Zwecke ganz unvergleichlich nutzbar sind. †

Proben der alten Schwäbischen Poesie des dreyzehenden Jahrhunderts aus der Maneßischen Sammlung. Zürch 1748. 8. So wohl der Vorbericht, und die grammatischen Anmerkungen in demselben, als das hinten beygedruckte Glossarium, leisten hier vortrefliche Dienste.

Wachters Verdienste um die deutsche Sprache, sind bekannt. Man hat ihm zwey wichtige Werke;

ein

---

† Die Gedichte sind: Künig Tyrol von Schotten, und Fridebrant sin Sun; der Winsbeke; die Winsbekin. Sie sind mit den Noten die letzten Stücke, in dem seltnen Werke: Paræneticorum veterum Pars I. Infulæ ad Lacronium (Lindau) 1604 4 Ein zweyter Theil ist nicht herausgekommen. Schilter hat diese Gedichte sämt den Goldastischen Bemerkungen, in dem kostbaren Werke, das ich bald nennen werde, wieder abdrucken lassen.

aufbewahrt zu werden verdienen. 249

ein kleineres, und ein grosses, zu danken, die zu dem Zwecke in Lesung alter teutscher Handschriften fertig fortzukommen, ausnehmend nutzbar sind. Gloſſarium Germanicum continens origines et antiquitates linguæ Germanicæ hodiernæ. Specimen ex ampliore farragine decerptum. Lipſiæ 1727. gr. 8. Gloſſarium Germanicum continens origines & antiquitates linguæ Germanicæ & omnium pene vocabulorum vigentium & deſitorum. Lipſiæ 1737. Wenn man auch nur die Einleitung, und die Register bey beyden Werken genau durchgeht, so wird man sie höchst brauchbar zu dem Zwecke finden, zu dem ich sie empfehle. Das kleinere Werk hat hier in meinen Augen vor dem grossen einen Vorzug. Das überflüſſige ist davon abgesondert, und es kann mit leichterer Mühe ganz durchgelesen werden.

Wenn ich Schiltern vergäße, so würde ich die reichhaltigsten Quellen verschweigen, aus denen man alte teutsche Sprachkenntniß, die das leichtere Lesen alter Teutscher Handschriften befördern, schöpfen kann. Zwey unschätzbare Werke dieses grossen Rechtsgelehrten, kann ich dießfalls anrühmen. Die älteste Teutsche Chronik, so wohl allgemeine, als insonderheit Elsaſſische und Straßburgische, von J. von Königshoven ꝛc. von Anfang der Welt bis 1386 beschrieben. Anizo zum erſtenmal heraus, und mit hiſtoriſchen Anmerkungen in Druck gegeben von D. J. Schiltern. Strasb. 1698 4. Hinten iſt ein Regiſter: Auslegungen der in dieſer der Königshoviſchen Chronik ſich befindenden alten und unbekannten Wort. Die mehresten dieser Wörter sind alte Teutsche. Dieses Register ist besonderer aufmerksamer Uebersicht würdig. Schilters Thesaurum Antiquitatum Teutonicarum, der Scheezens und Frikens Arbeitsamkeit und Gelehrsamkeit seine Vollkommenheit zu danken hat, darf ich bloß nennen. Er ist zu bekannt, als daß ich nöthig hätte, seinen ganzen Titel herzusetzen, und von seiner Brauchbarkeit zu dem Zwecke, von dem ich rede, mehrere Worte zu machen.

Die Verschiedenheit der alten Handschriften muß der Bibliothekar genau bemerken. Das wichtigste kommt hier auf das Alter, auf die Sprache, auf die Schriftart, auf die Materie, auf die, und mit der geschrieben worden, auf die Kostbarkeit, Seltenheit, und den wahren Werth der Codicum an. Das Alter, so bedeutend und vortheilhaft diese Kenntniß ist, immer gewiß zu bestimmen, ist eben keine leichte Sache. Das haben die geübtesten Forscher, selbst ein Mabillon, gefühlet und bekannt. Denn wenn auch die Nachahmungen betrügerisch, und ohne Betrug, eben nicht so viele Verirrungen, verursachen können, so sind doch die Criterien so genau, und ungezweifelt, noch nicht bestimmt, aus denen man, wenn ihnen sonst ein unbetrügliches Zeugniß mangelt, genau die Zeit, in welcher ein Codex geschrieben worden, beurtheilen könnte. Man kennt freylich geschickte Hände, die die alten Schriften nach ihren Characteren nachahmen, und einen neugeschriebenen Codex, dem alten ähnlich, herstellen konnten. Das Beyspiel einer Engelländerinn,

Elisa-

Elisabeth Elstob, die noch in diesem Jahrhundert meisterhaft diese Kunst geübet hat, ist bekannt. Auch wird von dem geübten Diplomatiker Walther ein gleiches gerühmt. * Und ich stelle hier aus dem ersten Viertel des sechszehnten Jahrhunderts einen Schwaben auf, der hierinnen eine vorzügliche und unnachahmbare Geschicklichkeit besaß. Er hieß Leonhart Wagner, genannt Wirstlin, und war ein Mönch des Klosters zu St. Ulrich und Afra, in Augsburg. Hundert lateinische Schriftarten, vom 11ten bis zum 16 Jahrhundert, hat er in ein Buch, das er dem Kaiser Maximilian dem ersten, zugeeignet, zusammengetragen, so geschickt, daß sie von der Schriftart jener ältern Zeiten, und also von den Originalien, nach denen er sie gezeichnet hat, nicht zu unterscheiden sind. Der Codex, auf Pergament geschrieben, soll noch in gedachtem Kloster vorhanden seyn. Die in demselben geschriebene Charaktere benennet Khamm an dem unten angezeigten Orte. Wagner war überhaupt ein fleißiger und geschickter Schönschreiber, der nicht nur selbst viele Codices fertigte, sondern auch andere, z. B. die Mönche zu Zweifalten und Salem, und die Klosterfrauen zu Marien Berg in dieser Kunst unterrichtete. †

Diese

---

* S. Baringii Clavis Diplomatica Præf. Pag. 37 sq.
† Meine Gewährsmänner sind die Verfasser des Parnassus Boicus in der zweyten Unterredung S. 175 f. und Khamm in der Hierarchia Augustana P. II. pag 293. sq. wo die hundert Schriftarten benennet sind; P. III. pag. 115. wo viele vom Wirstlin geschriebene, noch vorhandene Codices angezeigt werden.

Diese haben ihre Geschicklichkeit nicht mit Betrug gebraucht, sondern vielmehr zum Dienste anderer, und mit Anzeige, daß ihre Skriptur genaueste Nachahmung seye. Aber giebts in allen Sachen Betrüger und Verfälscher, die den Betrug aufs feinste verbergen können, und mit Bedacht würklich verbergen, so waren gewiß von solchen Händen die Codices auch nicht frey. Rom hat unter der Regierung Pabsts Gregor XIII. ein Beyspiel davon erfahren, da der Betrug entdecket, und der Betrüger Alfons Cicarrelli von Bavagma mit Todesstrafe beleget worden. * Und der Gewohnheit der spätern Abschreiber nicht zu vergessen, da sie, wenn das Original, von dem sie die Kopie genommen haben, mit Anzeige der Zeit der vollendeten Schrift, versehen war, bey ihre Abschrift solche beybehielten, ohne sich als Abschreiber zu nennen, und ohne die Zeit ihrer Arbeit zu bemerken; das ganz natürlich, obgleich ohne absichtlichen Betrug, dem copirten Codex leichte das Ansehen eines höhern Alters, verschaffen konnte.

Doch dergleichen Nachahmungen und Kopien können in Bestimmung des Alters eines Codex, so viele Verirrungen nicht verursachen. Denn bey der ersten Art ist man schon durch die Anzeige, daß hier nur meisterhafte Kopie seye, gesichert. Bey andern sind wahrscheinlich der Beyspiele, gegen die Anzahl authentischer Exemplare gerechnet, nicht viele. Und bey dritten verrathen gemeiniglich die Schriftart, und andere Merkmale, das spätere Alter.

Dies

* S. Schœpflini Alsatia illustrata Tom. I. Præf.

aufbewahrt zu werden verdienen. 253

Dies weggerechnet, bleibt die sichere Bestimmung des Alters eines Codex, doch noch ofte eine mit vielen Schwierigkeiten begleitete Sache. Man hat ja Exempel genug, wie oft sich in solcher Beurtheilung geschickte und wackere Männer betrogen, und zugleich andere zum Irrthum verführet haben. Ich will nur einige anführen. Lange * setzt jedem forschenden Critiker bemerkbar genug, manchem Codex ein unweit höheres Alter an, als er verdient. Eine Griechische Handschrift, die die Apostelgeschichte enthält, und zu Florenz in der Großherzoglichen Bibliothek verwahret wird, setzt er bis ins vierte Jahrhundert hinauf, obgleich fast unwiderleglich gewiß ist, daß überhaupt aus so frühern Zeiten kein Codex mehr vorhanden ist. Montfaucon setzt diese Handschrift bis ans Ende des zehenden Jahrhunderts herunter, und Biscioni bestätiget dies Urtheil mit Gründen, die kein Widerspruch wird umstoßen können. † Auch Lambek spannt in Bestimmung des Alters der Handschriften die Saiten mehrmals zu hoch. Wenigstens ist der kostbare Codex, der das erste Buch Mosis, und Fragmente des Lucas enthält, gewiß nicht so alt, als er angiebt. **

Ich

* Im Catalogo Codicum Mss. Bibliothecæ Mediceæ, in Lambecii Prodromo hist. liter. nach Fabrizens Ausgabe.
† Catalogus Bibliothecæ Gr. Florent. pag. 4 seq. Crassum judicicium nennt Biscioni Langens Behauptung.
** Comment. de Augustiss Bibl. Cæsar. Vind. Lib. III. p. 2. Ich citire hier aus meinen Excerpten, die ich schon vor vielen Jahren aus diesen Commentarien, die mir nun nicht bey Handen sind, gezogen habe.

Ich darf auch nicht verschweigen, daß manche Merkmale, durch welche sonst grosse, und geübte Critiker, das Zeitalter eines Codex bestimmen wollen, oft sehr schwankend, nicht immer treffend genug, und also wichtigen Zweifeln ausgesetzt sind. Ueberdieß, wie wenig stimmen in solchen Angaben die Gelehrten mit einander überein? Wie oft widersprechen sie einander? Einer giebt ein Kennzeichen als unumstößlich sicher an, ein Anderer bezweifelts, oder verwirft es völlig. Dieser will ein Criterium schon für sich allein zur Bestimmung des Zeitpunkts, wann der Codex geschrieben worden, hinreichend halten; jener nimmt es nur in der Gesellschaft mit andern als geltend an; und der letztere hat sicher das Recht auf seiner Seite. Allein, nur gar zu oft trift es sich, daß mitten unter mehrern ganz sicher gehaltenen Merkmalen, ein einziger Umstand sichtbar wird, der alles verdächtig macht. Man hat sogar Criterien, die nur auf Diplome passen, auf Codices anwenden wollen, da doch jedem Kenner die ungleiche Schriftart beeder, bewußt seyn muß. Nur ein Paar Beweise setze ich her. Wenn Struve * Recht hat, so ist das geschwänzte e ein Merkmal der neuern Zeiten, hat aber das Chronicon Gottwicense † recht, so kommt diese Buchstabenfigur schon im achten Jahrhundert vor. Mir kommt die letztere Behauptung nicht richtig vor. Man bezieht sich auf die Schriftproben aus dem achten Jahrhundert beym Mabillon. Aber

ich

---

* De criteriis Manuscriptorum in Collectaneis Manuscriptorum Fasc. I. pag. 20. und beym Baring in Clav. Diplom. nach der Ausgabe 1754. pag. 175.

† F. 28.

aufbewahrt zu werden verdienen. 255

ich finde auf der ganzen Kupfertafel beym Mabillon, die aus dem gedachten Jahrhundert Schriftproben aufweißt, kein eigentlich geschwänztes e, als in der untersten Linie, im Worte licencie, den letzten Buchstaben dem geschwänzten e etwas ähnlich, aber nicht so, daß es dem sonst später eingeführten geschwänzten e gleich heissen könnte. Auch was in dem Muster, das im Chronicon Gottwicense aus einem Codex, der im Kloster Tegernsee aufbewahret wird, an den letzten Buchstaben des Wortes: curae angehängt ist, ist kein Beweiß für diese Behauptung. Und doch hat Struve unrecht; denn schon im zwölften Jahrhundert erscheint das geschwänzte e natürlich und leibhaftig, gerade so, wie er es seinen Lesern vorzeichnet. Man sehe den Beweis im Waltherischen Lexicon Tab. VIII. Struv sagt: Nur noch im Anfange des fünfzehnten Jahrhunderts erscheine der Buchstaben i ohne übergesetztem Punkt; aber gleich hernach seye dasselbe über diesen Buchstaben gestellet worden. Ich habe einen Valerius Maximus auf hiesiger Stadtbibliothek aufbewahrt, vor Augen, der zu Paris fast in der Mitte des gedachten Jahrhunderts, nemlich 1448, also nach der vom Struv angegebenen Epoche, geschrieben worden. Und da finde ich über dem i nirgend ein Punktum, hingegen hat eben daselbst dieser Buchstabe meistens einen Accent. In der eben benannten öffentlichen Bibliothek ist eine Handschrift von einigen Commentarien des Hieronymus, die 1473 angefangen, und im folgenden Jahre vollendet worden, wo das i bald mit, bald ohne ein Punktum erscheinet. Auch ist

Struvens

Struvens Bemerkung von der Schönheit der Buchstaben im fünfzehnten Jahrhundert nicht allgemein anwendbar. Denn der angeführte Codex, der den Valerius Maximus enthält |, macht gewiß eine Ausnahme, da er äusserst schlecht geschrieben ist. Und wie viele Ausnahmen findet man nicht anderswo? Das nächste beste Erempel, das mir beyfällt, zeige ich unten an. *

Die Interpunktionen, ausser dem Punkt, verweisen die mehresten Gelehrten, die die Merkmale des Zeitalters eines Coder bestimmen wollen, aus den Handschriften vor dem zehnten Jahrhundert. Und doch hat Sinner † in frühern Manuskripten schon ein Semikolon angetroffen, und in der Kupfertafel beym Mabillon, auf die ich mich schon bezogen habe, erscheint im achten Jahrhundert nicht nur das Semikolon, sondern auch das Komma, ganz deutlich.

Es haben erfahrne Kritiker von Ansehen, Chronologische Alphabethe, als sehr sichere Mittel, das Zeitalter eines Coder zu bestimmen, angepriesen. Man hat auch reiche Sammlungen davon aus jedem Zeitalter, z. B. beym Baring, Walther, Gatterer, Scheuchzer; und die vollständigste im neuen diplomatischen Werke der beeden Benediktiner: Allein, wie unsicher auch dieser Weg zur genauen Bestimmung des Zeitalters einer Handschrift sey, hat Gatterer sattsam

---

* Walthers Lexicon diplomaticum Tab. XXVI.

† Catalogus Codd. Mss. Biblioth. Bernens. T. I. Præf. pag. XVII.

sam gezeiget. * Ich setze seinen Gründen hinzu, daß auch in einem Zeitalter die Buchstaben, und die ganze Schreibart sich sehr verschieden zeige. Man beobachte nur, um sich davon zu überzeugen, in den Büchern, die ich oben angeführt habe, die Schriftproben aus einerley Zeitalter genau, und vergleiche sie mit einander; nur daß ich auf ein Beyspiel weise, beym Mabillon die neunte, beym Sinner die zweyte und dritte, beym Walther die erste und zweyte Kupfertafeln. Lauter Schriftproben aus dem achten Jahrhundert.

Und welch eine sichtbare Verschiedenheit, und Ungleichheit in denselben? Dieß alles habe ich nur gesagt, die grosse Schwierigkeit, bey Bestimmung des Zeitalters eines Codex zu beweisen. Ich hätte noch mehr sagen können. Aber zu meinem Zwecke ist dieses genug.

Ich will doch hier noch einige Männer nennen, die zur Kenntniß der Charaktere der Handschriften, und ihrer Epochen Anleitung und Regeln geben. Ausser dem Montfaucon (Paläographie) und den diplomatischen Werken, deren Titel zu wiederholen, überflüßig wäre, kann man sich Raths erhohlen beym Hofer †, Knittel **, Maichel ††, Morhof ***, Sinner †††, Struve. ****   Doch

---
* Elementa artis diplomaticæ universalis Vol. I. pag. 93. seq.
† Catal. Bibl. Heilsbronn Præf. § 8.
** In seiner Ausgabe des Ulphilas S. 226. fg. 231. 257 fg.
†† Introd. in Histor. lit. Pag. 13. 55. 163 sq.
*** Polyhistor. Lib. I. C. I.
††† Vornemlich in der Vorrede zum ersten Theil des Catal. Codd. Mss. Bibl. Bernens. Pag. 16 sq.
**** In der schon oben angeführten Schrift.

Doch der Bibliothekar wird in der Handschriftenkenntniß, und Beurtheilung ihres Zeitalters, nicht weit kommen, wenn er es nur bey dem Unterrichte aus diesen, und ihnen ähnlichen Schriften geschöpft, bewenden läßt. Er muß Manuskripte selbst sehen, lesen, durchforschen, und nach allen ihren Charakteren genau prüfen. Diese Bemerkung ist zwar nicht erst auf meinem Boden gewachsen; denn lange vor mir haben die geübtesten Männer solchen Rath gegeben. Allein ich habe sie als nothwendig, und richtig, durch eigene Erfahrung erprobt, und kann sie also mit Ueberzeugung wiederholen. Ich will sie mit einem Beyspiele aus einer andern Wissenschaft, erläutern. Man lese die gründlichsten Anweisungen zur Münzkunde, und mache sich aus denselben die Criterien des Alters, und der Aechtheit der Münzen aufs genaueste bekannt, man wird doch nie im Stande seyn, von dem Alter, der Aechtheit, oder Verfälschung einer solchen Waare, richtig zu urtheilen, als bis man selbst mehrere ächte Münzen oft gesehen, untersucht, und mit denen, die dem Betrug ihr Daseyn zu danken haben, genau verglichen hat. Mir ists so mit einem Pescennius gegangen, den ich selbst besitze. Lange habe ich ihn vor ächt gehalten, und ihm in meiner kleinen Münzen-Sammlung, als einem äusserst raren Stück, den ersten Rang angewiesen. Aber mit einem Maale verschwand meine Freude und mein Stolz über diesen Besitz, da ich Gelegenheit hatte, in einem kostbaren Kabinete, einen ächten Pescennius zu sehen, zu untersuchen, und mit dem meinen zu vergleichen; und denn erkennen mußte, daß ich mich in

der

aufbewahrt zu werden verdienen. 259

der Schätzung deſſelben betrogen habe. Wer kennet
den edlen Roſt, der vom Alterthum der Münzen zeu-
get, und den die Kenner ſo hoch ſchätzen, aus bloßen
Beſchreibungen richtig? Nur der eigene Anblick deſſelben führt zu ſeiner unbetrüglichen Kenntniß.

Ich ſelbſt mag von der Zeitbeſtimmung eines
Codex hier nicht urtheilen, oder Regeln geben: theils
weil ich zu wenig Kenntniß und Erfahrung in dieſer
Sache habe, theils aber auch, weil mich die Beyſpiele
anderer, die dergleichen gegeben haben, und ihre Un-
beſtimmtheit, abſchröckt. Und denn, weil ich gewiß
bin, daß die mehreſten ſolcher Vorſchriften nicht allgemein anwendbar ſind. Doch daß ich dieſes Fach hier
nicht ganz leer laſſe, will ich ſagen, welche Regeln und
Mittel ich diesfalls für die brauchbarſten halte. Ueberhaupt genehmige ich von ganzem Herzen das Urtheil
geübter Männer, die behaupten, daß man keine ältere
Handſchriften finde, als aus dem fünften chriſtlichen
Jahrhundert. Ich nenne hier nur noch lebende Gelehrte, nemlich den Herrn Ritter Michaelis *, Sinnern †, und Mertens.** Ich weiß wohl, daß noch
ältere Manuſkripte angegeben werden, und ich habe
davon auch ſchon Beyſpiele angeführt. Allein die ge-
nauere Unterſuchung hat ſolche ſchon tiefer heruntergƷ-
würdiget.

---

* Einleitung in die göttlichen Schriften des neuen Bundes,
Dritte Ausgabe. Göttingen 1777. S. 242.
† Catal. Codd. MSS. Bibl. Bernenſ. T. I. Præf. Pag. 26.
** De Bibliothecæ Auguſtanæ Cimeliis Diatribe II. pag. 5.

Am allerwenigsten wird sich izo ein erfahrner und belesener Gelehrte, durch zu hoch getriebene Angaben, die an Prahlereyen gränzen, verführen lassen, izo noch Autographen früherer Zeiten, so gar alter Classiker, und biblischer Schriftsteller, oder auch der Kirchenväter aus den vier ersten christlichen Jahrhunderten, aufzusuchen und finden zu wollen. Kein hebräisches altes Testament von Esra, keine Aeneide mit Virgils eigener Hand, keine Bibel von Hieronymus geschrieben; kein idiographisches Evangelium des Markus; keinen biblischen Codex von dem Origenes eigenhändig korrigirt. Denn dergleichen librarische Alterthümer, sind schon lange billig, ins Reich der Undinge verwiesen, und es ist kaum zu begreiffen, wie sich ehedem auch gelehrte Leute, von dem fortdaurenden Daseyn derselben haben können bereden lassen, oder es haben wagen wollen, andern solch ein Mährchen aufzubürden. * Hierüber darf ich nicht viel Worte machen. Dieß sind zu bekannte, und fast allgemein eingestandene Dinge; wenigstens bey wahren Kennern und Forschern, nicht mehr dem geringsten Zweifel unterworfen.

Nach den geprüften Beobachtungen der geübtesten Alterthumsforscher, kann ein Codex auf Egyptischem Papiere geschrieben, schwerlich tiefer herunter gesetzt werden, als auf das neunte Jahrhundert. Ich sage:

* Adeo fit sæpe in literis, ut pro aureis vulgo habeantur, quæ χολοβαφίνα tantum sunt, & felle lita, sagt Is. Casaubonus bey einem andern Anlaß, in præf. ad varia opusc. J. Scaligeri in der Almeloveniſchen kostbaren Sammlung L. S. 113.

sage: ein Coder. Denn daß Diplomen auf diese Materie geschrieben, noch von spätern Zeiten zu finden sind, hat, wie mich deucht, Mabillon † sattsam erwiesen.

Und auf die letztere nur, wird ohne Zweifel Gatterer deuten, wenn er die Dauer des Egyptischen Papiers, bis aufs eilfte Jahrhundert herunter setzt. ** Das ist wenigstens gewiß, daß nach dem neunten Jahrhundert, das Egyptische Papier sehr selten geworden, und daher nur zu einzeln Blättern, nicht zu ganzen Büchern genommen werden konnte. Da über dieß dasselbe äusserst dünn, und zart war, und daher leichte verderbet, zerrieben, und durchlöchert werden konnte, so hat man gewiß beym neuen und grössern Vorrath einer stärkern, und dauerhaftern Materie, auf die geschrieben werden kann, diese gewählet. Ohnehin mußten die Codices von diesem Papiere, um besserer Erhaltung willen, mit Pergament durchschossen werden. Mabillon †† hat zwey solche Codices angezeigt, deren einer in der ehmaligen Bibliothek des Präsidenten Petavs, der andere von der Frau von Phirmacour aufbehalten war. Aus dem Winkelmann *, der nur von der erstern Handschrift redet, sollte man schliessen, daß der grössere Theil bey demselben, Pergament, der wenigere, Papier seye. Allein Mabillon beschreibet beede Codices so, daß dem Papier die grössere Anzahl gebühret.

R 3 Man

---

† De re diplomatica pag. 37. seq.
** Elementa pag. 32.
†† De re diplomatica pag. 35.
* Sendschreiben von den Herkulanischen Entdeckungen an den Grafen von Brühl, S. 66.

Man kann sich einen Begrif machen, wie leichte dergleichen Schriften auf Egyptischem Papier unersetzlichen Schaden leiden, wenn man die Sorgfalt bemerket, die Pinelli anwenden mußte, ein einzelnes Blatt dieser Art unbeschädigt auf die Zukunft zu erhalten. †

Handschriften auf dem dünnesten Pergament, darf man sicher ein hohes Alter anrechnen. Ueberhaupt war das Pergament von Anfang seines Ursprungs äusserst zart und dünn gefertiget, davon man noch aus den Zeiten, aus denen gewiß keine Handschrift mehr zu finden ist, beym Josephus eine Nachricht findet, der der Verwunderung des Ptolomäus über die zarte Pergament-Häute, bey dem vom Eleazar ihm zugeschickten Gesetzbuch, gedenket.* Allein, wenn nicht andere sichere Merkmale ein höheres Alter verrathen, so kann man bey Bestimmung des Zeitalters eines auf ganz dünnem Pergament geschriebnen Codex, nicht mit Gewißheit über das eilfte Jahrhundert hinaufsteigen. Denn aus diesem findet man noch ungezweifelt Handschriften dieser Gattung. Ich beziehe mich — nur ein Beyspiel anzuführen — auf den Codex, den ehmals der Kayserliche Hoffkammerrath A. A. von Schmeeling besessen, und Hansch beschrieben hat,

† Bibliotheca Pinellii Tom. III. pag. 344. Est papyrus Ravennæ — scripta —— Bene conservata ea est, ac integra à capite ad calcem, neque nisi ad oras laterales alicubi corrupta, quod in tantæ vetustatis monumentis rarissimum est. Jam vero ut in posterum servetur, optime modo consultum, cum super tabulam ligneam auro exornatam ea distenta sit, ex qua per vitrum conspicitur.

* Antiquit. Jud. Libr. XII. C. II.

hat, † und der, wie der Schreiber desselben selbst anzeigt, 1085. geschrieben worden. Aber tiefer herunter werden schwerlich Handschriften auf dünnestem Pergamente aufgefunden werden. Doch ich sage dieß nur furchtsam, und mit Ungewißheit. Denn was ich nicht vermuthe, können andere, die mehr Erfahrung und Belesenheit besitzen, als ich, nicht nur vermuthen, sondern vielleichte gewiß wissen.

Das ist aber gewiß, daß in gedachtem Jahrhundert, und noch früher, dickes Pergament schon zu Diplomen, und andern Handschriften gebraucht wurde. Ueber die Dicke oder Dünne des Pergaments kann mehr Aug und Gefühl zu einem richtigen Urtheile leiten; keine Beschreibungen, keine Regeln. Ich selbst habe diesen Unterschied auf keine andere Weise kennen lernen, als durch Nebeneinanderlegung und augenscheinliche Vergleichung zweyer Handschriften auf so verschiedenem Pergament. In Ottobeuren z. B. das Homiliarium * aus dem achten, und des Quido von Arezzo Musicalisches Werk † aus dem zwölften Jahrhundert, jenes auf dünnestem, dieses auf dickem Pergament.

Wäre das Urtheil eines ehmaligen Benediktiners zu Ottobeuren, des seligen P. Magnus Merraths, über das Alter des letztgenannten Codex richtig, so müßte

R 4

† Merkwürdiges Wien, oder monatliche Unterredungen von verschiedenen daselbst befindlichen Merkwürdigkeiten der Natur und Kunst. Januarius 1727. S. 45.
* S. Gerberti Iter pag. 155. Gerkens Reisen I B. S. 195.
† S. Gerberti Iter pag. 160.

müßte schon im Anfang des neunten Jahrhunderts auf ungemein dickes Pergament geschrieben worden seyn. In einem Briefe, den ich besitze, schreibt er: Codex iste perquam vetustus, utpote jam anno Christi 800 manuscriptus, & alia inter antiquitatis monumenta in Bibliotheca nostra Ottoburana huc usque servatus, continet Musicam Guidonis, Monachi Benedictini Musurgi suo ævo peritissimi. Allein der redliche Mann hat sich ganz gewiß geirret. Denn nicht nur die Charaktere der Handschrift gehören in spätere Zeiten, sondern auch Guido, der Verfasser des Musikalischen Werkes, das sie enthält, hat dasselbe, wie man aus dem Baronius weiß *, erst im Jahr 1022. geschrieben.

Und dieß ist über dieß noch nicht seine eigenhändige, nicht einmal eine ihm gleichzeitige, Handschrift.

Vielleicht ist manchem Leser eine nähere Beschreibung, dieses nicht unbedeutenden Codex, angenehm. Zumal, da das Werk des Guido nie im Drucke öffentlich erschienen ist, ob man gleich mehrere Bibliotheken weiß, die dasselbe handschriftlich besitzen. † Ich kann aus eigener Einsicht eine nähere Nachricht von diesem Werke des Guido geben, als ich irgendwo gelesen habe. Fürst Martin Gerbert gedenkt in seiner Reisebeschreibung ** desselben, und dieser Ottoburischen Hand-

---

* Annales ad ann. 1022 N. XX. sq. Tom. XI. pag. 78. sq.
† G. Oudini Comment. de Scriptoribus eccl. ant. Tom. II. pag. 600. Chronicon Gottwicense pag. 60.
** Am angeführten Orte.

Handschrift, nur kurz. Vermuthlich spricht er davon weitläufter in seinem Werke de Musica ecclesiastica. Das kann ich aber nicht gewiß sagen, weil ich dieses schätzbare Werk nie zu Gesichte bekommen. Ganz überflüssig mag hier eine kleine Ausschweiffung in Beschreibung dieses Codex, und seines Inhalts, nicht seyn.

Der Ottobeurische Codex ist in Folio, auf dickes Pergament, wie ich schon gesagt habe, und ungemein sauber, aber mit sehr vielen Abbreviaturen, geschrieben. Er hat einen Einband von zwey Brettern, davon jedes drey viertel Zoll dick ist. Der Rücken des Bandes ist von Leder. Die Clausuren sind von altem starken gegossenen Messing. Voran steht ein Calender von eben der Hand geschrieben, die das Werk des Guido geliefert hat. Er nimmt dreyzehn Blätter ein. Ich kann nicht bestimmen, ob er zu dem folgenden musikalischen Unterrichte selbst gehöre, und also eine Arbeit des Guido sey. Gleich auf diesen Calender folgt ein philosophischer Stammbaum. Denn kommt mit dem Anfang einer neuen Seite der erste Tractat mit rother Aufschrift: Incipit micrologus Guidonis. Die Rubriken, so die Eintheilungen und Summarien des Tractats anzeigen, sind auch durchaus mit rothen Buchstaben geschrieben. Des Griechischen Gamma, und der sieben ersten Buchstaben des lateinischen Alphabeths hat sich Guido als Noten bedienet. Vom ut re mi fa sol la habe ich im ganzen Mikrolog nicht die geringste Spur gefunden. Dieser Mikrolog nimmt nur acht Seiten, oder vier Blätter ein. Denn kommt ein leerer Platz einer Linie breit. Noch auf der Seite, wo der Mikrolog aufhört, auf der untersten Linie, erscheint der Titul der folgenden Tractate, mit rothen Buchstaben: Incipiunt Guidonis verſus de Muſicæ explanatione, ſuique nominis ordine. Hier ſind wieder die vorgenannten Buchſtaben, als Noten über die Verſe geſetzt. Eine neuere, und ſicher ſpätere Hand, hat über dieſe Buchſtaben mit ganz blaſſer Dinte die Sylben: ut re mi fa ſol la, geſetzt. In allem ſind es hundert vier und achtzig Verſe, davon die zehen erſten Hexameter, die übrigen Trochäen, doch alle reimend, ſind. Die zehen Hexameter erklären, was Guido mit der Aufſchrift: ſuique nominis ordine, will. Denn ihre Anfangsbuchſtaben bringen zweymal den Namen Guido heraus, wie ſolcher auch am Rande mit rothen Buchſtaben beſonders angezeigt iſt. Ueber einigen Verſen ſtehen die Tonzeichen geſchrieben. Aber auch hier keine Spur vom ut re mi fa ſol la; obgleich viele, die von der Theorie der Muſik geſchrieben, und vom Guido Nachricht gegeben haben, ihn zum Erfinder dieſer Tonzeichen machen wollen. Vielleicht hat Guido noch andere muſikaliſche Werke geſchrieben, und darinnen dieſe Erfindung bekannt gemacht. Oder es iſt in dieſem Manuſkript nicht alles, was zum Werke gehört, abgeſchrieben. Wenigſtens fehlt hie die Zuſchrift an den Abt Theobald zu Arezzo, die Baronius in ſeinen Annalen hat abdrucken laſſen. Bernh. Peß meldet, daß in der Bibliotheca Bureuſi breve Guidonis ſcriptum de menſura monochordi, verwahret werde. Er war in Octobeuren, und hat eben

das

das Manuskript, von dem ich hier rede, in Handen gehabt. Das ist gewiß, und aus seinem eigenhändigen Zettelgen, das er in daßelbe hinein geleget, und das noch darinnen ist, und mit seiner Hand den Inhalt des Werks Musica Guidonis Benedictini, bezeichnet, zu erweisen. Allein, weder den Titel, noch die Anfangsworte dieses Musikalischen Werks, hat Petz an dem unten angeführten Orte richtig angegeben.* Der Titel heißt: Micrologus, und erst die dritte Rubrik dieses Mikrologs hat den Titel: de dispositione earum (notarum) in monochordo. Und die Anfangsworte lauten im Codex: Gamma itaque inprimis affixa ab ea usque ad finem subjecte chordæ spacium per VIII' partire & in termino none partis A litteram pone in qua omnes antiqui fecere principium. Petz hat also die Wort nicht recht herausgeschrieben, oder, da er seinem Gedächtniße zu viel zugetrauet, sie nicht recht behalten, so wie er auch das Kloster, in dem er den Codex gefunden, nicht mit dem rechten Namen benennet hat.

Auf den Mikrolog kommen die Verse, die auch Fürst Martin anführt:

Versus atque notas Herimanus protulit istos
Pandat ut ad votum cuique exemplaria vocum

Diese gehen ohne Zweifel auf die noch folgenden Verse, die auch von der Musik handeln, und über welchen die Notenzeichen, und Buchstaben, mit rother Dinte geschrieben sind. Diese Verse des Hermanns, mit denen

* Anecdot. Tom. III. Part. III. pag. 618.

vom Guido de Musicæ explanatione, nehmen fünf Seiten, und auf der sechsten noch sieben Linien ein. Bey beyderley Versen sind von einer andern Hand, die, ob sie gleich auch sehr alt ist, doch neuer zu seyn scheinet, als der Text, an Rand musikalische Anmerkungen geschrieben. Die Buchstaben sind hier grösser, und von schwärzerer Dinte. Auch sind weit mehrere, und von denen im Text vorkommenden, ganz verschiedene Abbreviaturen.

Der vornehmste und seltenste Tractat des Guido ist, wie bekannt genug ist, sein Antiphonarium. Auch dieses findet man in der Ottobeurischen Handschrift, und zwar in dreyen Columnen auf jeder Seite geschrieben. Es nimmt neunzehen Blätter ein. Da nun erscheinen Abbreviaturen, die ausnehmend schwer zu entziefern sind; Z E. SCECVOVAE; oder SCVOVAE, und wenigstens SEVOVAE, das unstreitig Seculorum Amen bedeutet. Aber was NOANNOEAVE, oder NOEVEANE; NOEAVS, und AEVIA heissen soll, kann ich nicht errathen. Auf der letzten Seite des neunzehnten Blattes dieses Antiphonars, steht ein Systema antiphonarium in acht halbe Zirkel eingeschrieben, denen Erklärungen von einer andern Hand, und mit schwärzerer Dinte, gerade so, wie die schon angeführten Marginalnoten, beygefüget sind. Das noch setze ich hinzu, daß der Diphthong ae allemal durch ein geschwänztes e angezeiget ist, und daß auf der vierten Seite des Antiphonars am Rande mit ganz anderer Hand, und blasser rother Dinte beygeschrieben ist: Incipit nova & remissa fistularum mensura Domini

Wilhel-

aufbewahrt zu werden verdienen.

Wilhelmi Abbatis Hirſaugienſium. Auf dieſe Aufſchrift folgen gleichfalls am Rande die Beſchreibung, und die Menſuren dieſer Pfeiffe, und nehmen die ganze Seite des Randes, und unten noch eine ganze Linie ein.

Ich weiß wohl, und hab es ſelbſt ſchon eingeſtanden, daß ich durch dieſe Beſchreibung auf einen Nebenweg mich verirret habe. Der Leſer, der ſich nicht will mit hinführen laſſen, überhüpfe dieſe Periode.

Aus dem zwölften Jahrhundert iſt dieſer Codex. Auf dickes Pergament iſt er geſchrieben. Nur früher, als in dieſen Zeiten, war ganz dünnes Pergament Mode. Dieſe Bemerkung hat mich zu ſolcher Ausſchweifung verleitet.

Ganz weiſſes, und durch Kunſt geglättetes Pergament, gehört, meines Wiſſens, auch nicht in ſpätere Jahrhunderte herunter. Vom Cotton-Papier weiß ich nichts beſtimmtes zu ſagen. Wenigſtens nichts, das hieher gehörte, und das zur Bezeichnung des Zeitalters einer Handſchrift behülflich wäre. Nur das weiß ich, aus fremden Belehrungen, daß es ungemein ſchwer iſt, das dünneſte Pergament von demſelben genau zu unterſcheiden. Es wird genug ſeyn, daß ich mich auf ein einziges Beyſpiel beziehe. Das berüchtigte Manuſkript in Zürch, das Breitinger ſo genau beſchrieben hat, iſt auf Pergament geſchrieben, aber auf ſo dünnem, daß ſich verſchiedene Forſcher beredet haben,

haben, es sey Cotton (charta bombycina) Papier. *
Wenn man also aus der Materie, auf welche geschrieben worden, auf das Zeitalter eines Coder schliessen will, so muß diese genaue Unterscheidung nicht vernachläßigt werden, so schwer sie ist.

Die gemeineste Behauptung ist, das setze ich hinzu, daß der Ursprung des Cotton-Papiers, ins neunte Jahrhundert gehöre. Man gründet sich, bey dieser Behauptung, auf des Montfaucons Beobachtungen. Folglich kann eine Handschrift, auf solchem Papiere geschrieben, in Ansehung ihres Alters, sicher nicht höher angesetzt werden. Wiewohl der Bibliothekar hierüber nicht viel Nachsinnens und Untersuchens nöthig hat, da, besonders in Teutschland, die Codices ungemein selten sind, die ungezweifelt auf solche Materie geschrieben sind, und die mit höchster Gewißheit vom dünnesten Pergament können unterschieden werden. Die Codices auf Haberlumpen-Papier geschrieben, können, nach allen bisher unternommenen Untersuchungen, und Entdeckungen, gewiß kein älteres Herkommen haben, als aus der Mitte, (wohl noch weiter herunter) des vierzehnten Jahrhunderts.

Eschenburgs Bemerkung ist richtig, und gründet sich auf die Beobachtungen der geübtesten Kenner, eines Montfaucons, Mabillons, Bessels, oder von Hahn, daß sowohl die griechischen, als lateinischen Manu-

---

* Epistola de antiquis. Turicens. Bibl. Graec. Psalmorum libro &c. pag. 7.

Manuscripten unter die ältesten, mit Rechte, zu rechnen seyen, deren Buchstaben-Charaktere denen auf Münzen und Inschriften üblichen Schriftzügen am nächsten kommen. † Allein, wie er selbst gestehet, hier kann doch ein Betrug und Irrthum statt finden. Denn in spätern Zeiten hat man, sagt er, und zwar mit Recht, manche, damals noch vorhandene sehr alte, Handschriften, mehr nachgemahlt, als nachgeschrieben. Indessen möchte doch hier die Farbe der Dinte, die spätere Abschrift, oder das Nachmalen eines solchen Codex, nicht unsicher verrathen. Ein Codex, der keine Hauche (Spiritus) und Accente hat, kann ganz wahrscheinlich höher, als auf das siebente Jahrhundert angesetzt werden. Denn obgleich Augustinus in einer, dießfalls von Titeln * zuerst bemerkten, wichtigen Stelle der Hauchzeichen in Handschriften, die zu seiner Zeit vorhanden waren, gedenkt, und, wie eben dieser gelehrte und geübte Alterthumsforscher anmerkt, die beeden Benediktiner in ihrem neuesten diplomatischen Werke, einen Ebraischen Codex mit Hauchzeichen und Accenten, der im fünften Jahrhundert schon vorhanden gewesen, beschreiben, so sind dieß doch gewiß nur Ausnahmen, und so sind, ganz ungezweifelt, Handschriften dieser Art, selten, und diese die Einzigen. Selbst Titel gestehet das Erstere ††. Ich will sogleich noch ein

† Handbuch der klassischen Literatur, zweyte Ausgabe, S. 54. und 82.

* Ulphilæ Versio Goth. nonnullorum capitum Epistolæ Pauli ad Romanos Pag. 257.

†† Certum tamen est, sagt er, ante Seculum VII. raro dari codices accentibus, spiritibusque distinctos.

ein Paar Bemerkungen, die hieher gehören, aus dem eben genannten Titel, wiederholen, mit Untermischung eigener Bemerkungen. Wenn der Text in einem fortgeschrieben ist, ohne Zwischenraum und Interdistinktionen, daß es schwer ist, ein Wort vom andern abzutheilen, so ist der Codex vor dem Ende des sechsten Jahrhunderts gefertiget. Doch, dieses ist nur von den Worten, nicht von den Buchstaben zu verstehen. Denn letztere wurden in den ältesten Zeiten, wie bekannt genug ist, immer einzeln, ohne Verbindung durch Strich, oder Linie, mit dem vorhergehenden oder nachfolgenden, gesetzt. Weggerechnet die Skripturen der Schnellschreiber, die eilend ein Protocoll ꝛc. aufnahmen. *

Quabrat Uncialbuchstaben, verrathen auch kein niederers Alter, als das siebente und achte Jahrhundert. Ja ganz gewiß in noch frühern Zeiten waren sie Mode, und man hat Codices von dem sechsten Jahrhundert mit solchen Buchstaben geschrieben. Es ist hier von Halbuncialbuchstaben die Rede, die man aus dem Mabillon †, Bessel **, und Schannat ††, anschaulich kann kennen lernen.

Die Gothische Schrift nimmt erst im sechsten Jahrhundert ihren Anfang, doch mit dem auch schon von andern richtig bemerkten Unterschied, daß sie nicht ganz die ältere Römische verdrängen konnte, und daß nicht

* Brencmann pag. 105 sq.
† De re diplomatica pag. 354.
** Chronicon Gottwicense pag. 34.
†† Vindemiae literariae Collect. I. pag. 228.

aufbewahrt zu werden verdienen. 273

nicht immer durchaus ein Codex nur mit Gothischen Buchstaben, sondern mit untermischten Lateinischen, auch Griechischen, geschrieben ist. Davon ich nur unten auf einige Beyspiele weise. * Also kann ein so geschriebener Codex, sey er durchaus mit Gothischen, oder mit untermischten Lateinischen, und Griechischen Buchstaben, geschrieben, nicht älter, als aus dem sechsten Jahrhundert seyn. Wenn es wahr ist, was Mabillon behauptet †, so haben die Gothen, schon am Ende des fünften Jahrhunderts, gleich bey Anfang der Unterjochung Italiens, die Römische Schrift durch ihre Buchstaben verderbet. Allein, groß war diese Verderbung nicht, und Mabillon sagt selbst nur: ein wenig (aliquantisper literis Gothicis Romanas vitiarunt). Folglich so sichtbar und auffallend werden die Merkmale davon in Handschriften aus den letzten neun Jahren des fünften Jahrhunderts nicht seyn, daß man daher ein Criterium des höhern Alters eines Codex, als aus dem sechsten Jahrhundert leiten könnte.

Und was wird man wohl aus diesen ersten Jahren, und wildkriegerischen Zeiten ihres Aufenthalts in Italien, für Codices von ihren Händen, aufweisen können? Später hinauf, als das sechste Jahrhundert, (aber wohl, das wird der Geschichtkundige gern zugeben, gleich im Anfang desselben,) möchte ich also keiner mit Gothischen Charakteren gefertigten Handschrift ihr Alter ansetzen.

S   Daß

* Beym Brenemann S. 109. Chron. Gottw. pag. 34.
† De re diplomatica, pag. 46.

Daß hier nicht von den Gothischen Runen, auch nicht von denen Buchstaben, und der Schrift, deren Erfindung dem Ulphilas zugeschrieben, also etwas weiter, als in die Mitte des vierten Jahrhunderts, gesetzet wird, die Rede sey, versteht jeder der Sachen kundige Leser selbst. Auch nicht von den Westgothischen, und sogenannten Toletanischen, die nicht älter sind, als die Mitte des siebenden Jahrhunderts *. Handschriften mit Langobardischen Charakteren, davon man schon aus dem sechsten Jahrhundert, aber in mehrerer Anzahl aus dem siebenden, und den folgenden, Beyspiele findet, können, nach der Bemerkung Mabillons †, ihrem Alter nach, nicht tiefer, als bis in die ersten Jahre des zwölften Jahrhunderts herunter gesetzet werden. Also wenn man dergleichen zu Gesichte kriegt, denen ein sicheres Merkmal eines höhern Alters mangelt, weiß man doch gewiß, daß sie auch nicht jünger seyn können, als die eben bemerkte Zeit.

Die Merovingische Schrift unterscheidet sich durch ihre barbarische Züge. Sie ist kaum, und also mit äusserster Mühe und Anstrengung zu lesen. Gewisse Buchstaben, z. B. A, r, m, n, haben ganz etwas Eignes, durch das sie sich gleich als Merovingische Schrift auszeichnen. Die perpendicular Buchstaben gehen alle weit über die Linie, und die übrigen Buchstaben hinauf, oder unter dieselben, herab, und machen

---

* Knittel an dem angeführten Orte S. 227 fgg. und daselbst besonders die lange Stelle aus dem neuen diplomatischen Werke der beeden Benediktiner.
† De re diplomatica pag. 446.

chen eine ungemein unansehnliche Figur. Indessen sind es gerad diese, die zum richtigen Lesen, oder Errathen vor den andern forthelfen. Jeder Geschichtkundige weiß, ohne mein Erinnern, in welche Zeit Codices mit dieser Schriftart gehören. Die Carolingische Schrift, eine merkliche Verfeinerung, ist nicht auf einmal, wie ganz natürlich ist, in ihrer bessern Gestalt erschienen. Im Anfang war sie mit der Merovingischen vermischt. So ist das sehr schätzbare Homiliarium in Ottobeuren geschrieben, das eben um dieser sichtbaren Vermischung willen ganz gewiß in die erste Helfte des achten Jahrhunderts, gehöret. Ich habe es mit zweyen der alten Schriften vorzüglich kundigen Gelehrten, dem grossen Diplomatiker Gerken, und dem berühmten Benediktiner P. Beda Mayer, besichtiget, die damal, wenn mich mein Gedächtniß nicht betrügt, ihm eben das Alter ansetzten, das ich hier angezeiget habe. Den Anfang der feinern Carolingischen Schrift kann man nicht so genau bestimmen. Gatterer * setzt ihn in Frankreich, ohngefehr ums Jahr 752. Das ist gewiß, in die zweyte Hälfte des achten Jahrhunderts gehört er. Ich möchte aber gerade später hinab, und auf die ersten Zeiten der Regierung Carl des Grossen über die Franken, rathen, die sich bekannter massen 768 anfieng. Aus der Geschichte dieses Kaisers ist sattsam bekannt, daß ihm die Verfeinerung der Schrift, ungemein nahe am Herzen gelegen gewesen, und daß er darauf die thätigste Sorge gewandt habe. Unter seinen Nachfolgern, Sohn und Enkel,

---

* Elementa, pag. 92.

Enkel, Ludwig dem Frommen, und Carl dem Kahlen, erhielte diese Schrift noch mehrere Verfeinerung. Und man darf also einen Codex mit Carolingischer Schrift in geringerm Grad der Feinheit, sicher in Carls des Grossen Zeiten setzen. Ihre Dauer war, nach der Verschiedenheit der Länder, auch ungleich. Im Lande ihrer Entstehung war sie am kürzesten, da sie im letzten Viertel des zehnten Jahrhunderts, durch die Capetingische Schrift verdränget wurde. Man lese hierüber Herrn HR. Gatterers Bemerkungen. *
Handschriften mit NeuGothischer, oder Mönchsschrift, sind gewiß nicht älter, als etwa fünfhundert Jahre; denn erst im dreyzehenten Jahrhundert wurde diese äusserst verdorbene Schrift recht Mode. Ich glaube immer, und ich habe es schon gesagt, daß es nicht allgemein geltend seye, wenn ihre Dauer nur bis aufs fünfzehnde Jahrhundert gesetzet wird. Denn ich habe nicht nur die oben schon bemerkten, und auf hiesiger Stadtbibliothek verwahrten, sondern andere Codices, die ich selbst besitze, aus diesem Zeitpunkt vor Augen, die mit barbarischer Mönchsschrift gefertiget sind.

Wenn ich von Schriftarten rede, und sie als ein Mittel anzeige, ungefehr das Zeitalter einer Handschrift zu errathen, so muß man nicht vergessen, was ich oben schon erinnert habe, daß dieß alles nur von Büchern, nicht von Diplomen gelten kann, welche letztere, von denen ohnehin hier nicht gehandelt werden darf, eine ganz andere Schreibart haben.

Die

* Am angeführten Orte.

aufbewahrt zu werden verdienen. 277

Die Abbreviaturen, nicht Siglen, und tironische Noten, sondern eigentlich sogenannte Abbreviaturen, können auch zu einiger Zeitbestimmung der Handschriften helfen. In früheren Zeiten kommen sie nur selten vor. Vom siebenden Jahrhundert an, sind sie gewöhnlicher, und das eilfte Jahrhundert ist die Epoche ihrer höchsten Herrschaft *, die bis auf die Erfindung der Buchdruckerkunst fortdaurete. Ich habe dieß nach genauer Prüfung und Vergleichung mit vielen Beweisen und Beyspielen, einem Manne nachgeschrieben, der hier gewiß sicherer Richter seyn kann. † Also je weniger Abkürzungen, je älter der Codex. Das gilt nur, wenn er Original, und keine Copie ist. Denn die Abschreiber älterer Handschriften haben sich gemeiniglich genau nach ihrer Vorschrift gerichtet, die Worte nachgemacht, wie sie in derselben stunden, und wenn sie ein ganzes Wort fanden, es auch so nachgeschrieben, und auf gleiche Weise verfuhren sie mit den vorgefundenen Abbreviaturen.

Aus den Mahlereyen, goldenen und silbernen Buchstaben, sie alleine in Rechnung genommen, kann man auf das Zeitalter eines Codex keinen sichern Schluß machen; denn es ist gewiß, daß dergleichen noch im funfzehnten Jahrhundert vorkommen. Doch am meisten hat diese kostbare Schreibart zu den Zeiten der Ca-

S 3 rolinger

---

* Je weiter die Zeit herunter geht, je mehr häuffen sich diese Abkürzungen. Der oben beschriebene Codex in Ottobeuren, aus dem zwölften Jahrhundert, hat schon mehrere derselben, als man in Handschriften des eilften findet.
† Elementa pag. 58.

rolinger gebühret, aus denen der fleißig und glücklich forschende Sanftl † eine zahlreiche Menge von Beyspielen anführet. Auch die herrlichen Farben und Zierrathen der Initialbuchstaben können dießfalls zu keinem Merkmale dienen. Denn diese haben so gar nach der Erfindung der Buchdruckerkunst bis ins sechszehende Jahrhundert fortgedauret; und sind so gar bey gedruckten Büchern vorgemahlt und vorgeschrieben worden.

Die Schreiber nennen sich oft selbst, oder sagen, auf welchen Antrieb und Befehl sie geschrieben haben, und bezeichnen die Zeit der vollendeten Schrift, entweder wörtlich, oder durch Anzeige gewisser historischer Umstände. Allein diese Anzeige bewahrt in Bestimmung des eigentlichen Zeitalters eines vorhandenen Codex, nicht immer vor Irrthum. Denn was Gatterer bemerket, hat seine völlige, und durch viele Beyspiele erprobte Richtigkeit. Ich will seine eigene Worte hersetzen: Accidit enim nonnunquam, gar wohl kann man sagen, sehr oft; ut librarii, quum describerent Codices, non tempus descriptionis suæ, sed illud potius tempus denotarent, quo Codices, quos describebant, ab antiquioribus librariis scripti fuerunt, hoc est, formulam chronologicam, quam codicibus adjunctam videbant, simul describerent, ac retinerent.* Das ist ja ein Fehler, der sich so gar in gedruckte Bücher, wovon ich unten Beyspiele anführen werde, eingeschlichen hat; da die Drucker die

Zeit

---

† Diss. in aur. ac pervetust. SS. Evangel. codicem, pag. 35. sq.
* Elementa pag. 34.

Zeit der Verfertigung der Schrift, nicht des Druckes, angemerkt, und dadurch manche Gelehrte zum Irrthum in Bestimmung des Zeitalters eines Codex verführet haben.

Wenn also nicht andere Charaktere, sicherere und gewissere, vom Alter eines Codex vorhanden sind, als nur dergleichen Anzeigen der Schreiber, so kann dasselbe nicht zuverläßig bestimmet werden; und diese Anzeigen haben weiter keinen Nutzen zu diesem Zwecke. Man findet in mehreren Handschriften, die von einer herstammen, die Anzeigen des erstern und ältesten Schreibers, wiederholt und nachgeschrieben. Ich will nur ein Beyspiel aufstellen. Priscians Grammatik ist auf der Stadtbibliothek zu Bern, und auf der des Gymnasiums zu Hamburg auf Pergament geschrieben. Beede Exemplare haben gleiche Anzeige eines Schreibers aus dem sechsten Jahrhundert, Theodors, eines Schülers des Priscians †, und genau durch die Bezeichnung der Indiction, und des Konsuls, des Jahrs 526. Und von dem in Bern glaubet Sinner, — gewiß ein geübter Richter in dieser Sache — aus den Schriftcharakteren behaupten zu können, daß es entweder am Ende des neunten, oder im zehenden Jahrhundert geschrieben worden seye. *

S 4   Geübte

† S. Fabricii Bibl. lat. Edit. Hamb. T. I. pag. 783.

* Catalog. Codd. mſs. Bibl. Bern. T. I. Præf. pag. 10 ſq. im Catalog ſelbſt noch S. 583.

Geübte Kenner, selbst Sinner *, halten für das sicherste Mittel, das eigentliche Zeitalter eines Codex zu bestimmen, wenn er mit der Schreibart eines andern, der mit der Anzeige, wann er geschrieben worden, begleitet ist, verglichen werde. Allein sie ist doch schlüpferig, diese Regel. Das läßt sich aus dem, was ich eben gesaget, und mit einem Beyspiele selbst aus Sinnern, erwiesen habe, leicht vermuthen. Ich will nicht sagen, daß sie gar nichts tauge. Ich halte sie vielmehr für sehr wichtig, und gegründet. Allein ihre Anwendung fordert ein scharfes Aug, lang geübte Erfahrung, veraltete, aber nie unterbrochene Bekanntschaft mit Handschriften jeder Zeitperiode, mit ihren unbezweifelten Schriftcharakteren, mit ihrer Orthographie, und deren verschiedener Abänderung; also eine recht tiefforschende, und mühsame Untersuchung, und Vergleichung. Nur auf diesem Wege kann ich zu einer sichern Bestimmung des Zeitalters einer Handschrift, bey Anwendung der gedachten Regel kommen. Aber unzählich vielen Forschern mangelt die Gelegenheit, eine hinreichende Menge alter Handschriften, von verschiedenen Zeitaltern zu Gesichte zu kriegen, und so aus eigener genauer Erfahrung zu solcher Vergleichung, und zu solchem Zwecke, geschickt zu werden. Diese müssen sich denn mit den Schriftproben, die sie bey andern, z. B. beym Montfaucon, Mabillon, Beßel, Walthern,

Gatte-

---

* Catal. Codd. mss. Biblioth. Bernens. Tom. I. Præf pag. 18. Certissima omnium mihi, sagt Sinner, videtur ratio indicandi codicum aetatem, si eorum, in quibus exstat nota anni, quo descripti fuerunt, fiet comparatio cum aliis codicibus, & ex similitudine scripturæ horum aetas eruatur.

Gatterer, und denen beeden Benediktinern, vorfinden, begnügen. Die Ungleichheit der Hände, die geschrieben haben, bey einem Codex, darf Niemand irren. Er kann ungeachtet derselben, zu gleicher Zeit geschrieben seyn, wenn nur die übrigen Charaktere mit einander übereinstimmen. Denn es ist bekannt genug, daß oft zween, und mehrere Schreiber, die Arbeit bey einer Abschrift unter einander getheilt haben. So ist der kostbare Regensburgische goldene Codex von zween Brüdern, Beringar und Luithard, im ein und dreyßigsten Jahre der Regierung Carl des Kahlen, geschrieben worden. * So die Florentinischen Pandekten von mehreren Händen. † Das fand besonders bey grossen Werken statt, deren Abschrift, wie Brencmann richtig bemerkt, wenn sie nur einem einzigen Abschreiber wäre überlassen worden, erst nach ganz langer Zeit, hätte vollendet werden können.

Oft läßt das Alter eines Codex, ein in demselben bemerkter historischer Umstand, errathen. Wenigstens so weit errathen, daß er nicht in frühere Zeit gehöre, als dieser Umstand anzeigt. Aber es muß sichtbar und gewiß seyn, daß diese historische Anzeige, von gleicher Hand, als der Codex selbst, geschrieben seye. Ich könnte eine Menge Beyspiele zur Erläuterung anführen. Eins ist aber schon hinreichend. Das nächste, beste, das mir unter die Augen fällt. So schließt

---

* Sanftl S. 22.

† Brencmann S. 13.

Pfleiffer ** ganz wahrscheinlich, daß eine Handschrift von Isidors Etymologischem Werke, nicht früher könne gefertigt seyn, als gegen das Ende des zwölften Jahrhunderts, weil in der derselben beygefügten Reihe der Päbste, des streitsüchtigen, und gegen Kaiser Friederich den Rothbart, wild eifersüchtigen Pabsts Alexanders des dritten, der bis 1181 gesessen, gedacht, und damit das Pabsten Verzeichniß, geendigt werde. Der Leser erwartet vermuthlich noch Bemerkungen von verschiedenem Werthe alter Handschriften. Und er hat, bey einer Schrift, wie diese seyn soll, Recht zu dieser Erwartung. Nun! auch davon; obgleich dadurch dieß Kapitel ungeheur verlängert wird; und ob ich gleich noch andere Erinnerungen, die dem Bibliothekar, wie ich hoffe, diensam sind, nicht vergessen darf. Diese letztern will ich, so viel es sich thun läßt, des Raums zu schonen, in die ersten mit einweben.

Ich zweifle nicht, daß das Alterthum, wenn es aus sichern Merkmalen behauptet werden kann, je höher es hinaufsteiget, auch den Werth einer Handschrift vermehre, wären auch von dem Schriftsteller, den sie enthält, eine Menge späterer Handschriften, und oft wiederholter gedruckter Ausgaben, vorhanden. Denn je älter eine Handschrift ist, je sicherer ist die Vermuthung, daß, wenn sie auch nicht unmittelbar vom ersten autographischen Original genommen ist, auch nicht genommen seyn kann, sie doch von einer demselben nähern

---

** Beyträge zur Kenntniß alter Bücher und Handschriften, 1 St. S. 32.

hern Abschrift, abstamme, als jede in spätern Zeiten verfertigte. Den Werth und schätzbaren critischen Gebrauch solcher Manuskripten darf ich nicht besonders anpreisen. Jeder Kenner versteht ihn von selbst. Daher sind die beide Biblische griechische Codices, der so genannte Alexandrinische, und der Vatikanische, so ausnehmend hoch zu schätzen, weil man keine ältere dieser Art kennet, und weil sie beyde wahrscheinlich von gleichem Alter sind, so, daß auch Michaelis — gewiß ein vor andern Critikern der Sachen vorzügliche Kundiger — „schlechterdings nicht zu bestimmen weiß, „welcher unter ihnen vor dem andern etwa den geringen „Vorzug an Jahren haben mag, den man doch immer „bey einem von zwey so alten Manuskripten, vermu„then muß." * Und, daß ich ein Beyspiel, von einem classischen Römischen Autor anführe, darum hat der Codex vom Virgil, der ums Jahr 494 geschrieben worden, und in der GroßHerzoglichen Bibliothek zu Florenz aufbewahret wird, einen so erhabnen Werth, weil er die älteste bekannte Handschrift von Virgils Gedichten ist. Man lese darüber die Stellen, die ich unten anführe. † Eine bibliographische Anmerkung, die hier gewiß am rechten Orte stehet! Gewiß ist chronologische Manuskriptenkunde, so trocken sie scheinet, dem Bibliothekar sehr wichtig. Ich verstehe darunter — für manche Leser möchte diese nähere Bestimmung

---

* Einleitung in die göttlichen Schriften des N. B. 3 Ausgabe S. 596.

† Mabillon de re diplomatica pag. 252. & 254. Virgilii opera &c. Biponti 1783. 8. Vol. II. pag. 248 sqq.

stimmung nicht überflüßig seyn — die Wissenschaft der bekannten Handschriften, von biblischen sowohl, als andern alten Autoren, nach der Zeit, in der sie gewiß, oder muthmaßlich, geschrieben worden sind, die man sich durch die Hülfsmittel, die ich schon angezeigt habe, erwerben kann. Ohngefehr trift der Bibliothekar eine Handschrift eines Schriftstellers an, die sicher, oder doch wahrscheinlich älter ist, als die bisher bekannten, und lernt dadurch seinen glücklichen Fund desto höher schätzen, und damit der gelehrten Welt, zum besten Danke, nüzlich zu seyn, wäre es auch nur durch bloße öffentliche Anzeige desselben. Je wenigere Handschriften von einem Autor hergezählt werden können, je wichtiger ist jede derselben; auch eine davon erst neu aufgefundene; da hingegen, wenn nicht andere Umstände solche schäzbarer, zumal für die Critik, brauchbarer machen, Codices von einem Schriftsteller, die schon gehäuft sind, nicht sonderlich bedeutend sind. Sallustius, Valerius Maximus, Boethius, Isidor, sind vor andern durch mehrere Schreiber-Hände gegangen. Unter den Kirchenvätern hat man, aus einer besondern Hochachtung, den Werken des Augustins, mehrere Mühe des Abschreibens gewiedmet. Und von den Asketischen Schriften hat nicht leicht eine öfter die Hände der Schreiber beschäftiget, als das bekannte Büchlein von der Nachfolge Christi, das, nach der höchsten Wahrscheinlichkeit, dem Thomas von Kempen, als Verfassern, zugehöret. Ich darf es nicht vergessen, daß wenn hier von vielen Abschriften des Sallusts die Rede ist, solche nur auf seine historischen Werke,

vom

aufbewahrt zu werden verdienen. 285

vom Jugurthinischen Kriege, und der Katilinarischen Beschwörung, gehe.

Quintilian und Tacitus sind unter den Lateinischen Classikern wohl die wichtigsten Beyspiele der höchsten Seltenheit der Handschriften. Das wird jeder gestehen, der die späte Auffindung der lange für ganz verlohren geachteten Werke dieser alten Classiker weiß. Ich glaube auch mit Recht in diese Reihe die Briefe des jüngern Plinius, wenigstens in vollständigerer Sammlung, setzen zu können. † Zwey Schriften des Laktanz — ich muß auch einen Kirchenvater zum Beyspiel anführen — gehören unter die höchsten handschriftlichen Seltenheiten; nemlich seine Epitome, und die Schrift de mortibus persecutorum. Von beyden ist, wenigstens jezo noch, nur Ein geschriebenes Exemplar bekannt, vom ersten, das zu Turin, vom andern das, das mit der Colbertinischen Bibliothek, in die königliche zu Paris, gekommen ist. Was ich hier von der Epitome behaupte, ist nur richtig in Rücksicht auf die Vollständigkeit der Turinischen Handschrift. Solche Handschriften von Werken der Classiker, der Kirchenväter, auch historischen Annalisten mittlern Zeitalters, die man bisher unter die Einzigen zählet, muß der Bibliothekar seinem Gedächtnisse nicht entwischen lassen. Ihm kann ungefähr ein anders Exemplar, sey es früher, oder später, geschrieben, als das

bisher

---

* Vergleiche Eckhards Nachrichten von einigen seltenen Büchern der Bibliothek des Hochfürstl. Gymnasii aus dem funfzehenden Jahrhundert S. 124 fg.

bisher einzige bekannte, vorkommen. Und auf das darf er sicher einen hohen Werth legen, wenn es sich auch als Copie des bisher einzig bekannten, in gewissen Merkmalen verrathen sollte. Aber zeigte sich in Lesearten, oder sonst, so gar ein Unterschied, so muß ihm ein noch höherer Werth angerechnet werden. Wohlgemerkt, wenn er älter ist, als die erste gedruckte Ausgabe solch' eines Schriftstellers. Bey einem jüngern benimmt immer die Präsumtion, daß er von einem gedruckten Exemplare abgeschrieben worden, davon es nicht an Beyspielen mangelt, demselben die höhere Schätzbarkeit.

Es können von der Bibel, von einzelnen Biblischen Schriften, in den Original-Sprachen sowohl, als in Uebersetzungen, von alten Classikern, von andern ältern Schriften, zu was für einem Fache der Wissenschaften sie gehören, in den Bibliotheken viele Handschriften vorhanden und bekannt seyn, und doch können unter dieser Menge, eine, oder mehrere sich finden, die doch einer besondern Achtung würdig sind. Es giebt mancherley Umstände, die diese Achtsamkeit rege machen. Einige empfehlen sich durch genaue und critische Revision, und bemerkte Vergleichungen mit andern Handschriften; andere auch dadurch, daß nach ihnen vornemlich, oder vielleicht ganz allein die erste, oder doch wenigstens eine sehr geschätzte, gedruckte Ausgabe, geliefert worden. Wiewohl von der letztern Gattung wird man nicht mehr viele vorfinden. Die Ursachen kann man beym Ernesti lesen * Die Handschriften,

---

* Archaeologia litteraria pag. 40. Eine schätzbare Schrift, die
dem

schriften, die aus der Churfürstlich-Bayerischen und Augsburgischen Stadtbibliothek, Herausgebern und geschickten Buchdruckern mitgetheilt worden, die hat schwerlich das traurige Schicksal getroffen, das Ernesti beklagt. Denn diese mußten allemal nach dem Gebrauche wieder zurücke geliefert werden.

Der Autor und die Materie, die behandelt worden, müssen sicher beyr Schätzung des Werthes der Handschriften, in Rechnung mit genommen werden. Wer wird nicht eine gute und wichtige biblische Handschrift, oder von einem alten Classiker, Kirchenvater oder Historiker, den besten Handschriften von den Werken scholastischer Grübler, vorziehen.

Man weiß, daß die ältesten Handschriften, zumal von dem achten Jahrhundert an, sich durch den kostbaren äussern Schmuck, an purpurfarbnem Pergament, an den treflichsten Mahlereyen, an goldnen, silbernen Buchstaben, u. s. w. herrlich auszeichnen. Diese nun, zumal, da sie auch selten sind, behaupten, auch bloß um dieser äussern Zierde willen, einen vorzüglichen Werth. Des kostbaren Einbandes, wie z. B. der Regensburgische goldene Codex hat, gedenke ich hier nicht. Denn so einen von königlichem Werthe nur zu sehen, muß sich der Forscher und Liebhaber glücklich schätzen. Selbst, wenn er nicht schon da ist, da er

denn

---

dem Bibliothekar zu einem Handbuche ausnehmend nutzbar ist, die meinem Gedächtnisse oben entwischt ist, und die ich also hier empfehle. Sie kam zu Leipzig 1768. 8. heraus.

denn freylich die sorgfältigste Bewahrung fordert, dergleichen seinem anvertrauten Bücherschatze verschaffen zu können, kann er schwerlich hoffen, wenn auch die grösten Kosten darauf könnten verwendet werden. Denn dergleichen Kostbarkeiten werden jezo gewiß nicht veräusfert. Sie sind ein Eigenthum der kaiserlichen und königlichen Bibliotheken, der Kirchen und Clöster.

Bloße Copie eines ältern Codex kann freylich am Werthe, an und für sich selbst, dem, von dem sie abstammt, nicht gleich geachtet werden. Allein — hier muß ich einiger maßen mich in eine Wiederholung einlassen — es können sie doch wichtige Umstände noch schätzbarer und brauchbarer machen, als die Grundschrift, nach der sie gemacht ist. Der Abschreiber findet in seiner Vorschrift Fehler, die offenbar sind, und gewiß zum Urtext nicht gehören. Er bessert sie mit genauer Richtigkeit. Er hat Gelegenheit, mehrere Handschriften von eben dem Buche, das er unter seine geschäftigen Hände nimmt, zu nutzen; und er nutzt sie würklich mit critischem Fleiß, zieht sie in Vergleichung, und vergißt nicht, dieß in seiner Abschrift zu bemerken. Solch einer Kopie, solch einer korrigirten und collationirten Handschrift wird kein ächter Kenner seine vorzügliche Achtung weigern. Doch in Rücksicht auf die verbesserten Handschriften, hat man grosse Ursache behutsam zu seyn. Ich rede von Verbesserung eines würklich durch die zwote oder dritte ꝛc. Hand verdorbenen Textes, die einen offenbaren, würklich vom vorigen Schreiber aus Eile, oder Unwissenheit, begangenen guten Fehler, richtig abändert, nach Sprachkenntniß, nach dem Zusammenhang, nach Vergleichungen mit andern Handschriften, mit Verstand und Geschmack, und die, so den Urtext herstellt. Critische Verwegenheit von eigenen Begriffen und Einbildungen geleitet, hat oft etwas verbessern wollen, das kein Fehler war, und das würklich im Urtext stand, und hat durch diese voreilige Nasenweisheit gerade den richtigen Text verhunzt. Man lese darüber den Clerikus * nach. Rasche und verwegene Verbesserer haben sich gar die Freyheit genommen, nach Willkühr und eigener Einbildung etwas weg zu lassen, davon sie eilfertig urtheilten, es gehöre nicht hinein, etwas hineinzuflicken, dessen Daseyn nur sie für nothwendig hielten. †

Die vollständigen Handschriften müssen ganz natürlich den unvollständigen weichen. Manuskripte mit Lakunen darf man geradezu unter die geringe Sorte rechnen. Sie sind immer ein Merkmal, daß sie entweder nach einem Exemplar von gleichem Mangel, oder nach einer bessern, von einem Schreiber, der im richtigen Lesen des Textes, den er vor Augen hatte, nicht fortkommen können, abgeschrieben seyen. Autographische Codices, die von der Hand des Verfassers eines Buchs geschrieben, oder von ihm unmittelbar dictirt,

* Ars critica. Lipsiæ 1713. 8. Vol. II. pag. 193 sqq.
† Vid. Chron. Gottw. pag. 3. 5. Bartholinum de legendis libris pag. 80. Brencmann histor. Pandect. pag. 63 seqq. Maichel Introd. ad hist. lit. de praec. bibl. Parisiens. pag. 58 sqq.

T

dictirt, und hernach übersehen worden sind, schätze ich ungemein hoch. Und welcher richtige Kenner wird nicht gleiche Vorliebe für sie hegen? Die muß also auch der Bibliotekar vor andern seines Aufsuchens und Achtsamkeit würdigen, und sie besonders werth halten. Das ist kein Widerspruch gegen eine oben von mir geäusserte Behauptung. Ich rede von würklichen Autographen, die da seyn können, und auch würklich da sind. Man hat dergleichen schon in ältesten Zeiten, aus denen jezo für uns, wie ich schon erinnert habe, keine mehr vorhanden seyn können, ausnehmend hochgeschäzt, ganz billig den Abschriften weit vorgezogen, und sie um einen sehr hohen Preis bezahlt. Ich will unten aus dem Gellius * einen Beweis anführen, der mir unter denen, die Causse † gebraucht, der unläugbarste zu seyn scheint.

Auch in spätern, und neuern Zeiten, haben kluge, und nach nuzbaren Schriften gierige Büchersammler, den besondern Werth solcher Handschriften nicht verkannt, sondern mit dem lebhaftesten Eifer bey Errichtung und Vermehrung der von ihnen gestifteten Bibliotheken, ihr sorgsames Augenmerk darauf gerichtet. Ich will mich hier nur auf den Stifter der Ambrosianischen Bibliothek zu Mayland, den Cardinal Friederich

---

* Noct. Attic. Lib. II. cap. 3 Edit. Bipontin. 1784. 8. Vol. I. pag. 92. Venit nobis in mentem Fidum Optatum multi nominis grammaticum ostendisse mihi librum Aeneidos secundum mirandae vetustatis, emtum in Sigillariis XX. aureis, quem ipsius Virgilii fuisse credebat!

† Disquis. hist. lit. de ergo librorum MSS. pretio, Francof. ad Viadr. 1767. 4. Pag. 10 sq.

aufbewahrt zu werden verdienen.

rich Borromäo, als auf ein Beyspiel beziehen. Meine Gewährsmänner zeige ich unten an.* Ich glaube freylich, daß dieser Cardinal, wenigstens in einem Stücke, obgleich nicht aus betrügerischem Vorsatz des Gebers, der sich wohl selbst mag überredet haben, ein Autographon zu überliefern, sey hintergangen worden, nemlich durch die zwey Blätter eigenhändiger Schrift des Thomas von Aquino, aus seinem Buche wider die Heyden. Höher hinauf als aus dem vierzehnten Jahrhundert können, meiner Ueberredung nach, keine eigenhändige Handschriften, wenigstens von ganzen Werken, der Verfasser gefunden werden; aber von den Zeiten später herunter ists gewiß, daß noch schätzbare Manuskripte dieser Art vorhanden sind. Einige Beyspiele, wie sie mir unter die Augen fallen, will ich anführen. Im Jahr 1756 war noch in Italien irgendwo die eigene des Petrachs von einem seiner Gedichte vorhanden.** Saubert behauptet zwar, † daß die

T 2 Nürnber-

---

* Boschæ hemidecas de origine et statu Bibliothecæ Ambrosianæ, Mediolani 1672. 4. Pag. 8 sq. Obschon diese dem Bibliothekar, und jedem Litterator sehr brauchbare Schrift, im Burmannischen Thesauro Antiquit. et Hist. Italiæ, wieder nachgedruckt worden, so wird sie doch manchem Gelehrten selten vorkommen, theils weil gedachte Burmannische Sammlung kostbar ist, und die einzelne Ausgabe unter die sehr seltenen Bücher gehöret. Vid. Clement. Bibl. curieus. Tom. V. pag. 105 seq. Auffer dem Boscha führe ich hier noch zum Zeugen an Gualdo Vita J. V. Pinelli ed. Aug. pag. 39.

** Catalogus libror. Ital. Lat. & MSS. magno sumptu, & labore per 30. ann. Liburni collect., Liburni 1756. 8. pag. 651 seq. wo es heißt: Petrarca. Carmen buccolicum sumptum ex originali sua manu propria scripto, in quo legebatur subscriptio: Buccolicum carmen meum explicit, quod ipse,

Nürnbergische Stadtbibliothek des Gaza Griechische Grammatik, und Schriften vom Aeneas Sylvius und Irithem, von der Verfasser eigenen Hand geschrieben, verwahre. Ich finde aber Ursache, an dieser Angabe zu zweifeln, weil Murr in der neuesten Nachricht von diesem Bücherschatze davon schweigt. Vom ersteren führt er zwar eine Handschrift der Grammatik an, die im fünfzehenden Jahrhundert geschrieben worden, und aus des Johann von Königsberg, der viele Randglossen beygeschrieben, Bibliothek, nach Nürnberg gekommen. Allein, er muß kein sicher Merkmal, daß sie von Gaza eigener Hand gefertiget seye, vorgefunden haben, sonst würde er es gewiß bemerkt haben. **

Diese nun weggerechnet, wie ich vermuthe, daß sie weggerechnet werden müssen, so verwahret doch die Stadtbibliothek zu Nürnberg andere schätzbare Autographen, darunter sich auszeichnen Hussens eigenhändige Postill in Böhmischer Sprache *, Schedels Chronik mit seinen eigenhändigen Randglossen, und einige Schriften des berühmten Conrad Celtes, von ihm selbst geschrieben. †† Ich weiß es ganz wohl, der Beyspiele, die ich anführe, sind wenige, und gerade auch nicht die wichtigsten. Die Nothwendigkeit, zu eilen, und mich kurz zu fassen, muß mich entschuldigen.

Ich

ipſe, qui ante annos dictaveram, ſcripſi manu propria apud Mediolanum anno hujus Ætatis ultimæ MCCCLXXXXVII.

† Sauberti Hiſtor. Bibl. Noriberg. pag. 68. 78.
** Memorabilia bibliothecar. publicar. Norinb. P. I. pag. 55.
* Vid. Bibl. Solgeriana Part. I. pag. 238. Sollte heißen 228. denn der Setzer hat sich von pag. 225. bis pag. 236 geirret.
†† Murr Memorab. Bibl. Norimb. P. I. pag. 72, 254.

aufbewahrt zu werden verdienen. 293

Ich wiederhole nur, was andere schon gesagt haben, wenn ich für die Handschriften, davon noch kein Abdruck veranstaltet worden, einen besondern Rang und Werth behaupte. Daß es noch eine Menge dergleichen giebt, ist leicht zu vermuthen. Wie viele Geistesprodukte, auch der ältesten classischen Griechischen und Römischen Schriftsteller, und der Kirchenväter, von deren ehemaligem Daseyn man die sichersten Nachrichten hat, sind ganz aus der Welt verschwunden, oder werden für völlig verlohren geachtet, da sie irgendwo unbemerkt und verborgen liegen? Ohngefähr fällt eine Handschrift davon in die Hände eines gelehrten Kenners, und ihr Daseyn lebt wieder aufs Neue auf. Man erinnere sich an die spätere Entdeckung des Quintilians, und des Tacitus; der Briefe einiger sogenannter Apostolischer Väter; und der Schrift des Laktanz vom traurigen Ende der ersten Christenverfolger; an die neu aufgefundenen Quellen der Kirchenhistorie, deren vornehmste Entdecker Walch anzeigt. *

Auch in unsern Zeiten hat man Beyspiele glücklicher Auffindung vor verlohren geachteter Schriften. Ein einziges will ich anführen, das nicht so allgemein bekannt ist. Man hat wohl gewußt, daß der berühmte Grammatiker, Valerius Probus, der in der Mitte des ersten Jahrhunderts zu Rom gelebet hat, über den Persius commentirt habe. Es sind auch verschiedenen

T 3 Ausga-

* Von den Veränderungen des Studiums der Kirchenhistorie. Vorrede zum ersten Theil der Mosheimischen Kirchenhistorie von J. A. C. von Einem, herausgegeben S. 60.

Ausgaben des gedachten Dichters Scholien unter seinem Nahmen beygefüget worden. Allein schon Parrhasius hat einen Wink gegeben, der zur Vermuthung leiten konnte, daß diese Scholien nicht des Probus Arbeit seyen. Denn er fand die ächten Bemerkungen dieses Critikers über die erste Satyre des Persius, die von weit mehrerer Genauigkeit und Geschmack zeugten, als die, die in einigen Ausgaben entweder dem Probus, oder einem weit später lebenden Cornutus zugeeignet worden. * Dem seeligen von Oefele war das Glück aufbehalten, in der Churfürstlichen Bibliothek zu München, den ganz ächten Commentar des Probus aufzufinden. †

Die handschriftlichen Anekdoten — so nennt man mit Recht die Manuskripte, die noch nicht durch den Dienst der Druckerpresse publizirt sind — haben gewiß einen vorzüglichen Werth, allein der ächte Kenner solcher literarischer Seltenheiten weiß, daß dieß nur unter gewisser Einschränkung behauptet werden kann. Auf die Gelehrsamkeit, und den Ruhm des Verfassers, und auf den Innhalt, und die Brauchbarkeit einer Schrift, kommts hier vornemlich an. Neben dem

muß

---

* Vid. Parrhasii liber de rebus per epistolam quæsitis. Adjuncta est Franc. Campani quæstio Virgiliana. 1567. excudebat Henr. Stephanus ill. Vir. Huld. Fugger typographus. 8. Pag. 15 sagt Parrhasius in einer Note zu einem Briefe an den Galeatius Thyenæus: Incidi in Probi grammatici commentarios in primam Persii satyram, non illos, qui Cornuti nomine circumferuntur, & quos Hermolaus ut Probi citat — sed alios longe majori cura & ingenio compositos.

† Wachiers Rede zum Andenken des Herrn von Oefele S. 34 fg.

muß beyr Bestimmung dieses Werthes, der Irrthum sorgfältig vermieden seyn, der fälschlich eine Handschrift in die Reihe der Anekdoten setzet. In diesem Stücke haben sich oft schon manche Gelehrte betrogen, und einen Schatz gefunden zu haben, und zu besitzen geglaubt, der schon längst allgemein geworden. Ich hebe aus sehr vielen Beyspielen nur eines aus. Der niederländische Prediger Rolläus war ganz sicher überzeugt, einen Brief des Polycarps handschriftlich zu besitzen, der vollständig und gedoppelt stärker sey, als in allen andern Handschriften und gedruckten Ausgaben. Aber er hat sich sehr geirret. le Moyne hat diesen Irrthum entdeckt. * Unter den Handschriften, die noch keines Setzers Hände beschäftiget haben, setzet man in die Reihe der seltenen solche, deren Inhalt Ursach ist, daß sie nur im Finstern herumschleichen. Ihrer giebts nun eine Menge. Sie sind geschrieben, die ächten Grundsätze der Religion zu untergraben, die Sitten zu verderben, dem Staate, seiner Verfassung und Ruhe, einen gefährlichen Stoß zu geben, mit der Geisel der beissenden Satyre zu peitschen. Einige enthalten Wahrheiten, die unläugbar sind, die man aber ohne Gefahr, verfolgt, verketzert, gestraft zu werden, nicht öffentlich sagen darf. Andere sind zum Dienste des Aberglaubens geschrieben, und sollen wohl auch alberne Künste, Teufeleyen und Zauberwerke lehren. Sind denn diese auch der Aufmerksamkeit, und des Aufbewahrens werth? Ich glaube. Zumal, wenn es solche sind, die in der gelehrten Welt viel Redens und Disputirens

---

* Vid. Le Moyne varia Sacra. Tom. I. Prolegomena.

tirens verursacht haben; von denen allenthalben Nachrichten ausgestreuet sind, ob man gleich über ihr würkliches Daseyn noch ungewiß ist, und die Gründe, es zu verneinen, oder zu bejahen, im Gleichgewichte liegen; die Betrügern Anlaß gegeben haben, an ihrer Statt eine andere Arbeit zu unterschieben. Von denen, die würklich wichtige Wahrheiten enthalten, ist ohnehin kein Zweifel. Die Gefahr, die sie von der Publizirung durch den Druck verdrungen hat, kann ein Hirngespenst des furchtsamen Verfassers gewesen seyn, oder jezo nicht mehr Statt finden. Und denn wird ein Mann, der eine solche Anekdote von wichtigem Belang in seiner Hand hat, um ihrer Seltenheit willen, nicht geizig und eifersüchtig auf ihren Besitz und Gebrauch seyn, sondern sie gerne zur Beförderung richtiger Kenntnisse, durch Abschriften, oder den öffentlichen Druck, andern Wißbegierigen mittheilen.

Die erstern, und die, die dem Aberglauben Weyhrauch streuen, sind insgemein von äusserster Seltenheit, und darum schon ein bedeutender Besitz einer Bibliothek. Einem gesetzten, mit richtigen Grundsätzen erfüllten, und zu ernstem Prüfen fähigen Manne, sind sie gewiß nicht gefährlich. Er kann sie vielmehr zu wichtigen Bemerkungen nutzen. Die Tummheit des Aberglaubens wird ihm sichtbarer, und er lernt durch Beyspiele, was man kaum glauben sollte, wie weit sich die Schwäche des menschlichen Geistes verirren kann. Neue öffentliche Auftritte desselben verwirren ihn weniger, und er kann sie nach ihrer wahren

Beschaf-

Beschaffenheit, richtiger beurtheilen, weil er schon aus ältern Beyspielen mit ihrem Gange bekannt ist. Angriffe auf Religion und Sitten, die in öffentlich gedruckten Schriften so oft gewaget werden, sind ihm nichts Neues mehr, das ihn stutzend macht, und verwirren kann. Er hört nur die alte längst gestimmte Leyer. Angenehm und belehrend ists zugleich, die Quellen zu entdecken, aus denen gemeiniglich izo der öffentlich herausgesprudelte Tadel, Einwendung und Vorwurf gegen die Religion, geschöpfet wird. Doch ich schreibe nicht für den Mann, dem die Prüfung solcher Schriften zukommt, sondern nur für den Mann, der dergleichen in seiner Verwahrung hat, für den Bibliothekar. Für den werde ich also einige Erinnerungen hersetzen müssen.

Er muß sehr behutsam mit Aufweisung solcher Anekdoten seyn. Es giebt immer Leute, die einen sehr verdorbenen Verstand, und ein eben so verdorbenes Herz haben; die nach solchen Seltenheiten ungemein lüstern sind, und bloß um derselben willen Bibliotheken besuchen, weil sie ihr Daseyn darinnen wissen, oder vermuthen. Es ist Pflicht, ihrer regen Lüsternheit eine solche Nahrung zu versagen. Auch des Schwachen, von redlichem Herzen, muß man schonen, daß er nicht zur Bekanntschaft einer Schrift dieser Art geleitet, und durch sie verwirret werde. Kurz, der Bibliothekar muß dergleichen Sachen unter die Geheimnisse der ihm anvertrauten Bibliothek rechnen. Da sind sie am rechten Orte. Und da muß er sie vor Augen, denen sie gefährlich werden können, verwahren. Eigner

Lüstern-

lüsternheit, glaube ich, muß er auch wehren. Ich will nicht sagen, daß er selbst nicht lesen und prüfen soll, was in seiner Gewalt stehet. Das wäre eine tumme Forderung eines Bibliotekars an seinen Amtsgenossen, eine Forderung, die ich an mich selbst nicht machen möchte. Allein, man hat Beyspiele, daß Männer, die Handschriften der Art, davon ich hier spreche, allzurasch und unbedachtsam, durch den Druck aller Welt mitgetheilet, und dadurch zu Verwirrungen, Zänkereyen, und geistlichen ärgerlichen Parforcejagden Anlaß gegeben haben. Ein neueres Exempel fällt gewiß selbst meinen Lesern bey. Bewahre mich Gott! daß ich über den Mann, der es gegeben hat, tadelnd urtheile! Der Mann war zu edel, ihm haben Aufklärung, die Wissenschaften fast jeder Art, die Ausbreitung eines guten Geschmackes zu viel zu danken, daß ich nicht seine Asche noch aufrichtig ehren sollte. Zu dem hat seine Publizirung einer vorher verborgenen Schrift, wichtige und gründliche Untersuchungen, und Schriften veranlaßt, deren wir sonder Zweifel, ohne diesen Anlaß, mangeln würden. Allein diese Publizirung hat doch auch viele Unruhe und Verwirrung gestiftet; Haß und Bitterkeit erreget, und einen Kampfplatz eröfnet, auf dem Verkezerung, Ungezogenheit, Intoleranz, peitschende Satyre, wilde Polemik ärgerlich die Waffen führten. Dieß zu verhüten, ists immer rathsamer, dergleichen Anekdoten den Ausflug aus der Presse in die Welt nicht zu verschaffen.

Es giebt Handschriften der Art, von der ich rede, denen

denen eine ausnehmende Seltenheit und grosser Werth
angerechnet wird; ob sie gleich nur unterschoben, und
nicht so gar selten, sondern durch öftere Abschriften vervielfältiget sind. Mancher Bibliothekar oder Bücherliebhaber, dem diß letztere unbekannt ist, wendet viel
Auffuchens auf solch ein Manuskript, sparet, auch nur
zur Erlangung einer neuen Abschrift, grosser Kosten
nicht, und glaubt, wenn er sie erhalten hat, einen ausnehmend seltenen und kostbaren Schatz in Verwahrung
zu haben. Ich glaube, Ursache zu haben, den Bibliothekar vor dieser Einbildung und Thorheit zu war-
nen, und ich will meine Warnung durch einen treffen-
den Beweiß unterstützen.

Das Buch de tribus impostoribus, dessen Daseyn zu behaupten, oder zu läugnen, sich manche Hände müde geschrieben haben, hat mehr als Einen gelehrten Betrug verursachet. Man hat unterschobene
Handschriften, die ächt dieses Buch seyn sollen, ob es
gleich noch sehr ungewiß ist, daß je ein solches geschrieben worden, und fast ganz gewiß, daß es nie im Drucke erschienen, und daß also die angebliche Abschriften
von solch einem gedruckten Buche sonder allen Zweifel
unterschoben sind. Dreyerley solcher Handschriften sind
ganz besonders berühmt, und werden gemeiniglich, als
kostbare Besitzungen, sehr hoch geschätzt, und oft theuer
bezahlt. Eine ist Italienisch, die zweyte Französisch,
die dritte Lateinisch. Alle drey sind ganz von einander
unterschiedene Schriften, und jede hat unläugbare in-
nere Merkmale, daß sie das beruffene Buch de tribus

impo-

impostoribus nicht seyn kann. Von allen dreyen habe ich Abschriften gesehen, und kann also gewiß sagen, daß sie vervielfältiget sind, und also keinen so hohen Werth der Seltenheit haben, als man angiebt. Von der letztern besitze ich selbst zwo Abschriften, die von einem Originale genommen sind, nemlich von dem, das der polemische Held J. Fr. Mayer ehedem besessen hat,* und das 1716 bey Versteigerung seiner hinterlassenen herrlichen Bibliothek zu Berlin um achtzig Reichsthaler in die Büchersammlung des Prinzen Eugens von Savoyen, erhandelt worden. Ich kann noch mehrere Exemplare, ohne weit nachzusuchen, davon herzählen, als ich schon angezeigt habe; das gewiß ein sicherer Beweiß ist, daß dieses nur in Handschriften vorhandene Büchelgen so selten nicht ist, als man vorgiebt. Reimmann besaß eines, ein anderes Baumgarten, der die ersten drey Paragraphen davon abdrucken ließ, und seiner Widerlegung würdigte. † Eines war in der Bibliothek Polycarp Leysers zu Wittenberg **, eines ist in der Kirchen-Bibliothek zu Neustadt an der Aisch, †† und W. Vogt *** erzählet, daß man Liebhabern verbotener Bücher von dem Mayerischen

---

* Bibliotheca Mayeriana pag. 719. da wirds so angezeiget: Adest etiam Mstum hoc tit. de imposturis religionum; quo de constat, esse illud ipsum famosum scriptum de tribus impostoribus. Sed ob causas cuivis satis notas cum aliis hujus generis publice non distrahetur.

† Nachrichten von einer Hallischen Bibliothek 3 B. S. 554 fg.

** Brem- und Verdisches Freywilliges Hebopfer 1 B. S. 892.

†† S. Harles critische Nachrichten von kleinen theologischen Schriften, 2 B. S. 354.

*** Am eben angeführten Orte.

aufbewahrt zu werden verdienen.

schen Exemplare vor zehn Reichsthaler Copien verstattet habe, dadurch ohne Zweifel diese Schrift in viele Bibliotheken gekommen ist. Alle drey Handschriften, obgleich vervielfältiget durch Abschriften, sind selten. Das läugne ich nicht; aber so selten nicht, daß ihr Besitz so hoch geschätzet werden könnte, als bisher geschehen ist, und daß es der Mühe werth wäre, auf ihre Auffuchung und Anschaffung viele Kosten zu verwenden. Auch muß man Stuffen bey ihrer Seltenheit bemerken. Die Italienische stehet auf der obersten Stuffe. Die Französische * in der Mitte, und die Lateinische ganz weiter unten. Denn von der letztern hat so gar ein geldsüchtiger Buchhändler einen Abdruck veranstaltet, den er für das ächte Buch de tribus impostoribus ausgeben, und um theures Geld verkauffen wollte. Die frühe Entdeckung des Betruges hat den Ausflug dieses Abdruckes gehemmet.† Wenn ich nicht irre, hat er Straub geheissen, und sein Betrug ist mit schwerer Strafe an ihm geahndet worden.

Auch Handschriften, deren Innhalt schon durch den Druck publizirt ist, können einen gewissen schätzbaren Werth behaupten, und sind des Aufbewahrens in einer Bibliothek sehr würdig. Von denen alten Manuskripten, aus welchen die ersten gedruckten Ausgaben der biblischen Bücher, der Griechischen und Römischen Classiker, der Kirchenväter ꝛc. geliefert worden,

---

* Ist am besten seinem Inhalt nach beschrieben vom Sinner in Catalog. Mss. Bibl. Bernens. pag. 98 sqq.

† S. Strobels Beyträge zur Literatur 2ter Band S. 464 s)

worden, wird das jeder Kenner behaupten, und die Unachtsamkeit derjenigen ersten Buchdrucker bedauren, die gewohnt waren, so bald ein Autor im Drucke vollendet war, die gebrauchten Handschriften zu vernachläßigen, oder gar wegzuwerfen. Zur Critik kann man immer einen Codex nutzen, auch wenn der Autor, den er enthielt, durch viel wiederholte Ausgaben in der gelehrten Welt allgemein geworden ist. Und gerade die Codices, die man beym Drucke genutzet hat, sind zur critischen Untersuchung solcher Ausgaben ausnehmend brauchbar; zumal zu Beurtheilung der Treue und Geschicklichkeit des Herausgebers. Manchmal hat er nicht recht gelesen, zuweilen aus seinem eigenen Kopfe eine Leßart geändert, Wörter, auch Zeilen überschielt, und im Drucke sie weggelassen, und was dergleichen Uebereilungen und Verirrungen mehr seyn können. Machen nicht diese Umstände, von denen so viele Beyspiele bekannt sind, noch immer dem Critiker den Gebrauch eines schon gebrauchten Codex sehr schätzbar? Von seinem unschätzbaren Werthe, in Rücksicht auf sein Alter, und auf die richtige Kenntniß der Schriftarten jeder Perioden, hier nicht ausführlich zu gedenken. Verlieren die Codices z. E. der Alexandrinische, und der den Beza nach Cambridge geschenkt hat, durch den genauesten Abdruck, auch nach dem geringsten Buchstaben-Zug, ihren Werth und Schätzbarkeit?

Es giebt noch andere Codices von Werken, die schon durch den Druck vervielfältiget sind, und die doch verdienen, höher geachtet zu werden, als jede, auch

noch

noch so genau gedruckte Ausgabe des Werkes. Der Herausgeber eines Autors hat nicht gerade die besten und vollständigsten Handschriften, erhalten und nutzen können. Da mußte nun eine Handschrift, die vollständiger ist, als alle bisher gedruckten Ausgaben, einen vorzüglichen Werth haben. Zwey Beyspiele, die ich eben beysammen finde, will ich zum Belege anführen; die sogenannte Martinianische Chronik, und das Leben des H. Desiderius. In der Ludwigischen Bibliothek waren ehedem von beeden, Handschriften, die an Vollständigkeit nicht nur von gedruckten Ausgaben, sondern auch vor andern noch bekannten Handschriften, einen bedeutenden Vorzug behaupten. *

Selbst gewisse Abschriften von gedruckten Büchern genommen, kommen hier billig in Rechnung. Manche gedruckte Bücher sind so selten, daß sie fast ganz aus der Welt verschwunden zu seyn scheinen. Wer, wenn diese Bücher von wichtigem Belange sind, wird nicht eine Abschrift von denselben hochschätzen, und sie als eine brauchbare Seltenheit, sorgfältig aufbewahren? Die gedruckten Bücher des Servets, des unglücklichen Märtyrers seiner eigenen Ideen, sind alle durchaus höchst selten. Man hat ihrer Seltenheit durch Abschriften zu helfen gesucht. Und auch dieser Abschriften gibts nur wenige: und eben darum sind sie als ein wichtiger Besitz einer Bibliothek, hochzuschätzen. Doch auch

---

* Vid. Michaelis Catalog. Biblioth. Ludwig. MSS. pag. 103 seq. Baumgartens Nachrichten von schätzbaren Handschriften der Bibliothek des Kanzlers von Ludwig S. 1 fg. S. 5.

auch hier muß ich bemerken, daß nicht alle Abschriften der Bücher des Servets — von seinem Ptolomäus ist nicht die Rede, der so selten nicht ist, und darum keiner Abschrift bedurfte — einen gleichen Grad der Seltenheit behaupten können. Die Schrift, de Trinitatis erroribus, deren erste gedruckte Ausgabe 1531 8. unter die höchsten Seltenheiten gezählet wird, ist, wie bekannt genug ist, durch eine zwepte gedruckte betrügerische Ausgabe nach dem Urtext, und durch die Holländische Uebersetzung des Reiner Tellier — Vitellius nennt er sich auch — durch den Druck saksam vervielfältiget worden. Deswegen müssen die Abschriften davon billig zur untersten Stuffe der handschriftlichen Seltenheiten gezählet werden.

Der Werth und Preis solcher Abschriften aus gedruckten Exemplaren genommen, wird gemindert, wenn in der Folge der Zeit gedruckte Ausgaben erschienen sind, die weniger selten sind als die erste, von der die Abschrift herstammet. Des Cardinals Polus Werk an Heinrich, den achten in Engelland, de unitate ecclesiae, das diesen König so heftig erbittert hat, war gleich nach seinem Entstehen, zu Rom von Anton Bladius gedruckt. Da aber diese Ausgabe, weil sie der Verfasser selbst unterdrucket hat, äusserst selten war, so behalf man sich mit Abschriften nach derselben, die so hoch geachtet werden konnten, als ein gedrucktes Exemplar, und die also in Manuskripten-Sammlungen keinen geringen Werth behaupteten.

Zwo

aufbewahrt zu werden verdienen. 305

Zwo neue gedruckte Ausgaben, eine mit des bekannten P. P. Vergerius Vorrede zu Strasburg bey W. Rihel 1555 fol., die andere zu Ingolstadt aus des D. Sartorius Presse 1578. 8, mindern den Werth der Handschriften, doch, da diese Ausgaben auch unter die gelehrten Seltenheiten gehören, nicht völlig. Endlich da Roccaberti in seiner Bibliotheca Pontificia eine neue Ausgabe von des Cardinal Polus heftiger Schrift geliefert hat, so können die Abschriften nicht mehr so hoch angeschrieben seyn; obwohl mir diejenige, die ich selbst besitze, noch sehr werth ist, theils weil sie nach der ersten Römischen Ausgabe in Italien gefertiget worden ist, theils weil ich keine der gedruckten Ausgaben bey Hand habe. Das letztere kann ich auch von einer mir eigenen Abschrift eines kleinen Werkgens des F. Socinus sagen. Es ist die Schrift: Quod regni Poloniae et magni Ducatus Lithuaniae homines vulgo evangelii dicti, qui solidae pietatis sunt studiosi, omnino deberent se illorum coetui adjungere, qui in iisdem locis falso atque immerito Arriani atque Ebonitae vocantur. Sie ist nach der Ausgabe, die Seb. Sternacke 1611. 8. in Rackau gedruckt hat, * gefertiget, und ob man wohl eine frühere Ausgabe in Polnischer Sprache, und eine auch frühere in lateinischer Sprache, doch unter einem andern Titel, † und eine spätere Holländische Uebersetzung hat,
so bleibt

* S. von dieser Ausgabe Baumgartens Nachrichten von merkwürdigen Büchern I B. S. 411 sqq.
† S. Baumgarten am angeführten Orte S. 417.

U

so bleibt mir doch die Abschrift, die ich besitze, sehr schätzbar, da alle Ausgaben ungemein rar sind.

Ich könnte freylich noch vieles von dem verschiedenen Werthe der Manuskripte, und der darauf beruhenden Achtung derselben sagen. Allein ich darf meine Schrift nicht mehr vergrössern. Das wichtigste hoffe ich doch erinnert zu haben. Und das ist genug zu meinem Zwecke. Nur noch ein Paar besondere Bemerkungen, die der Bibliothekar bey Beurtheilung der Handschriften nicht vernachläßigen darf, sollen dies Capitel beschliessen. Es ist keine ganz unbedeutende Frage: Ist der Coder, der eine Abschrift ist, den ich vor mir habe, von einem, oder mehreren andern Handschriften genommen? Zwar wo nur Eine Hand durchaus beschäftiget war, also besonders bey kurzen Schriften, ists fast gewiß, Revisionen und Correctionen weggerechnet, daß nur eine einzige Vorschrift genutzet worden. Aber bey grossen Werken, die unter mehrere Schreiber getheilt waren, wie z. B. die Florentinische Pandekte, ists wahrscheinlich, und oft sehr sichtbar, daß mehrere Exemplare zum Grunde geleget worden. Man kann die Kenntniß dieser Sache nutzen, über die mehrere Genauigkeit auf einigen Blättern, über die geringere auf andern; über Menge der Fehler und Abweichungen von andern Handschriften einerley Werks, in einem Exemplare, richtig zu urtheilen. Nicht immer der Schuld des Schreibers, sondern auch, und wohl mehr, den gebrauchten verschiedenen Exemplaren, da eines besser, das andere schlimmer war, wird man

denn

denn diese auffallende Verschiedenheit anrechnen müs=
sen.* Aber man wird dadurch zur Aufforschung und
Nachsicht anderer, und korrekterer Handschriften, und
ihrer Vergleichung geleitet werden. Nicht weniger
Aufmerksamkeit ist nöthig zu erkennen, was vom ei=
gentlichen Schreiber kommt, oder was ein Correktor,
oder Revisor, hinzugeschrieben hat. Das kann die
Verschiedenheit der Schrift, und der Dinte sehr leicht
bestimmen. Es kommt mich nicht schwer an, Brenk=
manns Urtheil zu genehmigen, der das Zeichen R (mit
einem Queerstrich durch den Buchstaben) bey den Ru=
briken, für die Bemerkung des Verbesserers angiebt.†
Und gerade dieses Zeichen, die Aehnlichkeit der von
anderer Schrift im Codex verschiedenen Buchstaben
mit demselben, wird ein Hülfsmittel seyn, hier ein rich=
tiges Urtheil fällen zu können.

In alten Manuskripten sind verschiedene Werke
eines, aber auch mehrerer Verfasser, hintereinander in
einem fortgeschrieben. Das hat grosse Verwirrungen
verursachet, da man aus verschiedenen Werken eines
gemacht, einem Verfasser zugeschrieben hat, was doch
einem ganz andern gehört; und endlich den Inhalt ei=
nes vorhandenen Codex nicht richtig beurtheilet und an=
gezeiget; weniger darinn gefunden hat, als würklich
in demselben stehet. Ich darf die Exempel nicht häu=
fen. Ein einziges führe ich zum Beweise an. Unten
stehts,

---

* Vid. Brencmanni Historia Pandectarum pag. 16.

† Am angeführten Ort S. 127.

steht, aus dem le Moyne genommen.* Ohne mein Erinnern weiß der denkende Bibliothekar, wozu er dieſe Bemerkung nutzen ſoll.

Die Codices haben oft die Schickſale alter Gebäude erfahren. Man hat ſie, wie dieſe erneuert. Dieſes Geſchäfte betraf nicht immer bloß den Einband, ſondern auch den Text ſelbſt, und ſeine Zugehörde. Wie das zügegangen, beſchreibt zwar kurz, aber ſehr beſtimmt, der gelehrte Sanftl. † Zuweilen iſts angezeigt, daß dem Coder ein ſolcher Dienſt geleiſtet worden, und die, die dieſes Geſchäfte übernommen, haben ſich genennt. Zuweilen läßt ſich dieß bloß aus der Anſicht der Mahlereyen und Buchſtaben errathen. In beeden Fällen iſt die Sache dem Handſchriftenforſcher keine gleichgültige Sache. Das verſteht ſich von ſelbſt, daß erneuerte Codices ganz was anders ſind, als die ſogenannte Reſcripti, oder Palimpſeßten.

* Le Moyne varia Sacra. Prolegom. Fraudi fuit etiam incauto Rullæo codex Polycarpi, qui cum ſerie continua, & nulla ſeparatione & diſpunctione, epiſtolari Polycarpi & Barnabæ contineretur memorato ſolo nomine Polycarpi in limine, & præterito nomine Barnabæ, facilis fuit lapſus, & facile à ſe potuit impetrare Rullæus, ut crederet unicam eſſe tantum epiſtolam, quam cum Polycarpi epiſtola, jam ſibi nota, multo longiorem animadverteret, in eam deſcendit ſententiam, de Barnabæ epiſtola nihil cogitans; ſe fragmentum inveniſſe, quo Polycarpi mutila epiſtola diteſceret, & ſuppleretur.

† Diſſert. in aur. ac pervetuſtum SS. Evangeliorum codicem Pag. 27 f. 39.

Zuſatz

Zusatz
zum vierten Kapitel.

Diesen Zusatz will ich so kurz machen, als mir immer möglich ist. Er ist geschriebenen Briefen der Gelehrten, und Stammbüchern, gewiedmet. Die erstern sind gewiß kein gering zu schätzender Besitz einer Bibliothek, und Männer, denen man ein gesundes Urtheil zutrauen kann, haben ihren Werth und Nuzen angepriesen. Ich beziehe mich, des Raums zu schonen, nur auf den Morhof.* Aus den eigenhändigen lernt man die Handschrift der Gelehrten kennen, und wenn sie ohne die Benennung des Schreibers, wieder vorkommt, zumal bey Randglossen, und Anmerkungen, andern Schriften beygefügt, ihren Verfasser ziemlich sicher entdecken. Sie enthalten oft wichtige Anekdoten zur gelehrten Geschichte, und Bemerkungen von bedeutendem Gewichte für das Wachsthum unserer Kenntnisse. Sie sind angenehme Zusätze und Bereicherungen gedruckter Briefsammlungen, und gewähren manche Aufschlüsse und Erläuterungen, schon publizirter Briefe, auf die sie entweder Antworten, oder Vorläufer derselben sind. Ich würde freylich noch mehr von ihrem Werthe sagen, wenn es der beengte Rauff gestattete. Allein das kann schon genug seyn, einen Bibliothekar auf ihre Aufsuchung und Bewahrung sorgfältig zu machen. Doch dazu kann ihn schon das Beyspiel grosser Gelehrten, die gewiß fähig waren, den ächten Werth literarischer Schätze zu beurtheilen, reizen,

* Polyhistor. Tom. I. L. I. C. 25.

zen. Ich nenne nur vor andern den Burmann, Cuper, Gudius, Abt Molanus, Uffenbach, und Wolf. Die Sammlung des zuletzt genannten Gelehrten, von geschriebenen Briefen ist wohl eine der reichesten dieser Art. Er hat sie genau beschrieben im Conspectu suppellectilis epistolicae et literariae manu exaratae, quae extat apud J. Christoph. Wolfium, pastorem ad D. Cathar. Hamburgensem, observationibus variis et epistolis nondum editis, distincto. Accidit in calce clavis epistolarum P. Melanchtonis ad Joach. Camerarium, & index epistolarum B. Lutheri Latinarum, editarum omnium, tum aliquot ἀνεκδότων. Hamburgi 1736. 8. Sie ist izo ein wichtiger Schatz der öffentlichen Hamburgischen Stadtbibliothek. Man hat bey Sammlung solcher Briefe eben die Sorgfalt, und Behutsamkeit nöthig, als bey andern Handschriften, die für Anekdoten gehalten werden, und es doch nicht sind. Ganze gedruckte Sammlungen von Briefen der Gelehrten, sind nicht hinlänglich, hier für einem Irrthume zu bewahren. Wie viele Briefe sind zerstreut in grossen Büchern, und an Stellen, wo man sie kaum suchen sollte, gedruckt? Wie vielmehr, als einmal, von verschiedenen Gelehrten immer mit der Beredung, daß sie die ersten Herausgeber seyen, publizirt? Folglich ist gewiß auch dießfalls dem Bibliothekar grosse Belesenheit, und Nachforschen in gedruckten Schriften, unentbehrlich, daß er nicht etwas, für ein ganz ausschliessendes Eigenthum der ihm anvertrauten Bibliothek, halte, das schon allgemein geworden.

Ich

Zuſatz zum vierten Kapitel.

Ich beſitze ſelbſt einige tauſend eigenhändige Briefe vortreflicher Gelehrten auch aus dem Ende des fünfzehenten, und aus dem ſechszehenten Jahrhundert. Und bey ſtrengem lange daurendem Nachforſchen bin ich doch über eine Menge derſelben noch ungewiß, ob ſie unter die ſogenannten Anekdoten gehören; und bey vielen, die ich lange unter dieſe Reihe gezählet habe, habe ich unvermuthet entdecket, daß ich mich geirret habe. Darf ich mich darüber wundern, da es ſelbſt meinem ſeligen Vater, dem beleſenſten Manne, und emſigſten Nachforſcher, ſo ergangen? *

Genaue Copien von eigenhändigen Briefen dürfen auch nicht vernachläßiget werden, zumal, wenn man weiß, daß ſolche Briefe noch nicht durch den Dienſt des Druckes allgemein geworden. Man findet dergleichen oft vor, oder hinter gedruckte Bücher hingeſchrieben; und ich habe ſelbſt von ſolchen Büchern einen Vorrath; darunter die Brieffſammlung des Eraſmuß, Baſel 1558. fol. wo auf die letzte Seite des Index derjenige in der Sammlung ſelbſt mangelnde Brief, hingeſchrieben iſt, den der gelehrte Verfaſſer der freymüthigen Betrachtungen über alte und neue Bücher drucken laſſen. †

Vielleicht iſts nicht ganz überflüßig, wenn ich einige Bücher nenne, in denen zerſtreut Briefe von Gelehrten eingerücket ſind; und die der Bibliothekar einigermaſ-

---

* S. Strobels Melanchthoniana pag. 87.
† I B. S. 322.

germaſſen brauchen kann, ſich bey Autographen und Apographen, die er vorfindet, vor dem Irrthume zu bewahren, von dem ich oben geſprochen habe. Hier ſind ſie nur kurz angezeigt, wie ſie mir beyfallen. Litterariſches Wochenblatt, Gerdeſii Miſcellanea Groningenſia, theſaurus bibliothecalis, Muſeum Bremenſe, Bibliotheca Bremenſis, Brem- und Verbiſche Bibliothek. Schlegelii vita Langeri Super-Int. Coburgenſis, Schelhornii amœnitates, Ergöglichkeiten, Vita Ph. Camerarii, Struvii acta ex manuſcriptis, Rieggeri amœnitates Friburgenſes, Wellers Altes aus allen Theilen der Geſchichte, Liebii Diatribe de Pſeudonymia Calvini, Unſchuldige Nachrichten, Miſcellanea Lipſienſia, Beyſchlags Sylloge.

Um der Bekanntſchaft mit der eigenen Handſchrift der Gelehrten, willen, ſind die Stammbücher brauchbar. Und auſſer dem erläutern ſie oft einen nicht unbedeutenden hiſtoriſchen Umſtand. Ehedem hat man gedruckte Bücher zu dieſem Zwecke durchſchieſſen laſſen, und gebraucht. Keines mehr, wie auch die Erfahrung lehret, als des Alciates Emblemata, davon ich zwo verſchiedene Ausgaben beſitze, die als Stammbücher ſehr groſſer Gelehrten, auch fürſtlicher Perſonen, eigene Handſchriften, aufweiſen.

Fünftes

Fünftes Kapitel.

Von gedruckten Büchern, und ihrem verschiedenen Werthe. Das Wichtigste, was der Bibliothekar davon wissen, und beobachten muß; und was vornemlich seine Aufmerksamkeit fordert.

Ich nehme hier ungemein viele Sachen zusammen, weil ich mein Buch nicht in allzuviele Kapitel eintheilen mag. Damit ich aber den Leser nicht ermüde, und durch ein aufeinander gehäuftes Allerley verwirre, so werde ich gewisse Ruhepunkte veste setzen, und dieß Kapitel in kleinere Abschnitte theilen, deren Hauptinhalt allemal bey Ihrem Anfange soll angezeiget werden.

Von der Bücherkunde, und den wichtigsten Hülfsmitteln dazu, überhaupt.

Das ist gar keine besondere Frage mehr, ob der Bibliothekar in der Bücherkunde bewandert seyn müsse? Sie ist schon lange entschieden. Er muß ganz einheimisch in derselben seyn, und hier ist ihm Polyhistorie ganz unentbehrlich. An allgemeiner Kenntniß darf ihm nicht genügen. Er muß ins besondere, ins allerbesonderste, gehen. Selbst bey Wissenschaften, die er kaum der Oberfläche nach kennet, muß er doch wissen, was darüber nicht nur in Rücksicht aufs Ganze, sondern auch auf ganz einzelne abgesonderte Materien, geschrieben, und gedruckt worden, was davon in seiner Büchersammlung vorhanden ist, oder mangelt. Er wird sonst die ihm anvertraute Bibliothek weder für sich, noch für andere, gehörig nutzen, sie nicht richtig ordnen, bereichern und ergänzen, die Verzeichnisse über sie nicht brauchbar fertigen, und bey manchen Nachfragen, die Antwort, und die Dienste nicht leisten können, die von ihm gefordert werden.

Schon die genaue Bekanntschaft mit dem, was unter seiner Aufsicht stehet, nach allen auch einzeln, und kleinsten Stücken, muß ihm zu dieser Kenntniß beförderlich seyn. Allein ihm sind dazu noch andere Hülfsmittel gewährt, die er sorgfältig forschend nützen muß. Braucht er diese nicht emsig, so ist er einem Manne gleich, der die Welt nicht weiter kennet, als soweit sie in seiner Heimath eingeschlossen ist; also fast gar nicht kennet.

Ueber das allgemeine werde ich mich hier nicht weit einlassen. Zu oft gekochter Kohl ist keine behagliche Speise. Man kennt den Geßner, den ersten Vorgänger in einer so mühsamen Arbeit, und seine Epitomatoren, Erweiterer, und Fortsetzer; den Draude, Marhof, Hendreich, Vogler, Meibom, Bökler, Krauß, Jugler, und dergleichen um die allgemeine Büchernotiz best verdiente Männer, denen sich in unsern Zeiten auf die rühmlichste Weise, und zum schätzbarsten Vortheil für dieß Studium, Hamberger und Denis, angereihet haben. Auch über die Schriften, die zur Kenntniß der Bücher in einzeln Fächern der Wissenschaften anleiten, werde ich mich nicht in Rücksicht auf jede Wissenschaft überall ins besondere ausbreiten. Man weiß, was Beckmann, ein jüngerer

Böhmer,

und ihrem verschiedenen Werthe. 315

Böhmer, Bose, Bubbeus, Buber, Cobres, Dorn, Eyring, Fabriz, Harles, Hirsch, von Holzschuher, Jenichen, Kahler, Lippe, Lotter, Meusel, Müller, Naube, Nössel, Ompteda, Pfaff, Putter, Sagitarius, Schmidt, Schwindel, Schettelig, Struv, die Walche, der Hamburgische ältere Wolf, und andere belesene, und geübte Männer, dießfalls geleistet haben. Es wäre auch zu weitläuft, und gewiß manchem Leser so wenig, als meinem Herrn Verleger angenehm, wenn ich hier zu geschwäzig seyn, und genug bekannte Anzeigen, wiederholen wollte.

Handbücher, sowohl zur allgemeinen, als besondern Bücherkunde, müssen dem Bibliothekar immer zur Seite seyn. Für die erstere weiß ich kein besseres zu empfehlen, als des Denis Einleitung in die Bücherkunde, die zu Wien in zween Theilen 1777 und 1778 in gr. 4. herausgekommen ist. Nur der erste Theil behandelt das Allgemeine. Man kann ihn zwar nicht vollkommen nennen. Wer wird das in einer solchen Materie von einem Manne, wenn er auch so belesen, geübt, und emsig im Forschen, und Arbeiten ist, als Denis, fordern können? Genug, er hat mehr geleistet, als andere vor ihm, und ist hier noch bis izo meines Wissens, die beste und brauchbarste Quelle. Ich habe Ursache zu wünschen, daß bey ihrem Gebrauche vornemlich die Anzeige und Erinnerungen, auf die ich unten weise, zu Rathe gezogen werden. * Der andere Theil ist der Bücherkunde in Rücksicht auf einzelne

* Litterarisches Museum 2ter Band S. 111 fgg. und 583 fgg.

zelne Wiſſenſchaften gewiedmet. Er reicht an Gründlichkeit und Brauchbarkeit, wie ſchon andere vor mir, geurtheilt haben, freylich nicht an den erſten Theil. Indeſſen zu einer nutzbaren Ueberſicht deſſen, was nur für einzelne Theile der Gelehrſamkeit, öffentlich iſt gearbeitet worden, iſt er doch ſehr brauchbar. Ich habe es ſchon geſagt, daß ich mich hier nicht ins Beſondere der Bücherkunde, nemlich in die Anzeige der Schriften, die, was in jeden einzelnen Wiſſenſchaften geſchrieben worden iſt, kennen lehren, einlaſſen kann. Bey beſondern Abſchnitten dieſes Kapitels habe ich wohl Gelegenheit, ins Detail der Büchernotiz zu gehen, und ich werde ſie mir nicht ungenutzt entwiſchen laſſen. Hier zeichne ich nur drey neue Werke aus, die die Bücherkunde einzelner Theile der Gelehrſamkeit, betreffen, und wahre Meiſterſtücke ſind, dergleichen jedem Fache der Wiſſenſchaften zu wünſchen wären. Ich nenne ſie bloß nach ihren Titeln. Pütters Literatur des Teutſchen Staatsrechts, zween Theile. Göttingen 1776. 1781. 8. Des Freyherrn von Ompteda Literatur des geſammten, ſowohl natürlichen, als poſitiven Völkerrechts; zween Theile, Regensburg. 1785. 8. Hummels Bibliothek der teutſchen Alterthümer, ſyſtematiſch geordnet, und mit Anmerkungen verſehen. Nürnb. 1787. 8. Werke über die Bücherkunde anderer einzelner Theile der Wiſſenſchaften und der Gelehrſamkeit, nach ſolchem Plane, und ſo meiſterhaft bearbeitet, mangeln uns noch. Dieſe, die ich eben genennet habe, wird der Bibliothekar, wenn er genaue Kenntniß der Bücher

cher in den Wiſſenſchaften, über die ſie ſich ausbreiten, beſitzen will, gerne zu ſeinen Handbüchern wählen.

Die Geſchichtsbücher machen immer den gröſten Theil, der in der Welt vorhandenen gedruckten Schriften aus, und in einer anſehnlichen Bücherſammlung werden ſie auch niciſtens der reichere Vorrath ſeyn. Dem Bibliothekar ſind alſo gewiß Werke, die zu ihrer allgemeinen Erkenntniß anführen, unentbehrlich. Die Struviſch Buderiſche lateiniſche hiſtoriſche Bibliothek war dießfalls immer ein ſchätzbares und ungemein brauchbares Handbuch. Seitdem ſie aber Meuſel unter ſeine umſchaffende Meiſterhand genommen hat, kann man ſie nun einem groſſen Theile nach entbehren, und ſie wird ſich ohne Schaden ganz aus den Bücherſälen verlieren dürfen, wenn die Meuſelſche vortrefliche Arbeit wird vollendet ſeyn. Der Anfang dieſer ganz unvergleichlichen Arbeit kam zu Leipzig 1782. 8. heraus, unter dem Titul: Bibliotheca hiſtorica inſtructa à B. B. G. Struvio, aucta à B. Ch. G. Budero, nunc vero à J. G. Meuſelio ita digeſta, amplificata, & emendata, ut pæne novum opus videri poſſit. Vom dritten Bande iſt der erſte Theil in dieſem Jahre 1787. ans Licht getreten. Man hat auch der Geſchichte einzelner Reiche, Länder und Provinzen, den ſchätzbaren Dienſt erwieſen, ihre Literatur mit vorzüglichem Fleiſſe zu bearbeiten. Und ſolche Arbeiten darf der Bibliothekar gewiß nicht flüchtig ſchielend überſehen. Ich kenne kein Werk, das in dieſem Betracht, an Wichtigkeit, Reichthum und Vollſtändigkeit, dem folgenden

genden, daß die Geschichtskunde des Schweizerlandes zum Gegenstand hat, gleich käme. G. E. von Hallers Bibliothek der Schweitzer Geschichte und aller Theile, so dahin Bezug haben. Systematisch-Chronologisch geordnet. Fünf Theile. Bern 1785 — 1787. 8.

Wäre doch nur die Literatur der Geschichte meines Vaterlandes Schwabens, mit gleichem Fleiße, und so nahe zur Vollständigkeit bearbeitet! Ganz brach hat man zwar dieses Feld nicht liegen lassen. Moser und Wegelin haben es bearbeitet. Jener, bey seiner teutschen Ausgabe der Schwäbischen Chronik des Mart. Crusius. Dieser, vor dem ersten, zweyten und vierten Bande des Thesaurus rerum Suevicarum. Man kann aber beede Arbeiten, ob die letztere gleich die bessere und vollständigere ist, weiter nichts als Skelete nennen. Ganz besonders detaillirte Stücke der Schwäbischen Geschichtsliteratur sind besser gediehen; davon ich zum Beweise des ehemaligen General-Superintendentens, Michel Oettingische Bibliothek, und des Herrn Paul von Stetten Nachrichten von den Scriptoribus rerum Augustanarum vor beeden Theilen seiner Augsburgischen Geschichte, anführe. Immer brauchbar zur Bücher-Notiz sind dergleichen Arbeiten dem Bibliothekar, und je mehr sie sich in das Besondere einlassen, je schätzbarer vor ihn, um der Nachrichten und Kenntnisse willen, die er nur da findet, und die er anderswo vergebens sucht, nicht suchen darf. Also ganz besondere Literaturen, und Bücher-Notizen, darf er nicht vernachläßigen.

und ihrem verschiedenen Werthe. 319

Mit vollem Rechte zählt man die Journale zu den Hülfsmitteln für die Bücherkunde. Ich will zuerst auf die Hauptschriften weisen, in denen man sich nach einer Anzeige derselben erkundigen kann. Und denn in einer Auswahl von den ältern diejenigen nennen, die ich für den Bibliothekar für unentbehrlich halte. Die neuern sind zu allgemein bekannt, als daß ich nöthig hätte, hierüber nur ein Wort zu verlieren.

Meine Leser kennen schon meine gewöhnliche Reitpferde. Es darf sie aber ein jeder für sich satteln, der auf diesem Felde gut fortkommen will. Beym Jugler ist das sechste Kapitel behaglich, doch muß auch das achte, das die Schriften erzählet, in welchen die Produkte der Gelehrten beurtheilet werden, mit genommen werden. Daß der Supplementen-Band hierüber auch nachzuschlagen ist, versteht sich von selbst. Frankens Catalog der Bünauischen Bibliothek giebt hierüber Tom. I. S. 485 – 494. 552. 566. 590. 596. 599. 605. fg. 762. 788. 813. 2137. 2143. 2146. rtliche Anzeige. Und die Bücher, die critische Urtheile über die Schriften der Gelehrten enthalten, zählet er eben in diesem Tom. S. 480 fg. her. Unter diesen letzten zeichnen sich ausser einigen, die ich oben im ersten und zweyten Kapitel aufgestellt habe, der alte bekannte Photius, Popeblount, und Baillet aus. Das erinnere ich, daß neben des Höschels Original-Ausgabe der Bibliothek des Photius, Schotts lateinische Uebersetzung, um der Scholien, und Leichii Diatribe in Bibliothecam Photii, um der Verbesserungen, und

einiger

einiger litterarischer Nachrichten willen, müssen gebraucht werden. Baillets Jugemens des Savans sur les principaux ouvrages des auteurs, sind dem Bibliothekar ganz unentbehrlich. Aber er verliert viel, wenn er nur die erste Ausgabe von 1689. nützen kann. Denn die zweyte, Amsterdam 1725. in sechszehen Octav-Bänden, wie ich sie vor mir habe — Frank nennt ein Quart-Format dieser Ausgabe — ist vom la Monnoye verbessert, und vermehrt von Menagens Antibaillet, und des la Monnoye Bemerkungen darüber; von Baillets Critik über das Leben des Cartes, das man dem Menage zu danken hat, von eines Ungenannten Reflexionen über die Urtheile des la Monnoye, und endlich von Giberts Beurtheilungen der Werke der Redner, begleitet.

Einleitungen in die Journale, Beurtheilungen derselben, kurze Anzeigen ihres Inhalts, muß der Bibliothekar allerdings zur Hand nehmen, um sich eine vorläufige Uebersicht von denselben zu verschaffen. Er findet, was die ältern betrift, eine wackere Reihe davon angezeigt im schon angeführten Bande des Frankischen Catalogs S. 482. fg. und beym Jugler. S. 471 fg. Nach meiner Einsicht und Geschmack haben unter benenselben folgende drey einen beträchtlichen Vorzug. Junckeri Schediasma de Ephemeridibus, s. diariis Eruditorum in nobilioribus Europæ partibus hactenus publicatis, Lipsiæ 1692. 12. Aufrichtige und unpartheyische Gedanken über die Journale, Extrakte, und Monathsschriften, 24 Theile,

Leipzig 1714 bis 1717. 8. die man dem seligen D. Chr. G. Hoffmann, einem berühmten Literatoren, zu danken hat. Histoire critique des Journaux, par M. C. à Amsterdam, 1734. zween mittelmäßige Bände. Ihr Verfasser ist Camuſſat, und das ist die dritte Ausgabe. Dies wäre in diesem Fache das beste, und vollständigste Werk geworden, wenn Camuſſat seinen Plan hätte ausführen können, und wenn ihn der Tod nicht zu früh von dieser Arbeit abgeruffen hätte. Nebenwege hat freylich Camuſſat hier oft betreten. Allein der Wißbegierige Leser läßt sich gerne dahin mitführen, da sie ungemein angenehm sind, und ihn zu den nußbarsten Einsichten leiten. Nach den Nationen hat Jugler die Anzeige solcher periodischen Schriften, geordnet. Und ich folge in der Bezeichnung der Wichtigsten, die ich versprochen habe, auch dieser Ordnung. Das Journal des Savans, das mit dem Jenner des Jahres 1665 zu Paris durch den berühmten Sallo, seinen Anfang genommen, und wenigstens bis 1750, so weit kenne ich es, fortgebauert hat, steht als Erstling der Schriften dieser Art, und um des Ansehens willen, das es in der gelehrten Welt behauptet, billig oben an. Denn kommen die Memoires pour l'Histoire des Sciences & des beaux Arts, oder die Memoires de Trevoux vom Jahr 1701 an. Sie verrathen freylich allenthalben den Geist und die Sprache ächter Jesuiten, blasen fürchterlich Lermen, verketzern, schänden und schmähen, nicht für die lange Weile, streiten, kämpfen und schlagen jämmerlich mit dem Streitkolben drein. Allein dem ungeachtet kann sie der Bibliothekar nicht wohl missen, wenn er den Lauf wichtiger gelehrter Streitigkeiten, und die mancherley bedeutende Schriften, die sie erzeuget haben, kennen will. Giornale de' letterati d'Italia von 1710 bis 1740 in vierzig Duodez-Bänden, Venedig, unter dessen Verfassern sich Maffei, und Apostolo Zeno, vorzüglich auszeichnen. Dieß — es sey mir erlaubt mein Urtheil zu sagen — schätze ich vor allen andern welschen Ephemeriden hoch, nicht blos wegen der gründlichen Recensionen, sondern auch, und zwar vornemlich wegen der eingemengten herrlichen besondern Abhandlungen und Bemerkungen über wichtige literarische und antiquarische Gegenstände. Es ist ausser dem die glücklich fruchtbare Zeugemutter eines unschätzbaren, und dem Bibliothekar gewiß unentbehrlichen Werks von den Italienischen historischen Schriftstellern, die in der lateinischen Sprache geschrieben haben; eines Werkes, das wohl seines gleichen nicht hat, nemlich der Dissertazioni Vossiane, di Apostolo Zeno coie giunte e osservazioni intorno agli storici Italiani che anno scritto latinamente rammentati del Vossio nel III. libro de historicis latinis. Tom. I. 1752. Tom. II. 1753. in Venezia. gr. 4.

Die Bibliotheque Italique, ou Histoire literaire de l'Italie, ob sie gleich in französischer Sprache gefertiget ist, reihe ich hier an, weil sie die Italienische Literatur zum Gegenstand hat. Sie hat mit den vier ersten Monaten des Jahrs 1728 den Anfang genommen, und ist im Jahr 1734 geschlossen worden.

und ihrem verschiedenen Werthe.

Zu Genev ist sie in 8 heraus kommen, und macht neun mittelmäßige Bände aus. Von ihren Verfassern, Zwecke, entschiedenem Werthe, und izigen Seltenheit kann man Juglern * nachlesen, der vergessen hat, ein Hauptverdienst dieser periodischen Schrift, gegen das gewis der Bibliothekar nicht gleichgültig seyn kann, anzupreisen; nemlich die genaue Anzeige des Innhalts grosser historischer und antiquarischer Werke, und Sammlungen.

Die acta Eruditorum, die lateinischen sowohl, als die teutschen, und die zuverläßigen Nachrichten darf ich blos nennen; jeder Gelehrte kennt sie als Hauptwerke, die hier in Rechnung kommen. Das sehe ich nur hinzu: die lateinischen acta sind zur gründlichen Bücherkunde ganz unentbehrlich. Tenzels monatlichen Unterredungen, und curieusen Bibliothek, auch E. ckards monathlichen Auszügen, an denen auch der große Leibniz Antheil hatte, wird hier jeder Kenner einen besondern Rang anerkennen, und bey dem, in Rücksicht auf Innhalt, und Brauchbarkeit, die Unterredungen oben an setzen. Unter allen teutschen Journalen haben in meinen Augen, ich hoffe, sie sehen nicht ganz unrichtig, die schon gerühmten Baumgartischen Nachrichten von einer Hallischen Bibliothek, und von merkwürdigen Büchern, einen auffallenden Vorrang, den Jugler † genau bestimmet. Drey Stücke zeichnen diese periodische Werke vorzüglich aus; die genaue, und lehrreiche Recensionen seltener Bücher,

*) S. 979.   †) S. 862 fg.

Bücher, die gehäufte Anzeige solcher Schriften, die in das Reich der verbotenen, und verdächtigen gehören, und die detailirte Beschreibung grosser Werke, und Sammlungen, und bestimmte Bemerkung ihres Inhaltes. Von den letztern will ich hier nur in einem kurzen Auszuge die wichtigsten bemerken, gerade so, wie sie mir unter die Augen fallen. Ugolini thesaurus antiquitatum sacrarum, Wolfs, penus artis historicæ, Bibliotheca fratrum Polonorum, Atlas Blavianus novus, Basnage, Martene, Durant. Graevii, Gronovii, Sallengre, Schilteri Thesauri, Dacherii spicilegium, scriptores historiæ Byzantinae, Baluzii Miscellanea, du Chesne scriptores historiae Francorum, et Normannorum; acta sanctorum der Bollandisten, Duellii miscellanea, Schardii scriptores rerum Germanicarum, und Sylloge; Mabillonii acta sanctorum Ord. Bened. Biblia polyglotta Antwerpiensia. Die Kenntniß des Innhalts solcher Sammlungen ist für den Bibliothekar in verschiedenem Betracht sehr bedeutend, und er hat Ursache darauf seine genaue Aufmerksamkeit zu richten; die ihm gewiß die Baumgartische Journale ausnehmend erleichtern. Ich habe zwar Werken dieser Art einen besondern kleinen Abschnitt wiedmen wollen. Da ich aber gezwungen bin, mit dem Raume zu geizen, so will ich hier die Gelegenheit nutzen, noch einige Bücher anzuzeigen, in welchen der Innhalt grosser Sammlungen genau erzählet wird.

und ihrem verschiedenen Werthe.

Nur zur Anzeige einiger solcher Bücher mache ich mich anheischig. Denn so weit als ich gerne wollte, und könnte, darf ich mich nicht ausbreiten. Des zum Erstaunen fleißigen Hamburgischen Fabriz Bibliotheca Græca stehet hier billig oben an. Ich müßte mehr, als eine Seite anfüllen, wenn ich hier alle darinn stehende Verzeichnisse, die hieher gehören, anmerken wollte. Eine Aussonderung ist zu meinem Zwecke hinreichend. Von Montfaucons Ausgabe der Werke des Athanasius, Tom. V. pag. 300. sq. von Saville, und Ducäus Ausgaben des Chrysostomus Tom. VII. pag. 560. sq. Von den zwoen griechisch-lateinischen Ausgaben des Basilus, Paris 1618 und 1638. Tom. VIII. pag. 69. sq. Von der Ausgabe des Johannes von Damasco von M. le Quien, ebendaselbst S. 779. fg. Von der Sammlung der Byzantinischen Geschichtschreiber vom Labbe zu Paris 1648. herausgegeben, die unter die seltesten, und theuresten Werke gerechnet wird, Tom. VI. pag. 221. sq. Von der Albinischen Sammlung der griechischen Grammatiker Tom. VII. pag. 13. sq. Von Justells, und Voells Bibliotheca Canonica, Tom. XI. pag. 51. sq. Beveridge Synodikon S. 54. fg. Von den Parisischen Königlichen, des Labbe, und Harduins, Conciliensammlungen S. 259 fg.

Gleich schließe ich hier an des Fabriz Conspectus Thesauri literarii Italiae, Hamburgi 1749 8.; den ich hier noch aus einer andern Ursache, am rechten Orte bemerke, nemlich deswegen, weil er eine

genaue

genaue Nachricht von Italienischen Journalen giebt. Was des Muratorius, Ughelli, Spotts, Carusius, Grävius, Christens, Sallengre, Gronovs große historische und antiquarische Sammlungen für Italien, das Corpus scriptorum rerum Sicularum, und der Thesaurus scriptorum, atque antiquitatum Siciliae, enthalten, davon findet hier der Leser genau angezeigt.

Das literarische Wochenblatt hat den Liebhabern solcher Kenntnisse einen dankwürdigen Dienst durch die Herzählung der Abhandlungen, die Gruter in lampade, sive face artium liberalium zusammen gesammelt hat, geleistet, 1 B. S. 333 fg. Was des Canzlers Ludwigs Geschichtschreiber vom Bischofthum Würzburg, seine Scriptores rerum Germanicarum, ein anderes Volumen scriptorum R. G. seine opuscula miscella, und endlich die reliquiae manuscriptorum, enthalten, ist von Wibeburg genau berichtet, hinter seinem Commentarius de vita et scriptis J. P. de Ludewig, Halae, 1757. 8. Zu den grössern, zugleich aber auch zu den seltenen Sammlungen der mehrentheils einzeln, fast verlohren gegangenen ältern Schriften wider die Jesuiten gehört eine zu Rochelle 1584. 8. in 6 Bänden gedruckte Sammlung. Was man in derselben findet, zeiget Salig an in der Historie der Augsburgischen Confession 2 Theil. S. 178. fg.

Des Clerikus Journale, die Bibliotheque universelle, et historique, die Bibliotheque choisée, und

und endlich die Bibliotheque ancienne et moderne, halte ich für den Bibliothekar für ganz unentbehrlich, zumal, wenn er sich in Stand setzen will, das er doch zu thun nach seinem Berufe, verpflichtet ist, von den verschiedenen Ausgaben der Bibel, der klassischen Skribenten, der Kirchenväter, und von den wichtigsten Werken zur Kirchenhistorie, zur allgemeinen Geschichte, zur Geschichte einzelner Königreiche und Staaten, zur Alterthumskunde, zur Critik, und von ihrem Werthe, und überhaupt von dem Werthe der Schriften selbst in diesen Fächern, sicher urtheilen zu können, oder zu einem sichern Urtheile geleitet zu werden. Der Bibliotheque Britannique, in fünf und zwanzig Bänden, glaube ich, aus eben diesem Gesichtspunkt betrachtet, einen gleich hohen Werth, und gleiche Brauchbarkeit für den Mann, für den ich schreibe, zueignen zu dürfen. Zwey ephemeridische Werke nenne ich noch, deren erste dem Bücheraufseher fast ganz unentbehrlich ist, die zweyte aber ihm doch wenigstens in gewissen Stücken zur nähern Bücherkunde wichtige Dienste leisten kann. Die erste: Bibliotheca librorum novorum collecta a L. Neocoro, die zu Utrecht von 1697 bis 1699, 8. in fünf Theilen herausgekommen ist, und die der große Philologe und Critiker Lud. Küster, und Heinr. Sike, bearbeitet haben. Diese Männer haben mehrentheils große wichtige Werke, Schriften kritischen, philologischen, literarischen, antiquarischen Innhalts, unter ihre Censur genommen, und davon so gesprochen, daß immer der Literator, der ihre Nachrichten und Urtheile hört, und untersucht die behaglichste Belehrung, und Vortheile für sich erhalten wird. Die andere: Helvetische Bibliothek, bestehend in historischen, politischen, und critischen Beyträgen zu den Geschichten des Schweizerlandes, Zürch, 1735 — 1742. 6 Stücke, die zwey starke Octavbände ausmachen. Irre ich nicht, so hat Füßlin, der ehemalige Kämmerer des Winterthurner Kapitels, einigen Antheil an dieser Helvetischen Bibliothek, aber die Hauptbesorgung derselben, und die wichtigsten Stücke, die darinnen vorkommen, hat man den großen Männern, Bodmer, und Breitingern zu danken, die damals noch mit dem Füßlin in gutem Vernehmen stunden, der erst in etwas spätern Zeiten ein ziemlich rasch aufbrausender Rival des Breitingers, und so auch gegen Bodmern, dessen wärmsten und treuesten Busenfreund, unmild gesinnet wurde. Ich weiß wohl, daß auf dieß Journal hernach noch andere gefolget, die als Fortsetzungen desselben können betrachtet werden. Ich habe sie ehedem gelesen, und erinnere mich auch manches, das sie hier zu empfehlen, mich berichtigte, darinnen gefunden zu haben. Allein, ich mag keine Schrift, die ich nicht gerade da vor mir habe, und also aus dem jezigen Augenschein beurtheilen kann, jezo aufstellen. Mehrere Stücke sind Ursache, daß ich hier dieser Bibliothek gedenke. Aber es ist genug, daß ich nur die wichtigste anzeige. Nirgend so eine genaue Nachricht vom Felix Hämmerlein, und seinen Schriften, als hier. Der Thesaurus historiae helveticae, eine wichtige Sammlung historischer Schrift-

steller

und ihrem verschiedenen Werthe. 329

steller für die Schweiz, die dem ebengenannten Füßlin, zum wichtigen Verdienst anzurechnen ist, ist genau nach seinem Innhalt, beschrieben.

Wer kann mit Rechte fordern, daß ich die ganze Reihe der Journale hersetze? Es ist genug, daß ich die, die dem Bibliothekar zur Bücherkunde vornemlich nutzbar sind, und unter denen keins, als das ich selbsten besitze, und jezo durchsuchen kann, genennet habe. Doch noch zuletzt ein Paar der schätzbarsten Journale, nemlich die sogenannten unschuldigen Nachrichten, die, wie bekannt genug ist, unter verschiedenen Titeln fast bis auf diese Jahre sind fortgesetzet worden, und die Göttingische Relationes de libris novis, welche zwar gleichen Zweck mit den Actis Eruditorum haben, aber gewiß, besonders in der Genauigkeit der Anzeigen des Innhalts großer und wichtiger Werke einen auffallenden Vorzug behaupten, der ihre schon erreichte Endschaft jedem Kenner bedaurenswerth machet.

Gelehrte Zeitungen — —? die gehören ganz gewiß unter das Auge, und zur fleißigen Lektur eines Mannes, der in der Bücherkunde bewandert seyn will, und soll. Er kann sie nicht, wie etwa politische Zeitungen, wenn er sie einmal gelesen hat, wegwerfen. Er muß sie aufbehalten, ihre Lektur wiederholen, und wird sie immer zum besten Zwecke, wenn sie schon lange alt geworden sind, wieder nutzen können. Ihre Einbindung, und Aufbewahrung ist keine unbedeutende Sache. Mehr als eine muß der Bibliothekar doch immer halten, weil eine einzige nicht einmal das Wichtigste, was zur neuen Bücherkunde gehört, enthalten kann. Ohne Verminderung des wahren Werthes, einer einzigen solcher periodischen Schrift, die uns die gelehrten Neuigkeiten erzählt, und mit den erst herausgekommenen Büchern, bekannt macht, will ich dem Bibliothekar, der um der Kosten willen mehrere nicht lesen und nutzen kann, einen Rath geben. Die Erlangischen gelehrten Anmerkungen, weil ihre Beyträge aus andern gelehrten Zeitungen, einen fein gewählten Auszug liefern, und die Jenaische allgemeine Literaturzeitung, die sich über die wichtigsten neuen Schriften ausbreitet, soll dieser Rath empfehlen. Außer diesen kenne ich nach meiner dermaligen Lektur nur noch die Göttingischen, Nürnbergischen, und Tübingischen, und erwarte jedes neue Stück derselben, mit Begierde, und lese es mit vielfältigem Nutzen. Alle Gelehrte Zeitungen sich anzuschaffen, ist zu kostbar für Zeit und Börse, und sie zeigen auch nicht alle neu herauskommende Bücher an. Man muß also noch ein anderes Hilfsmittel, das die Gelehrten vorschlagen, nutzen, seine Büchernotiz zu bereichern, und das gewähren die Meßcatalogen. Auch die erstern, und ältern sind zu diesem Zwecke brauchbar, und in gewissem Betracht haben sie von 1568 an, vor denen jezigen einen Vorzug, da sie nach den Wissenschaften, und die Anzeige der Theologischen Bücher, sogar nach den beeden Religionen, der protestantischen

und

und ihrem verschiedenen Werthe.

und Catholischen geordnet sind. Allein, vollständig, und immer zuverläßig sind sie nicht. Das ist eine alte und gegründete Klage. Was nicht ein Buchhändler verleget hat, was nicht auf die Messe kommt, was das Schicksal der Confiskation und Unterdrückung erfährt, Staatsschriften, die unter dem Ansehen grosser Herren hervortreten, eine zahlreiche Menge ausländischer Bücher, das alles ist in denselben meistens vergessen. Auch habe ich bey den ältern, zumal bey den Willerischen, die bekannter Maaßen die ersten sind, und ihrer genauen Durchsicht, den Vorwurf allerdings gegründet gefunden, den ich unten mit Baillets Worten anzeige. *)

Eine kleine bibliographische Bemerkung wird hier nicht am unrechten Orte stehen. Wahr ist es, daß Georg Willer, ein augsburgischer Buchführer, 1564. den Anfang mit der Ausgabe solcher Verzeichnisse gemachet hat. Aber länger, als man gemeiniglich angiebt, sind sie unter dem Willerischen Namen — bald hat sich dem Georg, sein Bruder Elias Willer, doch nur auf einige Jahre, zugesellet — fortgesetzt worden. Nach dem Reimmann, dem andere folgen, schließen sich die Willerische Verzeichnisse 1592. Ich besitze die Verzeichnisse unter diesem Namen vom Jahr 1564. bis auf 1610. Man giebt gemeiniglich nur den Frankfurtischen Buchdrucker, Nik. Bassäus

---

*) On prebend qu'on y a usé de fourbe en forgeant des titres imaginaires de livres chimeriques, et qui n'ont jamais etes imprimés. Jugemens Tom. II. Part. I. p. 211.

fäus, als den Drucker, und Frankfurt als den Druckort der Willerischen Meßcatalogen an. Allein Willer hat mit dem Drucker und Druckort gewechselt, ob
er gleich den Bassäus, und Frankfurt am meisten zu
diesem Drucke gewählt hat. Augsburg, und da die
Buchdrucker Manger und Franke; Ursell, und da
der Drucker Sutor, kommen auf den Titeln der Verzeichnisse auch vor. Der eben genannte Frankfurti-
sche Buchdrucker, Nik. Bassäus, oder Basse, der
zugleich mit dem Buchhandel sich beschäftigte, hat
diese Willerische Meßcatalogen von 1564 bis aufs
Jahr 1592 zusammengesammelt, und besser geordnet, herausgegeben. Man kann sich von dieser nicht
unbedeutenden Sammlung einen hinreichenden Begriff
machen, wenn man ihren Haupttitel lieset. Hier ist
er: Collectio in unum corpus omnium librorum
Haebraeorum, Graecorum, Latinorum, nec non
Germanice, Italice, Gallice, et Hispanice scriptorum, qui in nundinis Francofurtensibus ab anno 1564. usque ad nundinas autumnales 1592.
partim novi, partim nova forma, et diversis in
locis editi, venales extiterunt, desumta ex omnibus catalogis Willerianis singularum nundinarum,
et in tres Tomos distincta, meliorique ratione quam
hactenus disposita universis et singulis disciplina-
rum omnium et facultatum professoribus, ac stu-
diosis — necessaria et utilis. Francofurti 1592.
gr. 4. Der erste Band zählt die Ebräischen, Griechischen und Lateinischen Schriften her, der zweyte,
die deutschen, der dritte, die Italienischen, Fran-
zösi-

zöſiſchen, und Spaniſchen, und dieſe letzteren nur vom Jahr 1568 an. Im Namen des Baſſe iſt dem erſten Band eine Lateiniſche, und dem dritten eine Franzöſiſche Vorrede, vorgeſetzt, die beede ſehr leſenswürdig ſind.

Viele Buchdrucker, deren Produkte beſonders werth geſchätzt werden, oder ihre Erben haben durch eigene Verzeichniſſe die Früchte ihres Fleiſſes und ihrer hochgeſchätzten Kunſt öffentlich bekannt gemacht. Mehrentheils ſind dieſe Catalogen ungemein ſelten, und man kann die Urſache davon leicht errathen. Indeſſen muß der Bibliothekar auf dieſelbe gewiß ſein Nachforſchen, und ſeine Aufmerkſamkeit, richten. Ich will einige davon anzeigen. Von andern zu ſprechen, habe ich weiter unten beſſere Gelegenheit. Wenn gleich, ſagt Baillet, der Druck des Pariſiſchen Buchdruckers Sebaſtian Cramoiſy, an Genauigkeit und Schönheit, den Stephaniſchen, Albiniſchen, Plantiniſchen und Frobeniſchen Produkten, nicht gleich kommt, ſo verdient doch Cramoiſy unter den vornehmſten Buchdruckern ſeiner Zeit einen Rang. Er hat zumal wichtige, koſtbare, und groſſe Werke, aus ſeiner Preſſe hervortretten laſſen, und eben deßwegen gedenke ich ſeines Verzeichnißes der von ihm gedruckten Schriften. Baillet ſagt, es ſeye mehrmals gedruckt worden. Ich kenne nur die Ausgabe 1659 zu Paris in 4, die die Aufſchrift hat: Bibliotheca Cramoiſyana, und die ſeine Arbeiten von 1654 bis 1659 herrechnet.

Die Junten haben zu Florenz und Venedig gedruckt, und ihre Ausgaben werden hochgeschätzt, und sind eine Zierde einer Büchersammlung. Baillet, Labbe, Jugler, führen zwey Verzeichnisse ihrer Producte an. Das erstere kam zu Florenz 1604. 12. heraus, und ist von den Erben des Philipp Junta gefertiget. Der Solgerische Catalog *) führt es unter dem Titel an: Haeredi Phil. Catalogus librorum, qui in Juntarum Bibliotheca Florentiae prostant; das vermuthlich ein Versehen ist. Das andere trat 1608. zu Venedig, in gleichem Format, ans Licht: Bernardi Juntae, Jo. Bapt. Ciotti et sociorum, Bibliothecae catalogus librorum. Ich habe es ehedem in Händen gehabt, und es ist, noch bey meines s. Vaters Lebzeiten, aus seiner Bibliothek in die Bünauische gewandert. Petri (Heinrich) der Vater des Adam Petri, eines berühmten Buchdruckers zu Basel, steht zwar, in Ansehung der Genauigkeit seines Druckes, nicht im besten Rufe; indessen hat er aus seiner Presse manche wichtige Schrift, auch der Classiker, geliefert, und die Anzeige seiner Producte kann darum dem Bibliothekar nicht gleichgültig seyn. Sie ist 1628 4. zu Basel zum Vorschein gekommen. Die Aldinische, Elzevirische, Frobenische, Oporinische, Stephanische Verzeichnisse sind freylich wichtiger, als diese alle. Allein, ich schweige hier von ihnen, weil ich unten eine bessere Gelegenheit habe, sie anzuzeigen.

*) Tom. III. pag. 433.

und ihrem verschiedenen Werthe. 335

Der Polygraphen hats immer viele gegeben. Und auch in unsern Zeiten kennen wir Männer, die schreiben, und wieder schreiben, und des Schreibens kein Ende finden, ob man gleich eine Menge ihrer Schriften wohl missen könnte. Diese glauben, Viel schreiben, und zusammenschmieren, wiederholen, und abermal wiederholen, so im Drucke wiederholen, und ihren Namen auf dem Titel ihrer zusammengestoppelten Schriften so lieblich und schön oft dem Publikum vorzuweisen, sey Verewigung ihres Namens und Ruhms, und zählen daher gerne ihre gelehrten Verdienste öffentlich auf. Auf die selbst eigene Anzeige der Menge der Schrifterenen solcher Männer hat der Bücherliebhaber nicht viele Achtung zu richten: auch dann nicht, wenn sie sich selbst citiren, und wieder citiren.

Aber dennoch muß ich ihm Verzeichnisse empfehlen, in denen Polygraphen ihre eigene Arbeiten herzählen. Keinen werd ich nennen, der nicht in der Bibliographie wichtig seye.

Heumann führt einige solcher Männer an †), nemlich die Kirchenväter Hieronymus und Augustinus, den Campanella, Licet, Labbe Buddeus, Göz, Lange, Mosheim, Wolf, und zuletzt den Luther. Er hätte sich auch selbst nennen sollen, da er allen Auflagen seines Conspects, die erste ausgenommen, ein Verzeichniß seiner eigenen vielen Schriften, beydrucken lassen. Wenn ich unter diesen einige wiederhole, so geschieht es nur um näherer Anzeige willen.

Gewiß

---

†) Conspect. Ed. 1755. pag. 426.

Gewiß hat Leo Allatius einen vorzüglichen Rang unter den Vielschreibern. Seine Schriften sind bedeutend und brauchbar, und fast alle selten. Einige haben durch den Dienst des grossen Fabriz den Werth der Seltenheit verlohren, nemlich diejenigen, die derselbe seiner Bibliotheca Graeca, hat beydrucken lassen. Zweymal hat dieser arbeitsame Mann ein Verzeichniß seiner Schriften publicirt. Einmal einzeln: Elenchus librorum editorum ad ill. Aloyſium la Farina March. Madoniae. Romae 1659. 8. Das zweytemal hinter der gegen den seligen D. Weiel gerichteten Schrift: de octava synodo Photiniana &c. Romæ 1662. 8.

Der besondere Mann, H. Carban, dessen Schriften vornehmlich dem Philosophen merkwürdig sind, hat mehr als einmal dieselbe selbst in ihrer ganzen Reihe, angezeigt. Zuerst finde ich diese Anzeige in der Ausgabe seiner Bücher, de sapientia et consolatione, die Johann Petreus 1544. zu Nürnberg 4. gedruckt hat. Unter dem Titel: libellus de libris propriis, seu Ephemerus, 1557. ließ er zu Lyon in 8. drucken: de libris propriis eorumque ordine, ac usu, ac de mirabilibus in arte medica factis. In der Ausgabe seiner Somniorum Synesiorum Basel 1583. 4. ist dieses Verzeichniß von ihm selbst bis 1560 vermehrt, zu lesen. Seine letzte Schrift beschreibt sein eigen Leben, und ertheilt die vollständige Nachricht von allen seinen Schriften. Naude hat sie 1643 zu Paris in 8 drucken lassen. Alle diese Verzeichnißzeichniſſe ſind in denen von Carl Spon geſammelten, und 1663 zu Lyon in 10 Folianten herausgegebenen Schriften, im erſten Bande wiederholt. Von des Campanella ſehr ſeltenem Syntagma an den Naude de libris propriis et recta ratione ſtudendi, Paris 1642. 8, findet man im Clement *) eine inſtruktive Nachricht. Allein, um genau zu wiſſen, was dieſer berüchtigte, und unglückliche Dominikaner geſchrieben hat, und was davon gedruckt, oder nur in Handſchriften vorhanden iſt, muß man mit ſeinem Syntagma des Cyprians vitam Campanellæ †) vergleichen.

Erasmus von Roterdam, — welcher Gelehrte kennt nicht den würklich groſſen Mann, und den unſchätzbaren Werth ſeiner Schriften — hat 1524 an den Conſtanziſchen merkwürdigen Kanonikus Boßheim, eine weitläufte, und 1530 an den Schottiſchen Gelehrten Hecktor Boot, eine gedrängtere Nachricht von ſeinen Schriften gegeben, die zuſammen aus des Frobenius Preſſe 1537 4 mit Bonif. Amerbachs Vorrede ans Licht getreten ſind.

C. Geßner — den Literatoren, ein ewig verehrungswürdiger Name — hat an den Engliſchen Gelehrten Wilh. Turner epiſtolam de libris a ſe editis, zu Zürch 1562 f. drucken laſſen, die dem Leben, das

---

*) Bibl. curieus. Tom. VI. pag. 174. ſq.
†) Zweyte Ausgabe. Utrecht 1741. S. 71. ſg. S. 110. fg. aus des Echards Leben des Campanella in den Scriptoribus Ord. Præd.

das Jof. Simler von diesem würdigen Manne Zürch 1566 4. herausgegeben hat, beygefüget ist. Des Jesuit Gretsers Schriften übersteigen die Zahl von anderthalb hundert. Zweymal hat er sie selbst öffentlich hergezählt, nemlich im Jahr 1610 und im Jahr 1612. Beyde Verzeichnisse sind zu Ingolstadt in den gedachten Jahren in 4. gedruckt worden. Ein dritter Catalog der Werke dieses Polygraphen kam 1674 zu München in 4. heraus, von dem aber Niceron *), urtheilet, daß es nicht genau, sondern unvollständig verfertiget seye.

Von seinem Ordensbruder Labbe hat man auch ein eignes Verzeichniß seiner Werke, davon die zweyte Ausgabe, die zu Paris 1662 4. herausgekommen ist, bemerkt werden muß. Lambecks Catalogus librorum ab ipso editorum Viennae 1673. 4. wird unter die gelehrten Seltenheiten gezählt.

Wenn ein Mann, der sich durch seine Denkungsart und Grundsätze eben so merkwürdig gemacht hat, als durch seine viele Schriften, und sonderbare Schicksale, wenn noch überdieß alle seine Schriften von grosser Seltenheit sind, so kann ein von ihm selbst verfertigtes Verzeichniß derselben für die Bücherkunde nicht anders, als wichtig seyn. Und solch ein Mann war, wie allen Gelehrten bekannt ist, Wilhelm Postel, und von dieser Art sind seine Schriften, von denen zwar verschiedene Gelehrte, die ich unten nenne,

*) Memoires Tom. 28. pag. 33.

ne, †) Verzeichnisse geliefert, und nicht nur die gedruckten, sondern auch die, die nur in Handschriften noch vorhanden sind, angezeigt haben. Sein eignes Verzeichniß habe ich zwar nicht selbst gesehen, und kenne es nur aus frember, nemlich des Jordans Anzeige, der es in der Ausgabe der Raisons de la Monarchie 1557. 12. gefunden hat. *)

Von dem Erich Putean sind so viele Schriften durch den Druck publizirt, daß nur noch zwey zum ganzen Hundert fehlen. Es ist schon im Jahr 1622 zu Löwen 8. herausgekommen: Puteani Bibliotheca s. omnium operum, quae scripsit hactenus, edidit, designavit, Catalogus.

Verschiedene dieser Catalogen sind zwar nicht vollständig, und können es nicht seyn, weil ihre Verfasser selten mit ihrer Vollendung die Feder aus den Händen geleget haben, und weil also die folgende Zeit Zusätze zu ihnen lieferte. Indessen ist es doch ange-

---

†) Observationes Halens. Tom. IV. pag. 262. sq. Ittigii opuscula varia pag. 251. sq. Sallengre Memoires de literature Tom. I. pag. 30. sq. der nur einige Hauptwerke des Postels recensirt; mein seeliger Vater select. compi. epistolar. Uffenbach. P. II. p. 455. wo Postels Manuscripte angezeigt werden, die theils ehemal in Basel vorhanden waren, theils noch auf der dasigen Universitätsbibliothek bewahret werden. Noch ein Verzeichniß von Postels, theils gedruckten, theils ungedruckten Schriften, kann ich nennen, das wenig bekannt ist. Es steht in der Amsterdamer Ausgabe 1646. 16. seiner clavis absconditorum pag. 110. sq.

*) Voyage pag. 97.

angenehm, sich von einem Autor selbst von seinen gelehrten Arbeiten unterrichten zu lassen, zumal, wenn er ohne Anzeige seines Namens, oder als Pseudonym, einige Schriften publizirt hat, oder ihm ohne Grund gewisse Werke als Verfasser angerechnet worden sind. Ueber diese Produkte findet man oft, aber nicht allemal, in den Verzeichnissen eigner Schriften Berichtigungen, die dem Bücherliebhaber schätzbar sind.

Auch hier muß ich noch der Lebensbeschreibungen der Gelehrten gedenken. Sie sind gemeiniglich schätzbare Hilfsmittel zur Bücherkunde. Ein einziges grosses Werk, das ich auch aus dieser Ursache sehr hoch schätze, will ich zu diesem Zwecke empfehlen, nemlich des Barnabiten Niceron memoires pour servir à l'histoire des hommes illustres dans la republique des lettres avec un Catalogue raisonné de leurs ouvrages. à Paris 1729 —1745. 8. drey und vierzig Bände. Heumann, Baumgarten, unter dessen Aufsicht einige Theile in deutscher Uebersetzung hervorgetreten sind, und andere Gelehrte, kennen nur zwey und vierzig Bände dieses treflichen und brauchbaren Werkes, das in der Schriften- und Ausgabenanzeige sich sehr auszeichnet. Da ich es selbst besitze, so kann ich gewiß behaupten, daß der drey und vierzigste Tom zu Paris 1745 herausgekommen. Zur Ergänzung des Verzeichnisses der Gelehrten, von denen Niceron Nachricht giebt, das Heumann in Conspekt aufstellt, setze ich die Namen der verdienten Männer her, die in diesen letztern Bänden vorkommen. Jos. Arnd, Nik. Boyer, Ev. Bronchorst,

chorſt, G. Calixtus, Pet. Carrera, Andr. Ceſalpin, Andr.
Cirini, Jo. Craton, Scip. Dupleix, Wilh. Duvoir, Rob.
Gaguin, Wilh. Gazet, Wilh. Gnapheus, Jac. de
la Lande, Nik. Leutinger, Xantes Mariales, P. A.
Micheli, Daniel, David, und Joh. Phil. Pareus,
J. B. Porta, N. Prabon, J. G. Pritius, Carl
Rollin, J. F. Ringelberg, Joh. Wallis.

Von ſeltenen Büchern überhaupt.

Dieſe, wenn ſie auch bloß um der Seltenheit
willen merkwürdig ſind, verdienen für eine anſehnliche
Bibliothek aufgeſucht, und in derſelben bewahrt zu
werden. Ich rede von Bibliotheken, die zu öffentli‐
chem Gebrauche gewiedmet ſind, und da läßt ſich die
Urſache, warum ſie einen Platz darinnen verdienen,
leicht errathen.

Der Bibliothekar muß ſeltene Bücher kennen,
und die verſchiedene Urſachen und Stuffen ihrer Sel‐
tenheit wiſſen. Es fehlt nicht an Büchern, die ihn
darüber unterrichten können. Die wichtigſte Ver‐
zeichniſſe rarer Bücher ſetzen eine Theorie, oder Re‐
geln von den Urſachen und Stuffen der Seltenheit vor‐
an. Davon ſind Vogts, Engels, und des Clement
Catalogen ſattſam bekannte Beyſpiele. Man hat
aber auch eigne Abhandlungen über dieſe für den Bi‐
bliothekar ſo wichtige Materie. Ich will ſie nicht an‐
führen, ſondern nur auf den Jugler weiſen, der ſie
anzeigt,*) und auch ſelbſt aus ihnen eine Auswahl
von

*) S. 751.

von nützlichen Regeln gesammelt hat. *) Erst in diesem Jahr hat Strobel, dessen dankwürdigste Verdienste um die Literatur immer höher angewachsen, einen sehr glücklichen Versuch einer Theorie von seltenen Büchern gemacht. †) Eine Regel, die mir sehr wichtig scheinet, finde ich in diesen Theorien fast ganz vernachläßiget, wenigstens nicht hinlänglich behandelt. Bücher, deren Daseyn von großen Bücherkennern bezweifelt, oder gar geläugnet worden, gehören gewiß unter die grösten gelehrten Seltenheiten. Nur Groschuff hat unter den verdienten Männern, die über seltene Bücher geschrieben haben, so viel ich mich entsinne, über diese Materie sich ausgebreitet. **) Allein, er hat nur wenige Beyspiele solcher Schriften angeführt, die, ungeachtet ihr Daseyn bezweifelt oder geläugnet worden, doch vorhanden sind, aber eben deswegen durch einen ausnehmenden Werth der Seltenheit sich auszeichnen. Ich will die Zahl dieser Beyspiele hier vermehren. Ich hoffe, es geschehe zum Vergnügen mancher Leser, und an dem rechten Orte.

Die Ausgabe des Catholicon des Johannes von Genua, Johannis Januensis, mit der Anzeige, daß sie 1460. zu Maynz gedruckt worden, haben viele bezweifelt. Denis ††) bezieht sich, ihr Daseyn zu bewei-

*) S. 747. fg. fg.
†) Er steht in Strobels Beyträgen zur Literatur besonders des sechszehnten Jahrhunderts z. B. S. 445. fg.
**) Nova libror. rarior. conlectio Fasc. I. Praef. pag. 12. sq.
††) Einleitung zur Bücherkunde 1 Th. S. 102.

und ihrem verschiedenen Werthe.

beweisen, auf den Quetif, Echard, Chevillier, und Marchand. Mich hat von demselben Meermann am sichersten überzeugt, der sie selbst besessen hat, und genau beschreibet. *)

Die fleißigen und glücklichen Ausspäher der in Rom im funfzehnten Jahrhundert gedruckten Bücher, Laire, und Audifred, bezweifeln folgende Römische Ausgabe völlig: Onus mundi, i. e. prophetia de malo superventuro ipsi mundo ex revelationibus S. Birgittæ — Romæ Eucharius Frano 1485. 4. Allein, Pinelli besaß sie als einen seltenen Schatz seines kostbaren Büchervorraths, und Morell hat sie genau angezeiget. †) Wenn ein so geübter Bücherkenner, als Fabriz war, an dem Drucke eines Buches zweifelt, so hat der Zweifel gewiß ein bedeutendes Gewicht. Des Gaza lateinische Uebersetzung von des Dionys von Halikarnaß præceptis de oratione nuptiali et natalitia glaubet dieser große Literator unter den gedruckten Büchern vergebens zu suchen. Und doch beweißt Börner **) aus dem Sax, daß sie in Mayland ohne Anzeige des Orts, des Druckers und des Jahres, aus der Presse ans Licht gekommen seye. So hat Fabriz auch das Daseyn der gedruckten Uebersetzung der Epitome Physica des Nic. Blemmidas, die Wegelin 1605. zu Augsburg 8. durch den Druck publi-

---

*) Origines typogr. adp. pag. 95. sq.
†) Bibliotheca Maph. Pinelli Tom. I. pag. 119. sq.
**) Liber de doctis hominibus Græcis literarum Græcarum in Italia restauratoribus pag. 132.

publizirt hat, beſtritten. Ich beſitze ſie ſelbſt, und in vielen andern Bibliotheken finden ſich davon Exemplare, ob ſie gleich unter die Seltenheiten gezählt wird. Clenards peregrinationum, ac de rebus Machometicis epiſtolæ elegantiſſimæ ſind würklich zu Löwen 1561. 8. gedruckt, obgleich Freytag *) des Reimmans und Vogts Anzeigen von dieſem Drucke nicht richtige Wahrheit zutrauet, und Jugler einen Irrthum und Verwechſelung in der Angabe der Jahrzahl mit 1551, da die erſte Ausgabe herausgekommen, vermuthet. †) Ich beſitze dieſe ſo ſehr bezweifelte Ausgabe ſelbſt, und mein Exemplar iſt ehedem ein Eigenthum des Jeſuitencollegiums zu Löwen geweſen. Auf dem Titelblatt, und auf dem letzten Blatt dieſer Ausgabe iſt das Druckerzeichen, ein Jäger, mit der Umſchrift: qui duos infectatur lepores neutrum capit. Unten auf dem Titelbatt ſteht gedruckt: apud Hier. Welleum typographum iurat. Cum gratia et privilegio; und am Ende der Ausgabe: Subſignavit S. T. P. Ruardus Tapper D. Petri Lovanienſis Decanus, nec non ejusdem univerſitatis Cancellarius. Lovanii typis Reyneri Velpii Dieſtenſis typographi Jurati. So war alſo vermuthlich Welläus hier nur Verleger. Dieſe genaue Beſchreibung wird wohl hinreichen, Freytags Verdacht

---

*) Analecta literaria de libris rarioribus pag. 253. Editionem, ſagt Freytag, Lovanienſem 1561. extare, nobis vix perſuadere poſſumus, cum a nemine præter Reimmannum et Vogtium illius mentionem factam eſſe invenimus, etiamſi complures catalogos dedita opera evolverimus.

†) S. 1611.

Verdacht zu entkräften. Ueber zwo Ausgaben der Bücher des Aegidius Romanus de regimine principum ist man zweifelhaft. Die erste ist 1473 ohne Anzeige des Druckorts in folio publizirt worden: Burr bezweifelt sie. Aber Denis behauptet ihr würkliches Daseyn, und zeigt den Ort an, wo er sie gesehen hat, nemlich die Universitätsbibliothek zu Wien. †) Die andere ist zu Venedig 1598 f. gedruckt. Vogt will sie unter die Undinge verweisen. Allein, Freytag widerlegt ihn aus dem Catalog der Bodleianischen Bibliothek. *) Ich weiß aber nicht, ob diesem Verzeichnisse, einem einzigen Zeugen, der angeführt werden kann, hier sicher zu trauen ist.

Sonderbar ists, daß zween Männer, denen man sonst große Bücherkunde zutraut, Baillet, und Menage, jener bezweifelt, dieser völlig geläugnet hat, daß Friesens Bibliotheca instituta &c. würklich zu Zürch 1583 f. gedruckt zum Vorschein gekommen seye, wie schon Jugler bemerkt. Baillet sagt nur: wenn je dieses Werk gedruckt ist. Aber Menage spricht ganz sicher: Es ist bekannt, daß es nicht gedruckt worden, und spottet überdieß über Baillets, eines so grossen Bibliothekars Unwissenheit in diesem Stücke. Selten ist das Werk des Friesens, aber es ist nur darum selten geworden, weil es nicht viel bedeutet, und so selten ist es nicht, daß es unter die Undinge, auch nur durch einen Zweifel, könnte gezäh-

†) Bücherkunde 1 Th. S. 137.
*) Analecta pag. 7.

gezählet werden. Man trifts oft in Bibliotheken an, und findet auch Anzeige davon in Catalogen, und andern Büchern. Man hat auch Ravens Spolium orientis unter die Bücher gezählet, die unrichtig als gedruckte angegeben werden. Allein, es ist wirklich zu Kiel aus Joach. Reumanns Preße 1669 4. ans Licht getreten, davon man sich von Oelrich, †) und Franken *) kann belehren lassen.

Hier ist nicht der Ort und der Raum, die theoretischen Regeln von seltenen Büchern zu vermehren. Doch einige Bemerkungen, die dem Bibliothekar nutzbar seyn können, kann ich nicht ganz weglassen. Von einigen Gelehrten sind alle Schriften rar. Das kann man z. B. sicher von allen, die Heckel publizirt hat, behaupten. Das behauptet mit Rechte Freytag von des jungen Gräsemunds, und Meursius Schriften. Von einigen Buchdruckern gehören alle ihre Ausgaben unter die seltenen, wie z. E. was Lorenz Torrentin zu Florenz gedruckt hat. ††) Die Produkte der Privat-Typographien kann man alle ohne Bedenken unter die Seltenheiten zählen. Hier will ich nur eine nennen, die fast ganz vergessen ist. Es ist diejenige, die der Wiedertäufer Hubmör in Mikelsburg errichtet hat, und von der man in unten angezeigten Schriften einige Nachricht findet. **) Ich besitze alle ihre Produkte,

---

†) Entwurf einer Geschichte der Berlinischen Bibliothek S. 6.
*) Catal. Bibl. Bunav. pag. 880.
††) Denis Bücherkunde 1 Th. S. 151.
**) Raupachs Evangelisches Oesterreich 1 Th. S. 53. sg. meines

und ihrem verschiedenen Werthe. 347

te, als eine gewiß schätzbare Seltenheit. Aber es sind ihrer nur wenige. Teutsche Bücher, außer Teutschland gedruckt, gehören auch in die Reihe der seltenen. Ich führe zum Beweise an: die zu Rom teutsch gedruckten Mirabilia Romæ, †) und Enens medulla gestorum Treveren. clärliche Berichtigung des Hochwirdigen Heylthumbs aller Stifter und Clöster inwendig und bey der Stadt Trier — von C. Mochsfeder 1515. 4. zu Metz gedruckt. *)

Die Art der gedruckten Buchstaben ist oft eine Ursache der Seltenheit. Göze bemerkt mit Recht, daß die mit lauter Capital-Buchstaben gedruckte Bücher unter die ungemein raren gehören, und führet die wenigen Beyspiele, die man davon hat, an. †† Ohngefehr in der Mitte des sechszehnten Jahrhunderts hat ein bekannter Italienischer Dichter, Trissini, bey seinen Werken und Ausgaben, eine besondere Orthographie gebraucht, und unter die lateinischen Buchstaben, Griechische, vornemlich das Omega, und Epsilon gemischt, daher diese Druckart Griechischer Charakter (Caratteri Grechi) heißt. Seine Schriften sind auf diese

---

nes seligen Vaters Acta hist. Eccl. pag. 142. 146. sq. meine Beyträge 3 Stück S. 89. fg. und meine Sammlung 1 B. S. 332. fg.

†) S. Riederers Nachrichten zur Kirchen-Gelehrten- und Büchergeschichte 3 B. S. 394. fg. 4 B. S. 123. fg. Freymüthige Betrachtungen über alte und neue Bücher von Z. 1 B. S. 36. fg.

*) Gözens Merkwürdigkeiten der Königl. Bibliothek zu Dresden S. 22. fg.

††) Am eben angeführten Orte S. 29.

diese Art zu Wizenz, Rom und Venedig gedruckt, und alle selten, einige äusserst selten. Apostolo Zeno handelt in einer kurzen Anmerkung zum Fontanini, von dieser Druckart. *

Wenn meine Leser Begierde haben, eine Reihe solcher Seltenheiten beysammen angeführt zu finden, so müssen sie die unten angeführte Catalogen nachschlagen. † Auch die Materie, auf die gedruckt worden, ist ein Grund der Seltenheit. Denis bemerkt, daß die ersten Buchdrucker, bey einer jeden ansehnlichen Ausgabe, einige Abdrücke auf Pergament gemacht haben, und er führt aus Wienerischen Bibliotheken einige Beyspiele an. ** Von dem berüchtigten Faust und Schäferischen Psalter 1457, den er auch in diese Reihe stellet, glaube ich gewiß, daß kein Exemplar auf Papier, sondern alle auf Pergament gedruckt worden. Die auf Pergament gedruckten Bücher gehören nicht nur unter die Seltenheiten einer Bibliothek, sondern sind auch wegen ihrer Schönheit und Kostbarkeit schätzbar. Das Missale mixtum, secundum regulam S. Isidori, dictum Mozarabes, das der Cardinal Ximenes 1500 fol. zu Toledo, durch einen teutschen Künstler, Pet. Hagenbuch, auf Pergament drucken

---

*) Bibliotheca dell' eloquenza Italiana. Venezia 1753. 4. Tom. I. pag. 268. S. davon auch Götzen am a. O. S. 184.
†) Catalogus librorum Italicorum, Latinorum, et Manuscriptorum, magno sumptu et labore per triginta annorum spatium Liburni collectorum. Liburni 1756. apud Ant. Santini et Socios. 8. pag. 524. sq. Bibliotheca Maph. Pinelli Tom IV. pag. 410.
**) Bücherkunde 1 Th. S. 135.

und ihrem verschiedenen Werthe! 349

‒ten laſſen, iſt ſonder Zweifel eines der ſeltenſten, ſchönſten, und koſtbarſten Bücher dieſer Art. †

Zu Venedig hat noch 1512 Albus Manutius auf Pergament gedruckt, und Börner beſaß die Sammlung der griechiſchen Grammatiker im bemerkten Jahre von ihm auf dieſer Materie gedruckt *; und Paulus Manutius zu Rom noch im Jahr 1564 die Canones Concilii Tridentini, 8. Vom Jahr 1535 kennt man eine von Heinr. Steiner zu Augſpurg fol. auf Pergament gedruckte höchſt ſeltene Bibel, von der Seelen eine beſondere Nachricht öffentlich ertheilet hat. ††

Für Männer, die auf Reiſen ſolchen ſchönen Seltenheiten nachforſchen, nenne ich nur Wien, Dresden, Jena, und aus meiner Nachbarſchaft die Carthaus Buxheim, wo ſie keine geringe Anzahl derſelben finden. Auf der Univerſitäts-Bibliothek zu Jena zeichnet ſich die Lutheriſche Bibel von 1541 in zween Folianten vor andern aus **; in Buxheim der Fauſt- und Schäferiſche Durandus von 1459. Und der, der Begierde und Vermögen hat, ſich ſelbſt ſolche Koſtbarkeiten anzuſchaffen, findet gerade izo Gelegenheit dazu bey der Veräuſſerung der treflichen Bibliothek des ſeel. Maph. Pinelli, zu Venedig. Sie werden im Morelli-

†) Vogtii cat. hiſt. crit. libr. rar. pag. 469. ſq.
*) Boerneri Liber de doctis hominibus Græcis &c. pag. 21.
††) Nachricht von einer ſehr raren zu Augſpurg auf Pergament gedruckten, und 1535. vollendeten Bibel, in einem Sendſchreiben an den Beſitzer derſelben Herrn Jürgen Stolle ꝛc. Lübeck 1747. 4.
**) Mylii memorabilia bibliothecæ Academiæ Jenenſis pag. 29.

rellischen Verzeichnisse, unter den Fächern der Wissenschaften angezeiget, in die sie gehören; sind aber auch am Ende des fünften Bandes, vor dem Appendix, noch besonders ausgezeichnet. Ich führe davon nur einige, nur die wichtigste, an, Die Complutensische Polyglotte, das sechste Buch der Decretalen, Venedig 1476 vom Jenson; der Faust, und Schäferische Durand 1459; die Institutionen, Maynz vom Schäfer 1468; das Breviarium monasticum &c. Venedig vom Ehrh. Ratbolt 1483. Die neueste Beyspiele des Drukes auf Pergament, die in diesem Verzeichniße vorkommen, sind von 1780 bis 1785 alle in Venedig gedruckt, und vermuthlich Dedications-Exemplare.

Man hat sehr wichtige Anzeigen seltener Bücher, die dem Bibliothekar zu stetem Gebrauche unentbehrlich sind. Ich will davon nur die wichtigsten, oder weniger bekannte, und ganz neue anführen. Den Vogt kennt jeder, der nur von seltenen Büchern hat reden hören. Die Hamburgische Ausgabe 1747. 8. ist die dritte und letzte, aber auch die reichhaltigste, und beste, und gegen sie sind die vorhergehende nur Skelete. Des Gerdeß Florilegium breitet sich zwar über jede Art seltener Bücher aus; allein mich deucht, es verdiene besondere Achtung und genaue Durchsicht, wegen der zur Reformationsgeschichte beförderlichen seltenen Schriften. Auch hier muß der Bibliothekar die dritte und letzte Ausgabe, Gröningen und Bremen 1763 groß 8 gebrauchen. Stosch hat schon 1747 in Lingen einen kleinen Zusatz zum Vogt und Gerdeß in 8 drucken

drucken laſſen, der mit Recht Appendicula heißt, aber brauchbar, doch nun ſelten iſt. Das gröſte Werk von ſeltenen Büchern hat man dem ehemaligen reformirten Franzöſiſchen Prediger in Hannover, David Clement, zu danken: Bibliotheque curieuſe hiſtorique et critique, où Catalogue raiſonné de livres difficiles à trouver, par Dav. Clement, neun Bände in 4. theils in Göttingen, theils in Hannover, theils in Leipzig verlegt, 1750 bis 1760. Dieſes Verzeichniß iſt nach dem Alphabeth geordnet, allein Clement iſt darinnen nicht weiter, als bis zum Buchſtaben H. gekommen, der noch nicht vollendet iſt. Der arbeitſame Verfaſſer ſtarb noch im Jahre 1760, in welchem der neunte, und bis jezo noch der lezte Band dieſes koſtbaren Werks im Drucke geendiget worden. Der geheimde Sekretaire Duve in Hannover, ein glücklicher Sammler ſeltener Bücher, und einer der geübteſten Kenner derſelben, hat den Liebhabern die angenehme Hofnung gemacht, daß er die vom Clement zur Fortſetzung dieſes vortreflichen Catalogs, zurückgelaßne Papiere in Ordnung bringen, und wenigſtens auf die Art des Vogtiſchen Verzeichnißes herausgeben wolle. †) Allein, dieſe Hofnung iſt unerfüllt geblieben. So koſtbar dieſes Werk iſt, ſo wenig kann es doch der Bibliothekar entbehren. Baumgarten hat richtig geahndet, daß das ganze Werk eine Koſtbarkeit erhalten werde, die es ſelbſt unter die ſeltenen Bücher bringen müſſe. *)

Baurs

†) S. Nachrichten von Künſtlern, und Kunſtſachen 2 Th. S. 29. fg.
*) Nachrichten von einer Halliſchen Bibliothek 5 B. S. 394.

Baurs Bibliotheca librorum rariorum universalis, oder vollständiges Verzeichniß ꝛc. ist in vier Theilen und zween Supplementenbänden zu Nürnberg von 1770 bis 1774 herausgekommen, und gleichfalls nach der Buchstabenordnung eingerichtet. Es ist ungemein brauchbar, und in seiner Art vollständig. Es hat noch überdieß das Verdienst, daß vor dem ersten Bande eine reiche Anzeige der Schriftsteller stehet, die ganz eigen, oder bey Gelegenheit von seltenen Büchern, gehandelt, oder in Catalogen die Seltenheiten bemerkt haben, und daß diese Anzeige in den folgenden Theilen im Anfange fortgesetzt, und ergänzt wird. Auch die neue Ausgabe der zwey bekannten, aber selten gewordenen lateinischen Briefe des M. A. Westphals von denen Büchern, die auf obrigkeitlichen Befehl verbrannt worden, die vor dem zweyten Bande statt einer Vorrede stehet, ist für den Bibliothekar, zur Kenntniß seltener Bücher, sehr brauchbar.

In den Anzeigen vor dem Bauerischen Verzeichniße werden zween wichtige Catalogen des berühmten Buchhändlers Neaulme, einer von 1747 und der andere von 1755 angezeigt, die zur Kenntniß seltener Bücher gehören. Allein, einen weit brauchbarern, und kostbarern hat der Verfasser dieser Anzeigen, nicht gekannt. Ich habe lange vergeblich nach diesem Besitze getrachtet, und bin erst vorige Woche desselben theilhaftig worden. Er ist in fünf Octavbänden herausgekommen, unter der Aufschrift: Catalogue d'une nombreuse

nombreuſe Collection de livres en tout genre rares & curieux, propres à ſatisfaire les amateurs, & à fournir une partie de ce qui manque aux grands des bibliotheques, à Amſterdam & Berlin. 1763. Die in dieſem vortreflichen, reichen, und zur Notiz rarer und koſtbarer Bücher, vorzüglich groſſer Werke ausnehmend nuzbaren Catalog, aufgeſtellte Bücher ſind im Jahre 1764. öffentlich verſteigert worden.

Das iſt zwar nur ein Buchhändler-Catalog, aber der unter ſolchen ſeines gleichen nicht hat. Wenn ich ihn früher hätte zu Geſichte gekriegt, und prüfen und nutzen können, ſo ſtünde er oben in der Reihe der Bücherverzeichniſſe, die der Bibliothekar vor andern nützbar brauchen kann. Die Seltenheit der Bücher, und ihre Stuffen, ſind zwar nur mit einem Worte angezeigt, aber mit ächter Kenners-Gewißheit und Richtigkeit., oft werden auch bey anonymiſchen Schriften, ihre wahre Verfaſſer entdeckt, die koſtbarſten ſeltenſten Werke lernt man kennen, ſo wie die mannigfaltigen Ausgaben einer Schrift. Er iſt nach dem Alphabete geordnet.

Der ehemalige Naumburgiſche Burgermeiſter Freytag hat ſich beſonders um die Bücherkunde verdient gemacht. In denen Schriften, die ich hier nur dem Titel nach anzeige, macht er vornemlich gedruckte Produkte aus dem fünfzehenten Jahrhundert, die erſten Schriften der Reſtauratoren der Wiſſenſchaften, und ſeine faſt ganz verlohrne Schriften, bekannt, das ein Vorzug ſeiner Schriften iſt. Analecta literaria de libris

libris rarioribus, Lipſiæ 1750. 8. Adparatus literarius. Drey Tom, eben daſelbſt 1752 bis 1755. in gleichem Format. Der zweyte Tom hat einen kleinen Zuſatz, in welchem eine Handſchrift auf Pergament, die den Auguſtin de civitate Dei enthält, und in der Bibliothek der Schulpforte aufbewahret wird, beſchrieben iſt. Dem dritten Tom hat Freytag die in Teutſchland ſeltene Epiſtel des Cardinal Quirini an meinen ſeligen Vater, über verſchiedene ſeltene Ausgaben der Eſopiſchen Fabeln, beydrucken laſſen. Nachrichten von ſeltnen und merkwürdigen Büchern, erſter Band, Gotha 1776. Im Jahr 1777 iſt zu Brixen ein ungemein ſchätzbares Verzeichniß rarer Bücher in 8. ans Licht getreten, unter der Aufſchrift: Raritas librorum in bibliotheca Novacellenſi Canonicor. regular. S. Auguſtini delitescentium luci publicae expoſita. Es iſt in vier Kapitel, und einige dieſer Kapitel, wieder in beſondere Claſſen eingetheilt. Das erſte handelt überhaupt von der Seltenheit der Bücher: das andere von der Erfindung und dem Fortgang der Buchdruckerkunſt, und erzählt denn die zu NeuZelle vorhandenen gedruckten Werke bis aufs Jahr 1490. Das dritte Capitel gibt von Schriften Nachricht, die aus andern Urſachen, als weil ſie im fünfzehenten Jahrhundert gedruckt worden, ſelten ſind. Das vierte beſchäftiget ſich mit ganz kleinen Büchlein, die eben deswegen ſich leichte verlieren, und die Reihe der Seltenheiten vermehren.

An dieſe Verzeichniſſe ſchlieſſe ich noch die Bemerkung einiger anderer, zumal neuerer Schriften an,

die

die zur Kenntniß seltener Bücher, vorzüglich brauchbar sind, und sich mit ihrer Beschreibung beschäftigen. Ich werde aber hier nicht gar zu sehr geschwätzig seyn, und also nur wenige nennen, doch solche, die ich selbst nicht missen könnte, und von deren Brauchbarkeit für den Bibliothekar ich also gewiß überzeuget bin.

Janozki Nachricht von den in der H. Ge. Zaluskischen Bibliothek sich befindenden raren Büchern. Dresden 8. 1747. zweyter, dritter, vierter Theil, Breßlau 1749. Schon die Vorrede ist lesenswerth und belehrend. Sie beschäftiget sich meistens mit den Ursachen der Seltenheit polnischer Schriftsteller. Es ist zwar nicht alles rar, noch weniger so äusserst rar, als Janozky in diesen Nachrichten angibt, und Strobel urtheilt ganz richtig, wenn er sich über dergleichen Angaben bescheiden tadelnd aufhält.

Indessen lernt der Literator ungemein viele wichtige, und ihm sonst unbekannte Bücher, und ihre Schicksale, oft auch ihren Inhalt kennen. Janozki breitet sich in seinen Nachrichten sehr gründlich aus. Die Polnische Geschichtschreiber, ihre verschiedene Ausgaben, der Republick Statuten, was für die Gelehrten-Geschichte dieser Nation, und für die kirchlichen Angelegenheiten derselben, vornemlich in Rücksicht auf die Reformation geschrieben ist; das sind die Fächer, für die in diesen Nachrichten am reichsten gesorgt ist, und aus denen gewiß auch die seltensten Bücher hier beschrieben werden.

Rieberers Nachrichten und Sammlungen, ganz treflichte und unentbehrliche Arbeiten; Maschens Nachrichten von merkwürdigen Büchern; Hummels neue Bibliothek von seltenen und sehr seltenen Büchern, die alle unter die Neuern gehören, wird der Literator, der nach Reichthum und Gründlichkeit in der Bücherkunde, besonders in Rücksicht auf die Seltenheit derselben strebet, ausnehmend nutzbar finden. Ich rechne auch hieher die Merkwürdigkeiten der Zapfischen Bibliothek, die ihr Sammler und Besitzer erst in diesem Jahre zu beschreiben — in zweyen Stücken — angefangen hat. Die ersten neun Artikel im ersten Bande der freymüthigen Betrachtungen über alte und neue Bücher — Augsburg 1784 — gehören allerdings hieher, und enthalten für dieses Fach sehr wichtige Bemerkungen, die man nur von einem Meister solcher Kenntnisse, und der darinnen ganz einheimisch ist, sicher erwarten kann. Der Verfasser hat sich auf dem Titelblatt unter dem Buchstaben Z. verborgen. Das hat, weil sich der geheime Rath Zapf bisher in der Literatur sehr geschäftig gezeigt hat, Anlaß gegeben, auf ihn als Verfasser zu rathen, und ich habe diese gründliche Betrachtungen selbst in einem Buchhändlerscatalog unter seinem Namen angezeigt gefunden. Allein, schon der Styl und die Art zu erzählen und zu urtheilen, entkräftet diese Vermuthung. Doch ich weiß gewiß, und mehrere wissen es mit mir, daß die Arbeit eines andern, einem bekannten und erprobten Bücherkenner zugehöret. Daß ich selbst hier eine förmliche Anzeige seltener Bücher einschalte, wird bey

der

der Menge anderer Nachrichten davon, Niemand erwarten. Doch ganz leer will ich auch hier den Leser nicht entlassen. Man entdeckt noch immer Schriften, die ihre Seltenheit, auch äusserste Seltenheit, merkwürdig machet, die bisher noch Niemand unter diese Reihe gezählet hat, und die in den brauchbarsten und reichsten Anzeigen von raren Büchern vergessen sind. Der arbeitsam, und glücklichforschende Am Ende hat einige dieser Art entdeckt, und sie öffentlich bekannt gemacht. †) So reichhaltig ich hier seyn könnte, so will ich mich in der Anmerkung seltener Schriften, die in den brauchbarsten Verzeichnissen der raren Bücher nicht vorkommen, nur auf ein einziges Paar einschränken.

Die erste kenne ich aus dem meisterhaften Catalog der Pinellischen Bibliothek. Boethii liber de hebdomadibus. Gracoviae, 4. ohne Anzeige des Druckes, und des Jahres, aber gewiß aus dem sechszehnten Jahrhundert. Man lese davon die genaue und lehrreiche Beschreibung des geübten Morells *), der unter andern anmerket, daß man auch in Hofmanns lateinischer Schrift von den Polnischen Buchdruckereyen keine Anzeige findet. Ich setze hinzu: auch beym Janozky forscht man vergebens darnach.

Die andere besitze ich selbst, als ein wahres Kleinod meines Büchervorraths. Hier ist ihr Titel:

Succin-

---

†) In den vermischten Anmerkungen über den berühmten Geschichtschreiber J. Cleidan. Nürnberg, 1780. 8.
*) Bibliotheca Maph. Pinelli. Tom. I. pag. 146. sq.

Succincta informatio de Canonia Pollingana ex authenticis domesticisque monumentis ac documentis eruta et usque ad moderna tempora deducta a Reverendissimo — D. D. Francisco Canonicor. regular. Congr. Lateranens. Abbate &c. Ginzburgi 1760. f. Die Ursache der äussersten Seltenheit dieser treflichen Clostergeschichte hat Gerke angezeigt. Es sollen nur hundert Exemplare davon gedruckt seyn. Diese historische Schrift ist von äusserster Wichtigkeit, zumal für die Geschichte Bayerns, und hat, durch die Mittheilung aller schätzbarer Diplome, vor andern Clostergeschichten einen auszeichnenden Vorzug. Jeder Geschichtsforscher, dem ihr Besitz und Gebrauch geweigert ist, hat Ursache, ihre höchste Seltenheit zu bedauren.

Mir fallen noch einige Bemerkungen bey, die der Bibliothekar nicht geringe achten darf. Die öffentlichen Anzeigen sind sehr oft allzu freygebig, im Anzeichnen der Bücher unter der Reihe der Seltenheiten. Strobel hat diesen Punkt zu berühren nicht vergessen. Ich könnte eine ganze Menge Beyspiele anführen. Allein, es ist unnöthig. Genug: man muß dem leeren Zeugniß von der Seltenheit einer Schrift, ohne Prüfung nicht glauben. Und zu prüfen hat man Gelegenheit, wenn man Bibliotheken, Büchernotizen, und Catalogen fleißig durchforscht; sich nach dem Entstehen einer Schrift, nach ihrer Veranlassung, nach den Bewegungen, die sie etwa verursacht hat, nach ihrem Innhalt, nach dem Orte, und Jahr ihres Druckes, nach dem Verleger, genau erkundiget.

Cata-

Catalogen, die Bücher zum Kaufe feil bieten, fordern das meiste Mistrauen, wenn man in ihnen die Anzeige der Seltenheit findet. Warum? ist leicht zu errathen.

Keinem Grunde, wodurch die Angabe einer Seltenheit unterstützet wird, ist weniger zu trauen, als dem Vorgeben einer allzu geringen Ausgabe. Strobel hat auch schon darauf gedeutet. Auch der künstlichen Betrügereyen, durch die man neuern Abdrücken das Ansehen alter Originale zu geben suchte, gedenket er. Ein sonst sehr berühmter, und wohlverdienter protestantische Theologe, der ehmalige Regensburgische Superintendens Serpilius, hat sich dieses strafbaren Vergehens schuldig gemacht, nicht bloß mit des Servets Büchern de Trinitatis erroribus, davon Strobel, ohne den Serpil zu nennen, kurz spricht, sondern auch mit der Römischen höchst seltenen Ausgabe 1607, des Indicis expurgatorii Braschillani.*) Ich habe nirgend eine so genaue Nachricht von diesem Betruge gelesen, als die, die der große Bücherkenner, der ehmalige Reichsgraf von Palm meinem Vater in einem eigenhändigen Schreiben davon gegeben hat. Vielleicht ist ihre Bekanntmachung nicht unangenehm. Hier ist sie.

Serpilius, weiland Prediger und Superintendens zu Regensburg, hatte das Glücke, unter einigen, von seinem vertrauten Freunde aus Unverstand

---

†) Zobelli notitia indicis libror. expurgand. editi per Fr. — Braschelten. pag. 56. sq.

unter dem Hausdach lange Zeit verwahrloseten Büchern, etliche Seltenheiten, und vorzüglich M. Serveti Hispani Tract. de Trinitatis Erroribus, dann Braſichellani Indicem Librorum expurgandorum Romæ 1607. zu finden; ward hiernächſt des Schluſſes — denn was er mit Serveti Tractat vorgenommen, iſt gleichergeſtalt beſchaffen und bekannt — auch letzteres zu Rom unterdrucktes Werk neu auflegen zu laſſen, machte auch mit dem damalig Regenſpurgiſchen Buchdrucker Hofmann ſolche Anſtalten, daß ſelbes mit gleichen, und der Römiſchen Auflag ganz ähnlichen Buchſtaben und Format aus der Preſſe hervorgekommen. Man hat ſogar, um ein höheres Alter vorſtellen zu können, das Papier etliche Tage im Rauch aufhangen laſſen, und nur an der Sache ſo viel verſehen, daß nicht vielmehr der nöthige Vorrath zum Druck verſchaffet worden. Die Hofnung, ſich einen reichen Schnitt zu machen, war beym Serpilius groß. Es wurden auch anfänglich die angebliche Raritäten etlichen gelehrten Männern, in einem hohen Werth verkauft, daß jezuweilen das Exemplar für 30, 40, 50 Gulden, den Käufer zu ſtehen gekommen. Es hat ſich aber in Kürze ereignet, daß dreyen Gelehrten zu gleicher Zeit in Jena drey Exemplare als Originale angeboten worden, darunter einem, dem auf Reiſen die Seltenheit des Braſichels Indicis ziemlich bekannt geworden, die Sache alſogleich unrichtig zu ſeyn gedünket: welcher auch nach genauerer Durchforſchung des Papiers den Regenſpurgiſchen Schlüſſelſtempel wahrgenommen, auch durchgehends

ſelbi-

selbiges Zeichen vermerkt hat. Derohalben der Betrug nachgehends durch öffentliche Blätter entdecket worden.

Hiernächst geriethe der Verkauff ins Stecken, und wollten wenige das Exemplar gerne für einen Gulden sich anschaffen, mußte auch Serpilius mit gröstem Unwillen sehen, daß 400 bis 500 Stücke unter seinem Hausdach verlegen geblieben, und durch länge der Zeit Schaden gelitten, welche nach desselben Hinscheiden dem Sekretair von Herrich, so des Serpils Tochter zur Ehegattinn hatte, in dem Erbtheil zugefallen seynd.

Indessen, da sich der neue Besitzer solcher so bekannt gewordenen Seltenheiten bedenket, auf was bessere Art wohl sein Kram mit Nutzen an den Mann zu bringen, überkommet Herr Elias Weidner, Prediger und Pfarrer in Regensburg, damal noch als Candidate ein Avertissement, daß man in Jena den Brasichel mit neuen Schriften dem Publikum gemeiner zu machen gesinnet wäre. Sobald hatte von Herrich solches kaum vernommen, als er dem neuen Verleger seine übrig habende Exemplare, und zwar das Stück für 45 Kreuzer anerbieten lassen. Wie aber letzterer nur 30 Kreuzer zahlen zu wollen sich erkläret, der Verkäuffer aber zu so geringer Taxe sich nicht verstehen wollen, sind mehrmal die Serpilianischen Raritäten in üble Verwahrung gerathen, und letztens hat der Buchführer Gastel allhier zu Stadt am Hof den Rest an sich erhandelt, welcher so fort das brauchbar-

sie herausgeklaubet, neue Titel, Vorrede, wie auch
zu mehrern Stücken die mangelnden letztern Bogen
drucken lassen, und seine Waare bestmöglichst veräußert hat.

Durch den Abdruck und neue Ausgaben dieses
Verstümmelungsverzeichnisses, ist bey Gelehrten, die
nur auf Sachen sehen, der Werth der ersten Römischen Ausgabe, sehr vermindert. Allein, es giebt
immer Männer, die nur auf die Seltenheit Rücksicht
nehmen, und alles, was um derselben willen merkwürdig ist, aufsuchen, und theuer bezahlen. Für
diese kann diese hier eingerückte Nachricht allerdings
warnend seyn, daß sie sich nicht durch einen Betrug
täuschen lassen. Für mich hat die bloße Seltenheit
einer Schrift, oder Ausgabe, zumal wenn ihr Besitz
theuer zu stehen kommt, kein Gewicht. Und jeder Büchersammler, dem es um Vermehrung der Kenntnisse,
und um den Gebrauch einer Bibliothek, zu diesem
Zwecke, zu thun ist, wird auch so denken; wäre ein
Buch auch ein sogenannter Phönix, welche Benennung die alleräußerst seltesten Bücher meines Wissens,
zuerst vom Heumann erhalten haben. Auch alsdenn,
wenn dieser Phönix sich mehr, als durch die Seltenheit empfiehlt, glaube ich, daß ihm eine neuere, aber
richtige, und vollständige Ausgabe im Ankauf, weil
derselbe leichter ist, und besser bestritten werden kann,
vorzuziehen sey. Was wird wohl, daß ich auf ein
Beyspiel weise, der Mayländischen Ausgabe des Septalii de ratione instituendae, et gubernandae familiae, apud Jo. Bart. Beddellium, 1626. 8. an

und ihrem verschiedenen Werthe.

Seltenheit gleich geschätzt? Sie ist so äußerst rar, daß viele gelehrte und eifrige Bücherforscher an ihrer Existenz gezweifelt haben, und daß sie Heumann im Conspekt unter die Bücher setzt, die man kaum in einer von fünfhundert Bibliotheken findet.

Ich kenne einige Bibliotheken, wo sie ehedem zu finden war, oder noch aufbewahret wird. Ich will sie nennen. Die Königliche Schwedische zu Stockholm, die Rud. A. Fabrizische zu Helmstädt, die Kraftische zu Husum, die Englische zu Been, die des ehemaligen Weingartischen Raths, und Amtmanns Belli, die Solgerische zu Nürnberg (X), die hiesige Stadtbibliothek; und mein eigener Büchervorrath (XX). Der eben genannte Rath in Weingarten, Belli, hat die gelehrte Welt mit einer neuen Ausgabe dieser höchst seltenen, und wichtigen Schrift, beschenkt, die ich in Vergleichung mit dem Original, die Seltenheit also hier nicht geachtet, ungleich höher schätze. Das Original ist ungemein schlecht gedruckt, und wird durch eine entsetzliche Menge von Druckfehlern unbrauchbar gemacht. Die Bellische Ausgabe, Ravensburg, 1749. 4. ist schön, und ziemlich frey von Druckfehlern.

Belli hat auch in gleichem Jahre, an gleichem Orte, in gleichem Format eine andere Schrift des Septalius, einer neuern Ausgabe, in der urkundlichen Italiänischen Sprache, und in lateinischer Uebersetzung vom Gamersy, gewürdiget, nemlich die sieben Bücher: de ratione status, deren Originalausgabe bisher noch selten war.

Eini-

Einige Zusätze zum ersten Theil.

Zur S. 6. 7. des Bury Philobiblion ist nicht im Mader, sondern in der Schmidischen Sammlung. Auch J. A. Fabriz besaß eine Handschrift davon, wie ich aus dem reichen Verzeichniß seiner Bibliothek sehe.

S. 50. Völlig richtig citirt Freytag eine alteram bibliothecam Uilenbroukianam, die der Bünauische Catalog anzeigt.

S. 117. Von Hirschings Nachrichten von Bibliotheken in Teutschland ist nun auch die zweyte Abtheilung des andern Bandes erschienen.

S. 132. Ich habe die Gelegenheit von den Handschriften der Leydnischen Universitätsbibliothek am rechten Orte zu sprechen, eilend mir entwischen lassen. Hier kann ich es nicht nachholen. Vielleicht geschiehts am Ende des zweyten Theiles.

S. 140. Nicht Johannes, sondern Justus Lahdsberg heißt der Mann.

Oben, wo ich von den Zusätzen zu des Baillets Jugemens spreche, habe ich, wie ich erst jezo merke, einen Versehungsfehler begangen. Es muß heißen: von der Critik über das Leben des Carteß, das man dem Baillet zu danken hat.

www.ingramcontent.com/pod-product-compliance
Lightning Source LLC
Chambersburg PA
CBHW020301240426
43673CB00039B/666